Arbitrage- und Gleichgewichtsmodelle in der Kapitalmarkttheorie
Eine vergleichende Analyse der CAPM- und APT-Ansätze
unter Berücksichtigung ihrer empirischen Überprüfbarkeit

Europäische Hochschulschriften
Publications Universitaires Européennes
European University Studies

Reihe V
Volks- und Betriebswirtschaft
Série V Series V
Sciences économiques, gestion d'entreprise
Economics and Management

Bd./Vol. 1096

PETER LANG
Frankfurt am Main · Bern · New York · Paris

Elke Hörnstein

Arbitrage- und Gleichgewichtsmodelle in der Kapitalmarkttheorie

Eine vergleichende Analyse der CAPM- und APT-Ansätze unter Berücksichtigung ihrer empirischen Überprüfbarkeit

PETER LANG
Frankfurt am Main · Bern · New York · Paris

CIP-Titelaufnahme der Deutschen Bibliothek

Hörnstein, Elke:

Arbitrage- und Gleichgewichtsmodelle in der Kapitalmarkttheorie : eine vergleichende Analyse der CAPM- und APT-Ansätze unter Berücksichtigung ihrer empirischen Überprüfbarkeit / Elke Hörnstein. - Frankfurt am Main ; Bern ; New York ; Paris : Lang, 1990
(Europäische Hochschulschriften : Reihe 5, Volks- und Betriebswirtschaft ; Bd. 1096)
Zugl.: Mannheim, Univ., Diss., 1988
ISBN 3-631-42781-6

NE: Europäische Hochschulschriften / 05

D 180
ISSN 0531-7339
ISBN 3-631-42781-6

Printed in Germany 1 2 3 4 6 7

Vorwort

Die vorliegende Arbeit beschäftigt sich mit Arbitrage- und Gleichgewichtsmodellen, welche die Struktur risikobehafteter Wertpapierrenditen erklären. Die auf zwei Kriterien beruhende Modellklassifikation ermöglicht es, Gemeinsamkeiten und Unterschiede der Modelle in den Annahmen, den Resultaten und der empirischen Überprüfbarkeit aufzuzeigen. Dadurch lassen sich die aus der Literatur bekannten Modelle als Spezialfälle eines allgemeinen Arbitragemodells darstellen.

Die Arbeit entstand während meiner Tätigkeit am Seminar für Statistik der Universität Mannheim und wurde im Wintersemester 1988/89 von der Fakultät für Betriebswirtschaftslehre als Dissertation angenommen.

Mein Dank gilt allen, die zum Gelingen der Arbeit beigetragen haben. Inbesondere danke ich Herrn Prof. Dr. Fritz Philipp für seine Ermutigung und Unterstützung in schwierigen Phasen. Mein besonderer Dank gilt meinem Statistiklehrer Herrn Prof. Dr. Klaus Winckler für die Lehre und die Arbeitsbedingungen an seinem Lehrstuhl. Privatdozent Dr. Klaus D. Schmidt danke ich für die intensiven Diskussionen, aus denen sich zahlreiche Hinweise ergaben. Frau Dr. Claudia Klüppelberg danke ich für ihre Gesprächsbereitschaft und die daraus resultierenden Anregungen. Und natürlich bedanke ich mich bei meinen Freunden, die mit ihrer Geduld diese Arbeit ermöglichten.

INHALTSVERZEICHNIS

1. Einleitung

In den letzten Jahren standen Kapitalmarktmodelle, die die Struktur risikobehafteter Wertpapierrenditen zu einem festen Zeitpunkt erklären, im Mittelpunkt einer intensiven und kontroversen Diskussion. Gemeinsam ist den Modellen, daß die mit Unsicherheit behafteten Renditen als Zufallsvariablen betrachtet werden. Die zwischen den Renditen bestehenden Beziehungen werden durch die stochastischen Abhängigkeiten zwischen den Zufallsvariablen abgebildet. Dieses Verständnis der Renditen geht auf Arbeiten von MARKOWITZ (1952, 1959) zurück. Während MARKOWITZ den Schwerpunkt seiner Forschung auf die Portfolioselektion legte, wurde in den Kapitalmarktmodellen diese Sichtweise in den Kontext der Bewertung von Renditen übertragen.

Lange Zeit war das von SHARPE (1964), LINTNER (1965) und MOSSIN (1966) formulierte Capital Asset Pricing Model (CAPM) der dominierende Ansatz zur Erklärung der Renditenstruktur.
Das CAPM gelangte - ausgehend von teilweise sehr restriktiven Annahmen über die Renditen, den Markt und die Anleger - zu einem intuitiv einleuchtenden Ergebnis hinsichtlich der erwarteten Renditen. Für die erwartete Rendite eines Wertpapiers gilt im Gleichgewicht, daß sie sich aus der Rendite einer risikolosen Anlagemöglichkeit zuzüglich einer Risikoprämie ergibt. Die Risikoprämie entspricht dem Produkt aus einem für alle Wertpapiere identischen, marktüblichen Risikopreis - der erwarteten Marktrendite abzüglich der risikolosen Rendite - und einem wertpapierspezifischen Risikomaß, welches zur Kovarianz zwischen Wertpapierrendite und Marktrendite proportional ist.
Zu diesem - ökonomischen Vorstellungen entsprechenden - Resultat kommt, daß die erwarteten Renditen ausschließlich von Marktparametern abhängig sind. Un-

ter diesem Aspekt erschien eine empirische Überprüfung des CAPM-Resultates möglich.

Die in der Folgezeit entstandenen Arbeiten befaßten sich entweder mit der Lokkerung der restriktiven Annahmen oder mit der empirischen Untersuchung des CAPM.

Bei den theoretischen Arbeiten ist insbesondere die von BLACK (1972) formulierte Zero-Beta-Version des CAPM hervorzuheben. Das Zero-Beta-CAPM verzichtet auf die Annahme der Existenz einer risikolosen Anlagemöglichkeit, ohne das CAPM-Resultat wesentlich zu verändern. An die Stelle der risikolosen Rendite tritt in der Zero-Beta-Version die erwartete Rendite eines Portefeuilles mit einem Risikomaß von Null.

Andere Autoren, die die Annahmen bezüglich des Anlegerverhaltens variieren, kommen allerdings zu Darstellungen für die erwarteten Renditen, die von anlegerindividuellen Größen abhängig sind [GONEDES, 1976; FAMA, 1976; JENSEN, 1972]. Ein Nachteil dieser Modelle besteht aber darin, daß ihre empirische Überprüfbarkeit im Vergleich zum CAPM und zum Zero-Beta-CAPM schwieriger ist.

Aber auch die zahlreichen empirischen Arbeiten zum CAPM und zum Zero-Beta-CAPM erwiesen sich zum damaligen Zeitpunkt als enttäuschend aufgrund der damit einhergehenden methodischen Probleme [FAMA, 1976; FAMA/MACBETH, 1973; BLACK/JENSEN/SCHOLES, 1972; MILLER/SCHOLES, 1972].

Den vorläufigen Schlußpunkt unter diese Entwicklung bildete die Arbeit von ROLL (1977). ROLL zeigte, daß eine dem CAPM-Resultat ähnliche Darstellung für die erwarteten Renditen unter weitaus geringeren Annahmen erreicht werden kann. Wenn die Renditen eine nichtsinguläre Kovarianzmatrix besitzen, lassen sich die erwarteten Renditen ebenfalls als Summe aus der risikolosen Rendite und einer Risikoprämie darstellen. Im Gegensatz zu dem CAPM-Resultat bezieht sich die Risikoprämie jedoch nicht auf das Marktportefeuille, sondern auf ein $(\mu - \sigma)$-effizientes Portefeuille. Neben dieser auf die Annahmen des CAPM gerichteten

Kritik bezweifelte ROLL, daß für das CAPM wegen der Nichtbeobachtbarkeit des Marktportefeuilles ein geeigneter empirischer Test gefunden werden kann.

Die von ROLL geäußerte Kritik am CAPM führte dazu, daß die von ROSS (1976, 1977) vorgestellte Arbitrage Pricing Theory (APT) in den Vordergrund rückte. ROSS ersetzte die Gleichgewichtsannahme durch die schwächere Annahme der Arbitragefreiheit des Marktes. Diese Bedingung verwendeten BLACK/SCHOLES (1973) für die Bewertung von Optionen und später andere Autoren für die Bewertung von bedingten Finanztiteln. Hier ist insbesondere die Monographie von MÜLLER (1981) zu erwähnen, die auch einen Überblick über die bis dahin aktuellen Arbeiten gibt.
Da die Arbitragefreiheit eine präferenzenunabhängige Bewertung erlaubt, kann die APT auf Annahmen über die Anleger verzichten. Damit sind in den Arbitragemodellen diese, im CAPM als restriktiv kritisierten Annahmen, nicht notwendig. Gleichwohl übernimmt die APT die grundlegende Idee der neueren Finanzierungstheorie, nach der die Kovarianzen und nicht die Varianzen der Wertpapiere für die Renditestruktur entscheidend sind [SHANKEN, 1982]. Das zeigt sich in der Faktormodellannahme, die allen Modellen zugrunde liegt, die in der Literatur der APT zugeordnet werden. Sie impliziert, daß die Streuung der Wertpapierrenditen in zwei Komponenten aufgeteilt werden kann. Die Komponente, die durch die K Faktoren gebildet wird, bezeichnet man als systematisches Risiko; die zweite, auf die wertpapierspezifischen Störvariablen zurückgehende, Komponente als unsystematisches Risiko.
Ausgehend von der Faktormodellannahme beschrieb ROSS (1976, 1977) für die erwarteten Renditen den folgenden Zusammenhang: die erwarteten Renditen der Wertpapiere ergeben sich als Summe aus der risikolosen Rendite und den K systematischen Risikoprämien. Jede der K Risikoprämien eines Wertpapieres bezieht sich auf einen der K gemeinsamen Faktoren. Sie ergibt sich aus dem wertpapierspezifischen Risikomaß und dem für alle Wertpapiere identischen Risikopreis. Das Risikomaß, das die Abhängigkeit der Wertpapierrendite von einem Faktor zeigt, läßt

sich aus der Faktorladungsmatrix des Faktormodells entnehmen. Im Unterschied zum CAPM läßt sich der Risikopreis, der als Entgelt für die Übernahme des mit dem Faktor verbundenen Risiko zu interpretieren ist, nicht in einer ökonomischen Größe wie der Marktrendite ausdrücken. In den ersten Beiträgen von ROSS (1976, 1977) zur APT findet sich kein Beweis dieses Resultates. Spätere formale Untersuchungen ergänzten ROSS' heuristische Argumentation [INGERSOLL, 1984; CHAMBERLAIN/ROTHSCHILD, 1983; HUBERMAN, 1982]. Allerdings konnte das von ROSS angestrebte Resultat nur approximativ bewiesen werden. Es wurde gezeigt, daß für unendlich viele Wertpapiere die Summe der quadrierten Abweichungen der erwarteten Renditen von dem Wert, der durch die risikolose Rendite und die K Risikoprämien erklärt wird, beschränkt ist.

Um eine exakte Darstellung der erwarteten Renditen mittels risikoloser Rendite und K Risikoprämien zu erreichen, wurden in den darauf folgenden Arbeiten weitere Annahmen eingeführt. Dabei lassen sich vornehmlich zwei Entwicklungen unterscheiden. Ein Teil der Autoren verschärft die Annahmen über die Renditen. Insbesondere wird die Existenz eines Portefeuilles gefordert, dessen Rendite nur systematisches Risiko aufweist [KWON, 1985; CHEN/INGERSOLL, 1983]. In anderen Untersuchungen werden die Marktannahmen modifiziert, indem die Arbitragefreiheitsannahme durch die Gleichgewichtsannahme ersetzt wird [DYBVIG, 1983; GRINBLATT/TITMAN, 1983; CONNOR, 1984]. Das führt dazu, daß Annahmen über die Anleger notwendig werden, und damit den APT-Modellen nicht mehr - wie der Name nahelegt - die Annahme der Arbitragefreiheit gemeinsam ist, sondern die Faktormodellannahme.

Die APT umfaßt somit sowohl Modelle, die nur die schwache Annahme der Arbitragefreiheit beinhalten als auch Modelle, die wie das CAPM von der Gleichgewichtsannahme ausgehen [SHANKEN, 1985].

Um Mißverständnisse zu vermeiden, wird in neueren Arbeiten von der Beta Pricing Theory [CONNOR, 1984] oder der Factor Pricing Theory [GRINBLATT/TITMAN, 1983] gesprochen. Doch weder der Begriff der Beta Pricing Theory noch der

Begriff der Factor Pricing Theory führen zu einer Differenzierung der Modelle, in der die Arbitragefreiheitsannahme bzw. die Gleichgewichtsannahme berücksichtigt werden. Bis eine eigene Klassifizierung der Modelle vorgestellt wird, wird daher der Begriff der APT im weiteren Sinne [DYBVIG/ROSS, 1985] beibehalten, auch wenn darunter heterogene Modelle verstanden werden.
Neben den Arbeiten, die sich unter theoretischen Aspekten mit der APT beschäftigten, entstand in den letzten Jahren eine Vielzahl von empirischen Arbeiten [BEENSTOCK/CHAN, 1986; CHO/EUN/SENBET, 1986; BROWN/WEINSTEIN, 1985; DHRYMES/FRIEND/GULTEKIN, 1985; LUEDECKE, 1984; CHEN, 1983; REINGANUM, 1981; ROLL/ROSS, 1980]. Da die APT-Modelle wie die CAPM-Modelle zu einer linearen Beziehung zwischen den erwarteten Renditen und den Risikomaßen bzw. Risikopreisen führen, werden in vielen empirischen Untersuchungen zur APT die Ansätze der CAPM-Arbeiten in modifizierter Form herangezogen. Wir zeigen, daß dabei - abgesehen von dem Problem der Nichtbeobachtbarkeit des Marktportefeuilles - ähnliche methodische Probleme auftreten.

In der Literatur diskutiert man die Eignung der CAPM- und der APT-Modelle zur Erklärung der Renditenstruktur kontrovers. Die jeweiligen Argumente lassen sich in den folgenden Punkten komprimieren.
Ein Streitpunkt betrifft die den Theorien zugrundeliegenden Annahmen. Ein Vorteil der APT-Modelle gegenüber den CAPM-Modellen wird darin gesehen, daß sie weniger restriktive Annahmen bezüglich des Marktes benötigen [INGERSOLL, 1984; HUBERMAN, 1982; ROLL/ROSS, 1980; ROSS, 1977]. Aus diesem Grunde betrachtete man die CAPM-Modelle als Spezialfälle der APT-Modelle [ROLL/ROSS, 1980]. Dies ist jedoch nicht korrekt, da die CAPM-Modelle keine Faktormodellannahme beinhalten. Die CAPM-Modelle beinhalten daher gegenüber den APT-Modellen allgemeinere Annahmen über Renditen und restriktivere Annahmen über den Markt und die Anleger.

Ebenfalls umstritten ist die Qualität der Resultate der beiden Theorien. Das Resultat der APT-Modelle entspreche eher als das Resultat der CAPM-Modelle den intuitiven Vorstellungen von Theoretikern und Praktikern, behaupten die APT-Vertreter [ROLL/ROSS, 1980]. Sie begründen dies mit den K Risikoprämien, die es erlauben K unterschiedliche Risiken zu berücksichtigen, während das CAPM nur eine Risikoprämie enthält. Zwar verweist SHANKEN (1982) auf das Multi-Beta-CAPM (SHARPE, 1977), in dem das auf das Marktportefeuille bezogene Risikomaß in mehrere Risikomaße aufgeteilt wird; eine explizite Untersuchung eines CAPM-Modells mit Faktormodellannahme im Zusammenhang mit der Diskussion um APT- und CAPM-Modelle fehlt jedoch. Die APT-Modelle wurden vielfach verworfen, weil sie nur ein approximatives Resultat lieferten [SHANKEN, 1982]. Nicht beachtet werden hierbei Modelle, die zu einer exakten Bewertung der erwarteten Renditen mittels der risikolosen Rendite und den K Risikoprämien führen [DYBVIG/ROSS, 1985; CHEN/INGERSOLL, 1983].
Der dritte Aspekt betrifft die empirische Überprüfbarkeit der Resultate. In den Veröffentlichungen zur APT wird insbesondere darauf hingewiesen, daß in den APT-Resultaten das nichtbeobachtbare Marktportefeuille keine Bezugsgröße für die Bewertung der erwarteten Renditen darstellt [BEENSTOCK/CHAN, 1986; ROLL/ROSS, 1980]. Aus diesem Grund wird behauptet, daß die APT-Resultate im Gegensatz zu den CAPM-Resultaten empirisch überprüfbar sind. Die in neuerer Zeit erschienenen Arbeiten [KANDEL/STAMBAUGH, 1987; SHANKEN, 1987, 1986, 1985; GIBBONS/FERSON, 1985; STAMBAUGH, 1982], die Strategien zur Lösung des - mit dem nicht beobachtbaren Marktportefeuille verbundenen - Problems untersuchten, werden dabei vernachlässigt. Die empirische Überprüfbarkeit der APT-Resultate wird grundsätzlich angezweifelt, da die in den APT-Modellen verwendeten Faktoren nicht identifiziert und daher auch nicht beobachtbar sind [SHANKEN, 1985, 1982; DHRYMES/FRIEND/GULTEKIN, 1984]. DYBVIG/ROSS (1985) und ROLL/ROSS (1980) vertreten die Meinung,

daß auch ohne Identifikation der Faktoren eine Überprüfung der APT-Modelle möglich ist.

Die bisherigen Ausführungen zeigen, daß keine einheitliche Auffassung in der Literatur existiert. Ein Anliegen dieser Abhandlung ist es, den Zusammenhang zwischen den APT- und CAPM-Modellen aufzuzeigen. Die bisher in der Literatur existierende Abgrenzung ist dazu nicht geeignet. Sie betont zu einseitig die Faktormodellannahme, während die Annahmen über den Markt eher vernachlässigt werden. Die in dieser Arbeit vorgenommene Klassifizierung stellt die Annahmen über den Markt den Annahmen über die Renditen gleich. Das folgende Diagramm gibt einen Überblick über die im folgenden angewendete Systematik:

Verschärfung der Marktannahmen →

Verschärfung der Renditeannahmen ↓

Annahmen über den Markt / Annahmen über die Rendite	Arbitragefreiheit	Gleichgewicht
Renditen besitzen Erwartungswerte, Varianzen und Kovarianzen	bisher nicht beachtete Arbitragemodelle (vgl. Separationstheoreme)	CAPM ZERO-BETA-CAPM
Für die Renditen gilt ein Faktormodell	APT-Modelle mit approximativem Resultat	MULTI-BETA-CAPM
Für die Renditen gilt ein Faktormodell und es existiert eine Portefeuillerendite ohne unsystematisches Risiko	APT-Modelle mit exaktem Resultat	MULTI-BETA-CAPM APT-Modelle mit Gleichgewichtsannahme

Das Diagramm zeigt, daß zwei Modellklassen gebildet werden können. Die Modelle mit der Arbitragefreiheitsannahme werden im folgenden kurz mit Arbitragemodelle angesprochen, und in den Gleichgewichtsmodellen wird Marktgleichgewicht vorausgesetzt. In jeder Modellklasse lassen sich über die Renditeannahmen drei Arten von Modellgruppen unterscheiden. In dem Diagramm wird klar ersichtlich, welche Modelle sich als Spezialfälle aus anderen ergeben.
In dieser Arbeit werden alle sechs Modellgruppen diskutiert. Dabei werden Modelle mit endlich vielen Wertpapieren betrachtet. Die CAPM-Modelle unterstellen endlich viele Wertpapiere, während nur einige APT-Modelle von unendlich vielen Wertpapieren ausgehen. Da nur Modelle mit gleicher Anzahl von Wertpapieren verglichen werden sollen, werden Modelle mit unendlich vielen Wertpapieren nicht in diese Untersuchung einbezogen. Die hier verwendete Klassifizierung läßt sich jedoch ohne weiteres auf Modelle mit unendlich vielen Wertpapieren übertragen.

Für die Arbeit ergibt sich folgende Disposition:

Im anschließenden Kapitel 2 werden Faktormodelle behandelt. Sie wurden zwar bisher in der Finanzierungstheorie als Annahmen in Arbitrage- und Gleichgewichtsmodellen eingesetzt, jedoch nicht eigenständig analysiert. Faktormodelle basieren auf Annahmen über die Renditen. Unter Zuhilfenahme statistischer Erkenntnisse erlauben sie Aussagen über die Beziehung zwischen den Renditen und anderen Größen - wie beispielsweise der standardisierten Marktrendite. Den in diesem Kapitel hergeleiteten Resultaten kommt in späteren Kapiteln eine wesentliche Bedeutung zu.

In Kapitel 3 werden die Arbitragemodelle dargestellt. Zunächst analysieren wir die in der Literatur noch nicht untersuchten Arbitragemodelle für beliebige Renditen. Dabei wird die bei Arbitragemodellen übliche, einschränkende Faktormodellannahme nicht getroffen. Zum einen wird damit das dem CAPM übergeordnete Arbitragemodell dargestellt, zum anderen wird gezeigt, daß sich das Resultat dieses Arbitragemodells in unterschiedlicher Form darstellen läßt. Daran anschließend wird für Arbitragemodelle mit Faktormodellannahme ein bisher nicht bekanntes, exaktes Ergebnis hergeleitet. Wir zeigen, daß die erwarteten Überschußrenditen der Wertpapiere sowohl von systematischen als auch von unsystematischen Risikoprämien abhängig sind. Abschließend werden Bedingungen formuliert, so daß die unsystematischen Risikoprämien verschwinden. Diese Modelle entsprechen den in der Literatur bekannten APT-Modellen, welche die Existenz eines Portefeuilles ohne unsystematisches Risiko fordern.

Kapitel 4 beinhaltet die Darstellung der Gleichgewichtsmodelle. Zunächst werden die bereits bekannten CAPM- und Zero-Beta-CAPM als Spezialfälle der Arbitragemodelle ohne Faktormodellannahme präsentiert. Außerdem wird hier erstmals explizit gezeigt, daß das Multi-Beta-CAPM eine Interpretation der Risikopreise ermöglicht, die das Resultat aus dem entsprechenden Arbitragemodell ergänzt.

Kapitel 5 beschäftigt sich mit der empirischen Überprüfbarkeit der Modellresultate. Wir stellen zuerst zwei Ansätze vor, die sich zur empirischen Überprüfung aller Modelle eignen. Damit existiert ein gemeinsames Raster zur Prüfung von Arbitrage- und Gleichgewichtsmodellen. Die Untersuchungen, die bisher im Rahmen von Regressionsmodellen durchgeführt wurden, lassen sich einem der behandelten Ansätze zuordnen und damit klassifizieren. Um die mit einer empirischen Untersuchung verbundenen Probleme aufzuzeigen, werden die beiden Ansätze sowohl für ein ausgewähltes Arbitragemodell als auch für ein ausgewähltes Gleichgewichtsmodell exemplarisch durchgeführt. Beide Modelle sind mit vergleichbaren Schwierigkeiten bei der empirischen Überprüfung verbunden, obwohl sie auf unterschiedlichen statistischen Methoden basieren. Beispielsweise ergeben sich die empirischen Risikomaße bei den Arbitragemodellen durch die Faktoranalyse, bei den Gleichgewichtsmodellen durch die Regressionsanalyse.
Im Kapitel 6 werden die wichtigsten Ergebnisse zusammengefaßt und einer abschließenden Bewertung unterzogen.

2. Faktormodelle

Faktormodelle erklären die Abweichungen der N Renditen von ihren Erwartungswerten durch K gemeinsame Faktoren und N renditespezifische Störvariablen. Die untereinander unkorrelierten Faktoren besitzen Erwartungswerte von Null und Varianzen von Eins. Die Erwartungswerte der untereinander unkorrelierten Störvariablen werden in allen Faktormodellen gleich Null angenommen. Die Faktormodelle unterscheiden sich in den Annahmen über die Varianzen und Kovarianzen der Störvariablen.

In diesem Kapitel wird gezeigt, daß für einen Renditevektor eine Vielzahl von Faktormodellen möglich ist.
In Abschnitt 2.1. wird eine ökonomische Interpretation der einzelnen Komponenten eines Faktormodells gegeben sowie unterschiedliche Faktormodelle vorgestellt.
Die Ausführungen im Abschnitt 2.2. zeigen, daß für einen beliebig verteilten Renditevektor $\underline{\boldsymbol{R}}$ - beschrieben durch seinen Erwartungsvektor $\underline{\boldsymbol{\mu}}$ und seine Kovarianzmatrix $\boldsymbol{\Sigma}$ - Faktormodelle gebildet werden können, die sich sowohl in Anzahl als auch Art der Faktoren unterscheiden.
Im Unterschied zum Abschnitt 2.2. hat der Abschnitt 2.3. den speziellen Fall eines normalverteilten Renditevektors $\underline{\boldsymbol{R}}$ zum Inhalt. Insbesondere interessiert die Frage, welche Aussagen aufgrund der Verteilungsannahme zusätzlich getroffen werden können.
Im Abschnitt 2.4. untersuchen wir die aus der Literatur bekannten Markt- und Indexmodelle. Es wird gezeigt, daß diese Modelle spezielle Faktormodelle darstellen.

2.1. Klassifizierung der Faktormodelle

In Faktormodellen werden die Abweichungen des N-dimensionalen Renditevektors $\underline{\boldsymbol{R}}$ von seinem Erwartungsvektor $\underline{\boldsymbol{\mu}}$ als lineare Funktion eines K-dimensionalen Faktorvektors $\underline{\boldsymbol{f}}$ und eines N-dimensionalen Störvektors $\underline{\boldsymbol{e}}$ erklärt:

$$\underline{\boldsymbol{R}} - \underline{\boldsymbol{\mu}} = \boldsymbol{B}\,\underline{\boldsymbol{f}} + \underline{\boldsymbol{e}} \quad . \qquad (2.1.-1)$$

Dabei wird angenommen, daß gilt:

$$\begin{aligned} \text{rg } \boldsymbol{B} &= K \leq N \\ \text{erw } \underline{\boldsymbol{f}} &= \underline{0} \\ \text{var } \underline{\boldsymbol{f}} &= \boldsymbol{I}_K \\ \text{cov } (\underline{\boldsymbol{f}}, \underline{\boldsymbol{e}}) &= \boldsymbol{0} \\ \text{erw } \underline{\boldsymbol{e}} &= \underline{0} \quad . \end{aligned}$$

Die Kovarianzmatrix des Störvektors $\underline{\boldsymbol{e}}$ wird mit $\boldsymbol{\Omega}$ bezeichnet:

$$\boldsymbol{\Omega} := \text{var } \underline{\boldsymbol{e}} \quad .$$

Das Streuungsverhalten einer Rendite wird auf K gemeinsame Faktoren und die renditespezifische Störvariable zurückgeführt. Der Einfluß eines Faktors f_k ($k = 1, \ldots, K$) auf eine Rendite R_i ($i = 1, \ldots, N$) zeigt sich in den Koeffizienten b_{ik} der Faktorladungsmatrix $\boldsymbol{B}$. Für die Faktoren und die Störvariablen wird Erwartungswert Null angenommen. Dies bedeutet, daß die Faktoren und die Störvariablen nur auf die Streuung, nicht jedoch auf die Erwartungswerte der Renditen einwirken. Die Kovarianz zwischen den Faktoren ist Null und die Varianz jedes Faktors beträgt Eins.

Im Gegensatz zu den Renditen können Faktoren nicht immer eindeutig als ökonomische Größen interpretiert werden, sondern sind vielfach nur durch ihre stochastischen Eigenschaften gekennzeichnet. Werden ökonomisch aussagefähige Variablen als Faktoren verwendet, dann eignen sich hierfür Variablen, die die Entwicklung des Gesamt- oder eines relevanten Teilmarktes erfassen. Dadurch beeinflussen die ausgewählten Faktoren wenn nicht alle, so doch sehr viele Renditen. In Frage kommen hierfür beispielsweise Indizes wie der FAZ-Index, der Commerzbankindex oder Branchenindizes, aber auch makroökonomische Variablen wie das Bruttosozialprodukt, die private Ersparnis oder die Auftragseingänge einer Branche. Werden solche Variablen als Faktoren benützt, müssen sie einer Transformation unterzogen werden, so daß die für die Faktoren getroffenen Annahmen bezüglich der ersten und zweiten Momente erfüllt sind.
Die Störvariablen beeinflussen direkt jeweils nur eine Rendite. Sie repräsentieren somit Größen wie den Gewinn oder die Dividendenpolitik einer Unternehmung. Gegebenenfalls sind auch diese Variablen einer Transformation zu unterziehen, so daß die Annahme über die Erwartungswerte der Störvariablen erfüllt sind.

Die Kovarianzmatrix $\boldsymbol{\Sigma}$ des Renditevektors $\underline{\boldsymbol{R}}$ läßt sich aufteilen

$$\boldsymbol{\Sigma} = \boldsymbol{B}\boldsymbol{B}' + \boldsymbol{\Omega} \quad ,$$

wobei $\boldsymbol{B}\boldsymbol{B}'$ durch die gemeinsamen Faktoren und $\boldsymbol{\Omega}$ durch die Störvariablen zustande kommt. Die Annahmen über den Rang der Faktorladungsmatrix $\boldsymbol{B}$ und die Kovarianzmatrix der Faktoren implizieren, daß die von den Faktoren erklärte Streuung nicht durch eine geringere Anzahl von Faktoren erklärt werden kann.
In Anlehnung an die Begriffe des Marktmodells [BEJA, 1972, S. 37; BABCOCK, 1972, S. 699] und des CAPM [SHARPE, 1964, S. 439; SÜCHTING, 1980, S. 281-284; GERKE/PHILIPP, 1985, S. 58-63] werden die Kovarianzen der Renditen mit den Faktoren als systematische Risiken und das verbleibende, durch die

renditespezifischen Störvariablen erzeugte Risiko als das unsystematische Risiko bezeichnet.

Die Faktormodelle unterscheiden sich durch die Annahmen, die über die Kovarianzmatrix $\boldsymbol{\Omega}$ des Störvektors getroffen werden.
Das approximative Faktormodell (AFM) läßt für den in dieser Arbeit untersuchten Fall endlich vieler Renditen jede Kovarianzmatrix zu. Somit ist es möglich, daß die Störvariablen untereinander korreliert sind. Über den stochastischen Zusammenhang zwischen den Störvariablen kann die zu einer Rendite gehörende Störvariable indirekt auch die anderen Renditen beeinflussen.
In dem Standardfaktormodell (SFM) ist dieser indirekte Einfluß ausgeschlossen. Für die Kovarianzmatrix $\boldsymbol{\Omega}$ des Störvektors wird angenommen:

$$\boldsymbol{\Omega} = \text{diag } \{\omega_1^2, \ldots, \omega_N^2\} \quad .$$

Jede Rendite wird somit bestimmt durch die gemeinsamen Faktoren und die renditespezifische Störvariable, die jedoch im Gegensatz zum AFM keine Korrelation mit den Störvariablen der anderen Renditen aufweist. Der stochastische Zusammenhang der Renditen entsteht daher nur über die Abhängigkeit der Renditen von den Faktoren.
AFM und SFM werden in den folgenden Ausführungen oft gemeinsam als Faktormodell mit Störvariablen (FMS) angesprochen.
In seiner restriktivsten Fassung, dem Faktormodell ohne Störvariablen (FOS) wird angenommen:

$$\boldsymbol{\Omega} = 0 \quad .$$

Diese Annahme über die Kovarianzmatrix bedeutet, daß mit Wahrscheinlichkeit Eins für den Störvektor gilt:

$$\underline{e} = \underline{0} \quad .$$

Die Renditen werden also vollständig durch die gemeinsamen Faktoren erklärt.

2.2. Faktormodelle für beliebig verteilte Renditen

Die folgende Untersuchung zeigt, daß für beliebig verteilte Renditen eine Vielzahl von Faktormodellen möglich ist. Es werden Aussagen über die Anzahl der Faktoren in Abhängigkeit von der Anzahl der stochastisch linear unabhängigen Renditen [1] abgeleitet.

Im Punkt 2.2.1. werden zuerst die Faktoren als Linearkombinationen von Renditen festgelegt. Danach werden die Störvariablen bestimmt, in welche die von den Faktoren nicht erklärte Streuung eingeht.
Im Punkt 2.2.2. untersuchen wir, wie und unter welchen Voraussetzungen ausgewählte ökonomische Variablen in einem Faktormodell verwendet werden können. Im Unterschied zu den vorhergehenden Punkten wird im Punkt 2.2.3. zuerst der Störvektor festgelegt und dann der Faktorvektor ermittelt.

2.2.1. Faktoren als Linearkombinationen der Renditen

Die Zahl der stochastisch linear unabhängigen Renditen ist gleich dem Rang M der Kovarianzmatrix $\boldsymbol{\Sigma}$ [THEIL, 1971, S. 72]. Man teilt $\underline{\boldsymbol{R}}$ auf in den Teilvektor $\underline{\boldsymbol{R}}_1$, der M stochastisch linear unabhängige Renditen enthält, und in den Teilvektor $\underline{\boldsymbol{R}}_2$ mit den restlichen Renditen, wobei gelten soll:

$$\begin{aligned} \text{erw } \underline{\boldsymbol{R}}_i &= \boldsymbol{\mu}_i \\ \text{cov } (\underline{\boldsymbol{R}}_i, \underline{\boldsymbol{R}}_j) &= \boldsymbol{\Sigma}_{ij} \qquad i,j = 1,2 \quad . \end{aligned}$$

Danach läßt sich für $\underline{\boldsymbol{R}}_1$ und R_{M+j} $(j = 1, \ldots, N-M)$ eine Linearkombination finden mit

$$\text{var } (R_{M+j} + \underline{\boldsymbol{a}}' \underline{\boldsymbol{R}}_1) = 0$$

[1] Die Elemente eines Zufallsvektors $\underline{\boldsymbol{x}}$ heißen stochastisch linear unabhängig, wenn es keinen Vektor $\underline{\boldsymbol{a}} \neq \underline{\boldsymbol{0}}$ gibt, so daß var $(\underline{\boldsymbol{a}}' \underline{\boldsymbol{x}}) = 0$ gilt [RICHTER, 1966, S. 264].

und mit Wahrscheinlichkeit Eins gilt dann

$$R_{M+j} + \underline{\boldsymbol{a}}'\underline{\boldsymbol{R}}_1 = \mu_{M+j} + \underline{\boldsymbol{a}}'\underline{\boldsymbol{\mu}}_1 \quad .$$

Der Vektor $\underline{\boldsymbol{R}}_2 - \underline{\boldsymbol{\mu}}_2$ läßt sich als lineare Funktion von M stochastisch linear unabhängigen Renditen schreiben:

$$\underline{\boldsymbol{R}}_2 - \underline{\boldsymbol{\mu}}_2 = \boldsymbol{A}_*(\underline{\boldsymbol{R}}_1 - \underline{\boldsymbol{\mu}}_1) \quad .$$

Mit

$$\boldsymbol{A} = \begin{bmatrix} \boldsymbol{I}_M \\ \boldsymbol{A}_* \end{bmatrix}$$

läßt sich der Vektor der Abweichungen der Renditen von ihren Erwartungswerten schreiben als

$$\underline{\boldsymbol{R}} - \underline{\boldsymbol{\mu}} = \boldsymbol{A}(\underline{\boldsymbol{R}}_1 - \underline{\boldsymbol{\mu}}_1) \quad .$$

Für die Kovarianzmatrix $\boldsymbol{\Sigma}$ des Renditevektors $\underline{\boldsymbol{R}}$ gilt dann

$$\begin{aligned} \boldsymbol{\Sigma} &= \boldsymbol{A}\boldsymbol{\Sigma}_{11}\boldsymbol{A}' \\ &= \begin{bmatrix} \boldsymbol{\Sigma}_{11} & \boldsymbol{\Sigma}_{11}\boldsymbol{A}_*' \\ \boldsymbol{A}_*\boldsymbol{\Sigma}_{11} & \boldsymbol{A}_*\boldsymbol{\Sigma}_{11}\boldsymbol{A}_*' \end{bmatrix} \quad . \end{aligned} \qquad (2.2.1.-1)$$

Die Kovarianzmatrix $\boldsymbol{\Sigma}$ läßt sich aufgrund ihrer Symmetrie mit Hilfe einer $(N \times M)$-dimensionalen Matrix $\boldsymbol{D}$, die vollen Spaltenrang besitzt, darstellen [SEARLE, 1982, S.291]. Sei

$$\boldsymbol{D} = \begin{bmatrix} \boldsymbol{D}_1 \\ \boldsymbol{D}_2 \end{bmatrix} \quad ,$$

wobei $\boldsymbol{D}_1$ eine $(M \times M)$-dimensionale Matrix und $\boldsymbol{D}_2$ eine $((N - M) \times M)$-dimensionale Matrix ist, so gilt

$$\boldsymbol{\Sigma} = \boldsymbol{D}\boldsymbol{D}' = \begin{bmatrix} \boldsymbol{D}_1\boldsymbol{D}_1' & \boldsymbol{D}_1\boldsymbol{D}_2' \\ \boldsymbol{D}_2\boldsymbol{D}_1' & \boldsymbol{D}_2\boldsymbol{D}_2' \end{bmatrix} \quad . \qquad (2.2.1.-2)$$

Aus dem Vergleich der Darstellungen (2.2.1.-1) und (2.2.1.-2) folgt

$$\boldsymbol{\Sigma}_{11} \quad = \quad \boldsymbol{D}_1 \boldsymbol{D}_1' \quad .$$

Da

$$M \quad = \quad \text{rg } \boldsymbol{\Sigma}_{11} \quad = \quad \text{rg } (\boldsymbol{D}_1 \boldsymbol{D}_1') \quad = \quad \text{rg } \boldsymbol{D}_1$$

[SEARLE, 1982, S. 211], existiert die Inverse $\boldsymbol{D}_1^{-1}$ und es gilt

$$\boldsymbol{A}_* \quad = \quad \boldsymbol{D}_2 \boldsymbol{D}_1^{-1}$$

und

$$\boldsymbol{A} \quad = \quad \boldsymbol{D} \boldsymbol{D}_1^{-1} \quad .$$

Mit

$$\underline{\boldsymbol{f}}_D \quad := \quad \boldsymbol{D}_1^{-1}(\underline{\boldsymbol{R}}_1 - \underline{\boldsymbol{\mu}}_1)$$

gilt dann das Faktormodell

$$\underline{\boldsymbol{R}} - \underline{\boldsymbol{\mu}} \quad = \quad \boldsymbol{D} \underline{\boldsymbol{f}}_D \qquad (2.2.1.-3)$$

mit

$$\text{rg } \boldsymbol{D} \quad = \quad M$$
$$\text{erw } \underline{\boldsymbol{f}}_D \quad = \quad \underline{\boldsymbol{0}}$$
$$\text{var } \underline{\boldsymbol{f}}_D \quad = \quad \boldsymbol{I}_M \quad .$$

(2.2.1.-3) beschreibt ein FOS mit einem M-dimensionalen Faktorvektor $\underline{\boldsymbol{f}}_D$ und einer Faktorladungsmatrix $\boldsymbol{D}$. Der Faktorvektor $\underline{\boldsymbol{f}}_D$ wird bestimmt durch M stochastisch linear unabhängige Renditen und die Inverse der Teilmatrix $\boldsymbol{D}_1$. Da die Matrix $\boldsymbol{D}$ der Zerlegung (2.2.1.-2) nicht eindeutig ist, existieren für einen endlichen Renditevektor mehrere FOS mit unterschiedlichen Faktorvektoren und Faktorladungsmatrizen. Für alle FOS gilt jedoch, daß die Anzahl der Faktoren der Anzahl der stochastisch linear unabhängigen Renditen und damit dem Rang M der Kovarianzmatrix $\boldsymbol{\Sigma}$ entspricht.

Ist die Kovarianzmatrix $\boldsymbol{\Sigma}$ nichtsingulär, dann sind alle Renditen stochastisch linear unabhängig. Damit ist die Anzahl der Faktoren identisch mit der Anzahl der Renditen. Die Darstellung des Renditevektors als FOS ist in diesem Fall unbefriedigend. Dies gilt auch für den Fall, daß die Anzahl der stochastisch linear unabhängigen Renditen nur wenig kleiner ist als die Anzahl aller Renditen. Denn das Ziel eines Faktormodelles besteht gerade darin, die Renditen durch eine wesentlich geringere Anzahl von gemeinsamen Faktoren zu erklären.

Eine Möglichkeit, nur wenige gemeinsame Faktoren in die Analyse einzubeziehen, bietet die Transformation des FOS (2.2.1.-3) mit M Faktoren in ein FMS mit $K < M$ Faktoren. Die Aufteilung der Faktorladungsmatrix $\boldsymbol{D}$ und des Faktorvektors $\underline{\boldsymbol{f}}_D$ gestattet die Transformation des FOS in ein FMS. Durch die Partitionierung erhält man:

$$\boldsymbol{D} = [\boldsymbol{D}^1 \quad \boldsymbol{D}^2]$$

$$\underline{\boldsymbol{f}}_D = \begin{bmatrix} \underline{\boldsymbol{f}}_D^1 \\ \underline{\boldsymbol{f}}_D^2 \end{bmatrix} .$$

Die Teilmatrix $\boldsymbol{D}^1$ ist dabei von der Dimension $(N \times K)$, $\boldsymbol{D}^2$ von der Dimension $(N \times (M-K))$. Analog stellt $\underline{\boldsymbol{f}}_D^1$ einen K-dimensionalen und $\underline{\boldsymbol{f}}_D^2$ einen $(M-K)$-dimensionalen Vektor dar.

Das FOS (2.2.1.-3) läßt sich dann schreiben als

$$\underline{\boldsymbol{R}} - \underline{\boldsymbol{\mu}} = \boldsymbol{D}^1 \underline{\boldsymbol{f}}_D^1 + \boldsymbol{D}^2 \underline{\boldsymbol{f}}_D^2 .$$

Setzt man

$$\underline{\boldsymbol{e}} := \boldsymbol{D}^2 \underline{\boldsymbol{f}}_D^2 ,$$

so ergibt sich ein FMS mit K Faktoren

$$\underline{\boldsymbol{R}} - \underline{\boldsymbol{\mu}} = \boldsymbol{D}^1 \underline{\boldsymbol{f}}_D^1 + \underline{\boldsymbol{e}} \qquad (2.2.1.-4)$$

mit

$$
\begin{aligned}
\text{rg } \boldsymbol{D}^1 &= K < M \leq N \\
\text{erw } \underline{\boldsymbol{f}}_D^1 &= \underline{0} \\
\text{var } \underline{\boldsymbol{f}}_D^1 &= \boldsymbol{I}_K \\
\text{cov } (\underline{\boldsymbol{f}}_D^1, \underline{e}) &= 0 \\
\text{erw } \underline{e} &= \underline{0} \\
\text{var } \underline{e} &= \boldsymbol{D}^2(\boldsymbol{D}^2)' \quad .
\end{aligned}
$$

In Abhängigkeit von der Gestalt der Kovarianzmatrix der Störvariablen ergeben sich unterschiedliche Faktormodelle. Ein SFM ergibt sich, wenn die Kovarianzmatrix eine Diagonalmatrix ist, ansonsten ein AFM. Es ist in diesem Zusammenhang zu beachten, daß das FMS (2.2.1.-4) aus einem FOS abgeleitet wurde. Wie gezeigt wurde, sind verschiedene FOS möglich, so daß auch mehrere FMS hergeleitet werden können.

Eine solche Vorgehensweise bietet sich an, wenn einige Faktoren ausreichen, um einen hohen Anteil der Renditestreuung zu erklären. Zur Bestimmung der Anzahl K der Faktoren sind eine Reihe von Kriterien möglich, beispielsweise das Kriterium, daß mindestens ein vorgegebener Varianzanteil der Renditen durch die Faktoren erklärt wird.

Die bisherigen Ausführungen für beliebig verteilte Renditen lassen sich bei Vorgabe der Faktoren als Linearkombination der Renditen zu den folgenden Resultaten zusammenfassen:

(i) Ein FOS ist möglich, wenn die Anzahl K der Faktoren mit der Anzahl M stochastisch linear unabhängiger Renditen übereinstimmt.

(ii) Ein FMS ergibt sich, wenn die Anzahl K der Faktoren kleiner ist als die Anzahl M der stochastisch linear unabhängigen Renditen. Das FMS ist in Abhängigkeit von der Kovarianzmatrix der Störvariablen, die aus den verbleibenden $(M-K)$ Faktoren gebildet werden, entweder ein SFM oder ein AFM.

Das abschließende Beispiel (2.2.1.-B1) zeigt ein FOS bzw. ein FMS. Diese Modelle werden im Rahmen der Faktorenanalyse verwendet [OST, 1984, S. 575-662].

Beispiel 2.2.1.-B1

Die zu der Matrix $\boldsymbol{\Sigma}$ gehörenden N Eigenwerte l_i $(i = 1, \ldots, N)$ seien in absteigender Reihenfolge geordnet. Da die Matrix $\boldsymbol{\Sigma}$ den Rang M besitzt, gilt [SEARLE, 1982, S.292]:

$$l_1 \geq l_2 \geq \ldots \geq l_M > 0$$

und

$$l_{M+1} = \ldots = l_N = 0 \ .$$

Die Wurzeln aus den Eigenwerten enthält die $(N \times N)$-dimensionale Diagonalmatrix

$$\boldsymbol{L} := \operatorname{diag} \left\{ \sqrt{l_1}, \ldots, \sqrt{l_M}, 0, \ldots, 0 \right\} \ .$$

Die zu den Eigenwerten l_i gehörenden Eigenvektoren $\underline{\boldsymbol{v}}_i$ $(i = 1, \ldots, N)$ werden in der nichtsingulären Matrix $\boldsymbol{E}$ [SEARLE, 1982, S.290]

$$\boldsymbol{E} := [\underline{\boldsymbol{v}}_1, \ldots, \underline{\boldsymbol{v}}_N]$$

zusammengefaßt.

Schreibt man

$$\boldsymbol{E} \cdot \boldsymbol{L} \;=\; [\boldsymbol{P} \quad 0] \;=\; \begin{bmatrix} \boldsymbol{P}_1 & 0 \\ \boldsymbol{P}_2 & 0 \end{bmatrix} \quad ,$$

wobei $\boldsymbol{P}_1$ eine $(M \times M)$-dimensionale, nichtsinguläre Matrix ist, dann läßt sich die Kovarianzmatrix $\boldsymbol{\Sigma}$ schreiben als [SEARLE, 1982, S.291]

$$\boldsymbol{\Sigma} \;=\; \boldsymbol{P}\boldsymbol{P}' \quad .$$

Definiert man den Faktorvektor

$$\underline{\boldsymbol{f}}_P \;:=\; \boldsymbol{P}_1^{-1}(\underline{\boldsymbol{R}}_1 - \underline{\boldsymbol{\mu}}_1) \quad ,$$

dann ergibt sich das FOS mit M Faktoren

$$\underline{\boldsymbol{R}} - \underline{\boldsymbol{\mu}} \;=\; \boldsymbol{P}\,\underline{\boldsymbol{f}}_P \qquad (2.2.1.-5)$$

mit

$$\text{rg } \boldsymbol{P} \;=\; M$$

$$\text{erw } \underline{\boldsymbol{f}}_P \;=\; \underline{0}$$

$$\text{var } \underline{\boldsymbol{f}}_P \;=\; \boldsymbol{I}_M \quad .$$

Es besteht ein unmittelbarer Zusammenhang mit der Beziehung

$$\underline{\boldsymbol{R}} - \underline{\boldsymbol{\mu}} \;=\; \boldsymbol{A}(\underline{\boldsymbol{R}}_1 - \underline{\boldsymbol{\mu}}_1) \quad .$$

Der Faktorvektor $\underline{\boldsymbol{f}}_P$ ist eine lineare Funktion des Renditevektors $\underline{\boldsymbol{R}}_1$, der eine maximale Anzahl stochastisch linear unabhängiger Renditen von $\underline{\boldsymbol{R}}$ enthält. Für die Faktorladungsmatrix $\boldsymbol{P}$ des FOS (2.2.1.-5) gilt

$$\boldsymbol{P} \;=\; \boldsymbol{A} \cdot \boldsymbol{P}_1 \quad .$$

Sie ist somit eine Linearkombination der Matrix $\boldsymbol{A}$, die die linearen Abhängigkeiten zwischen den Renditen widerspiegelt.

Ein FMS mit K Faktoren läßt sich bilden, wenn man die Matrix $\boldsymbol{P}$ in die $(N \times K)$-dimensionale Teilmatrix $\boldsymbol{P}^1$ und die $(N \times (M-K))$-dimensionale Teilmatrix $\boldsymbol{P}^2$ sowie den Vektor $\underline{\boldsymbol{f}}_P$ analog in die Teilvektoren $\underline{\boldsymbol{f}}_P^1$ und $\underline{\boldsymbol{f}}_P^2$ aufteilt:

$$\begin{aligned} \boldsymbol{P} &= [\boldsymbol{P}^1 \;\; \boldsymbol{P}^2] \\ \underline{\boldsymbol{f}}_P' &= [\underline{\boldsymbol{f}}_P^{1'} \;\; \underline{\boldsymbol{f}}_P^{2'}] \quad . \end{aligned}$$

Definiert man den Störvektor $\underline{e}$ als

$$\underline{e} \;:=\; \boldsymbol{P}^2 \cdot \underline{\boldsymbol{f}}_P^2 \quad ,$$

so erhält man das FMS

$$\underline{\boldsymbol{R}} - \underline{\boldsymbol{\mu}} \;=\; \boldsymbol{P}^1 \cdot \underline{\boldsymbol{f}}_P^1 + \underline{e}$$

mit

$$\begin{aligned} \text{rg } \boldsymbol{P}^1 &= K \\ \text{erw } \underline{\boldsymbol{f}}_P^1 &= \underline{0} \\ \text{var } \underline{\boldsymbol{f}}_P^1 &= \boldsymbol{I}_K \\ \text{cov } (\underline{\boldsymbol{f}}_P^1, \underline{e}) &= \boldsymbol{0} \\ \text{erw } \underline{e} &= \underline{0} \\ \text{var } \underline{e} &= \boldsymbol{P}^2(\boldsymbol{P}^2)' \end{aligned}$$

2.2.2. Faktoren als Linearkombinationen exogener Variablen

Nach ROLL/ROSS (1980, S. 1077) ist ein Faktormodell geeignet, den Einfluß exogener Variablen auf die Renditen darzustellen. Die Auswahl der Einflußgrößen auf die Renditestreuung kann aufgrund ökonomischer Überlegungen geschehen

[KING, 1966, S. 140-141]. Die Ausführungen in diesem Punkt zeigen, wie aus dem Variablenvektor ein Vektor gebildet werden kann, der den Nullvektor als Erwartungsvektor und die Einheitsmatrix als Kovarianzmatrix besitzt. Außerdem untersuchen wir, welchen Voraussetzungen der Variablenvektor genügen muß, damit er nach der Transformation als Faktorvektor in einem Faktormodell verwendet werden kann.

Die ausgewählten Variablen sind in einem Vektor $\underline{\boldsymbol{h}}_{**}$ mit

$$\begin{aligned} \text{var } \underline{\boldsymbol{h}}_{**} &= \boldsymbol{\mu}_{**} \\ \text{var } \underline{\boldsymbol{h}}_{**} &= \boldsymbol{\Sigma}_{**} \end{aligned}$$

zusammengefaßt, wobei rg $\boldsymbol{\Sigma}_{**} \; = \; K$ ist.

Da der ausgewählte Variablenvektor im allgemeinen weder als Erwartungsvektor den Nullvektor noch als Kovarianzmatrix die Einheitsmatrix besitzt, kann der Variablenvektor nicht als Faktorvektor verwendet werden. Es gilt, eine geeignete Transformation des Variablenvektors zu finden. Da stochastisch linear abhängige Variablen Linearkombinationen der stochastisch linear unabhängigen Variablen darstellen, ist es für die Bildung eines Faktorvektors ausreichend, sich auf stochastisch linear unabhängige Variablen zu beschränken.

Seien die maximale Anzahl K stochastisch linear unabhängiger Variablen in dem Vektor $\underline{\boldsymbol{h}}_{*}$ mit

$$\begin{aligned} \text{erw } \underline{\boldsymbol{h}}_{*} &= \boldsymbol{\mu}_{*} \\ \text{var } \underline{\boldsymbol{h}}_{*} &= \boldsymbol{\Sigma}_{*} \end{aligned}$$

zusammengefaßt.

Die Kovarianzmatrix $\boldsymbol{\Sigma}_{*}$ des Vektors $\underline{\boldsymbol{h}}_{*}$ läßt sich mit Hilfe einer nichtsingulären Matrix $\boldsymbol{D}_{*}$ darstellen [vgl. 2.2.1.-2]

$$\boldsymbol{\Sigma}_{*} = \boldsymbol{D}_{*} \boldsymbol{D}_{*}' \; .$$

Es kann ein K-dimensionaler Vektor

$$\underline{f}_e \quad := \quad D_*^{-1}(\underline{h}_* - \underline{\mu}_*) \qquad (2.2.2. - 1)$$

mit

$$\text{erw } \underline{f}_e = \underline{0}$$

$$\text{var } \underline{f}_e = I_K$$

gebildet werden. Der Vektor $\underline{f}_e$ besitzt somit die für einen Faktorvektor geforderten Eigenschaften, allerdings ist die Darstellung (2.2.2.-1.) nicht eindeutig, da die Kovarianzmatrix Σ_* mittels verschiedener Matrizen D_* zerlegt werden kann.
Wird der Vektor $\underline{f}_e$ als Faktorvektor in dem Faktormodell

$$\underline{R} - \underline{\mu} \quad = \quad B\underline{f}_e + \underline{e} \qquad (2.2.2.-2)$$

betrachtet, dann ergibt sich für die Faktorladungsmatrix

$$\begin{aligned} B &= \text{cov } (\underline{R}, \underline{f}_e) \\ &= \text{cov } (\underline{R}, D_*^{-1}(\underline{h}_* - \underline{\mu}_*)) \\ &= \text{cov } (\underline{R}, \underline{h}_*)(D_*^{-1})' \quad . \end{aligned}$$

Da die Faktorladungsmatrix B nach den Annahmen vollen Rang besitzt, muß gelten [SEARLE, 1982, S. 197]

$$K \quad = \quad \text{rg cov } [\underline{R}, \underline{h}_*](D_*^{-1})' \quad = \quad \text{rg cov } [\underline{R}, \underline{h}_*] \quad .$$

Eine Gegenüberstellung der für den Renditevektor geltenden Faktormodelle läßt Aussagen über die Anzahl der Variablen zu.
Aus einer Gegenüberstellung des FOS (2.2.1.-3) und des FMS (2.2.2.-2) folgt

$$\underline{e} \quad = \quad D\underline{f}_D - B\underline{f}_e \quad .$$

Da

$$\begin{aligned} 0 &= \text{cov}\ (\underline{e}, \boldsymbol{f}_e) \\ &= \text{cov}\ (\boldsymbol{D}\boldsymbol{f}_D - \boldsymbol{B}\boldsymbol{f}_e, \boldsymbol{f}_e) \\ &= \boldsymbol{D}\ \text{cov}\ (\boldsymbol{f}_D, \boldsymbol{f}_e) - \boldsymbol{B} \quad , \end{aligned}$$

gilt

$$\boldsymbol{B} = \boldsymbol{D}\ \text{cov}\ (\boldsymbol{f}_D, \boldsymbol{f}_e) \quad .$$

Da

$$\text{rg}\ \boldsymbol{D} = M$$

und

$$\text{rg cov}\ (\boldsymbol{f}_D, \boldsymbol{f}_e) \leq \min\ (M, K)$$

gilt [SEARLE, 1982, S.196]

$$\text{rg}\ \boldsymbol{B} \leq \min\ (M, K) \quad .$$

Da nach den Annahmen rg $\boldsymbol{B} = K$ gilt, folgt $K \leq M$. Das bedeutet, daß maximal M stochastisch linear unabhängige Variablen zur Erklärung des Streuungsverhaltens in einem Faktormodell ausgewählt werden können.
Für ein FMS gilt daher, daß die Anzahl der Faktoren, die mit der Anzahl der ausgewählten stochastisch linear unabhängigen Variablen übereinstimmt, höchstens M beträgt.
Ein FOS ergibt sich, wenn M stochastisch linear unabhängige Variablen ausgewählt werden, welche die gesamte Streuung der Renditen erklären.

2.3. Faktormodelle für gemeinsam normalverteilte Renditen

In diesem Abschnitt werden gemeinsam normalverteilte Renditen vorausgesetzt. Der Renditevektor $\underline{\boldsymbol{R}}$ genügt dann ebenfalls einer Normalverteilung. Es wird die erweiterte Definition eines normalverteilten Vektors nach RAO (1973, S. 518, Definition 1) zugrunde gelegt. Nach dieser Definition ist ein Vektor genau dann normalverteilt, wenn jede Linearkombination seiner Komponenten normalverteilt ist. Existiert eine risikolose Rendite, so wird die Verteilung dieser Rendite als eine Normalverteilung mit Varianz null interpretiert.
Während im Abschnitt 2.2. für einen beliebig verteilten Renditevektor $\underline{\boldsymbol{R}}$ Resultate nur aus der linearen Abhängigkeit der Renditen abgeleitet werden konnten, lassen sich hier aufgrund der getroffenen Verteilungsannahme weitergehende Aussagen über die Verteilung der Störvariablen und der Faktoren finden.

2.3.1. Faktoren als Linearkombinationen der Renditen

Sei $\underline{\boldsymbol{R}}$ ein normalverteilter Vektor, dessen Kovarianzmatrix $\boldsymbol{\Sigma}$ den Rang M besitzt. Dann läßt sich ein FOS mit dem M-dimensionalen, normalverteilten Faktorvektor $\underline{\boldsymbol{f}}_D$ finden [RAO, 1973, S. 521, Satz 8f], so daß gilt:

$$\underline{\boldsymbol{R}} - \underline{\boldsymbol{\mu}} = \boldsymbol{D}\underline{\boldsymbol{f}}_D \qquad (2.3.1.-1)$$

mit

$$\begin{aligned} \text{rg } \boldsymbol{D} &= M \\ \text{erw } \underline{\boldsymbol{f}}_D &= \underline{\boldsymbol{0}} \\ \text{var } \underline{\boldsymbol{f}}_D &= \boldsymbol{I} \ . \end{aligned}$$

Dieses FOS entspricht dem FOS (2.2.1.-3). Da der Faktorvektor

$$\underline{f}_D = D_1^{-1}(\underline{R}_1 - \underline{\mu}_1)$$

sich als eine lineare Funktion eines normalverteilten Vektors [RAO, 1973, S. 522, Satz (iii)] darstellen läßt, ist der Faktorvektor normalverteilt. Daher sind die Faktoren nicht nur unkorreliert wie in FOS (2.2.1.-3), sondern unabhängig [RAO, 1973, S. 520, Satz (c)]. Die Matrix D ist nicht eindeutig bestimmt. Es existieren daher für einen endlichen, normalverteilten Renditevektor $\underline{R}$ beliebig viele FOS mit unterschiedlichen Faktorvektoren und unterschiedlichen Faktorladungsmatrizen. Für alle möglichen FOS ist die Anzahl der unabhängig normalverteilten Faktoren gleich M.

Aus dem FOS (2.3.1.-1) läßt sich ein FMS mit $K < M$ Faktoren bilden. Analog zu dem Vorgehen in Punkt 2.2.1. teilt man die Matrix D in eine $(N \times K)$-dimensionale Matrix D^1 und in eine $(N \times (M-K))$- dimensionale Matrix D^2 auf. Entsprechend geht man beim Vektor $\underline{f}_D$ vor. Setzt man

$$\underline{e} := D^2 \underline{f}_D^2 \quad ,$$

so ergibt sich ein FMS mit K Faktoren

$$\underline{R} - \underline{\mu} = D^1 \underline{f}_D^1 + \underline{e} \qquad (2.3.1. - 2)$$

mit

$$\begin{aligned}
\text{rg } D^1 &= K < M \\
\text{erw } \underline{f}_D^1 &= \underline{0} \\
\text{var } \underline{f}_D^1 &= I_K \\
\text{cov } (\underline{f}_D^1, \underline{e}) &= 0 \\
\text{erw } \underline{e} &= \underline{0} \\
\text{var } \underline{e} &= D^2 (D^2)' \quad .
\end{aligned}$$

Zusätzlich zu den Resultaten für einen beliebig verteilten Renditevektor gilt hier für den Faktorvektor und für den Störvektor, daß sie unabhängig normalverteilt sind. Je nach Gestalt der Kovarianzmatrix $D^2(D^2)'$ des Störvektors liegt ein AFM oder ein SMF vor.

2.3.2. Faktoren als Linearkombinationen exogener Variablen

Das für einen beliebig verteilten Renditevektor in Punkt 2.2.2. abgeleitete Faktormodell besitzt auch für einen normalverteilten Renditevektor $\underline{R}$ Gültigkeit:

$$\underline{R} - \underline{\mu} = B\underline{f}_e + \underline{e} \quad .$$

Dabei ist $\underline{f}_e$ eine lineare Funktion des Variablenvektors $\underline{h}_*$, der K stochastisch linear unabhängige, exogen vorgegebene Variablen enthält.

Falls $\underline{h}_*$ normalverteilt ist, läßt sich zusätzlich zu den in 2.1.2. getroffenen Aussagen sagen, daß der Faktorvektor $\underline{f}_e$ normalverteilt ist. Diese Aussage ist jedoch nicht ausreichend dafür, daß der Störvektor $\underline{e}$ einer Normalverteilung unterliegt. Sind jedoch der Renditevektor $\underline{R}$ und der Variablenvektor $\underline{h}_*$ gemeinsam normalverteilt, dann gilt, daß der Störvektor $\underline{e}$ und der Faktorvektor $\underline{f}_e$ gemeinsam normalverteilt sind, da sie eine Linearkombination des Renditevektors $\underline{R}$ und des Variablenvektors $\underline{h}_*$ sind [RAO, 1973, S.522, Satz (iv)]. Wie im FMS (2.3.1.-2) gilt dann, daß die Faktoren untereinander und von den Störvariablen unabhängig sind.

2.4 Das Marktmodell und das einfache Indexmodell als spezielle Faktormodelle

Das Marktmodell erklärt den Renditevektor $\underline{\boldsymbol{R}}$ als lineare Funktion des Vektors $\underline{\alpha}_M$, der Marktrendite R_M und des Zufallsvektors $\underline{e}_M$, der renditespezifische Störvariablen enthält:

$$\underline{\boldsymbol{R}} \quad = \quad \underline{\alpha}_M + \underline{\boldsymbol{\beta}}_M \, R_M + \underline{e}_M \quad .$$

Das einfache Indexmodell verwendet einen Vektor $\underline{\alpha}_I$, einen Index R_I und einen Zufallsvektor $\underline{e}_I$:

$$\underline{\boldsymbol{R}} \quad = \quad \underline{\alpha}_I + \underline{\boldsymbol{\beta}}_I \, R_I + \underline{e}_I \quad .$$

Das einfache Indexmodell wurde 1963 von SHARPE unter dem Namen "Diagonalmodell" vorgeschlagen, um die Anwendung der auf MARKOWITZ (1952, 1959) zurückgehenden Portfoliotheorie zu vereinfachen. In einer späteren Arbeit [SHARPE, 1970] verallgemeinerte er dieses Modell unter dem Begriff "Indexmodelle". Das Diagonalmodell entspricht einem einfachen Indexmodell, das im Unterschied zu den übrigen Indexmodellen - den Multiindexmodellen - nur von einem Index ausgeht [SHARPE, 1970, S. 117-139].
Zur Illustrierung des von ihm hergeleiteten CAPM benutzte er ein Modell, das anstelle eines Index die Marktrendite verwendete, die er als eine Linearkombination der im Modell betrachteten Renditen definierte [SHARPE, 1964, S. 438-442]. Diese Idee griff FAMA [1968, S. 37] als "Marktmodell" auf. Unter diesem Namen wurde das Modell, das die Marktrendite als erklärende Variable für die Renditen verwendet, ausführlich diskutiert [BEJA, 1972, S. 38-40; FAMA, 1973, S. 1181-1185; FAMA, 1976, S. 63-132; RUDOLPH, 1979a, S. 98-101; STAPLETON/SUBRAHMANYAM, 1983, S. 1637-1642].

Punkt 2.4.1. zeigt das Marktmodell, Punkt 2.4.2. das einfache Indexmodell als spezielles Faktormodell. Dabei wird bei beiden Modellen zunächst von einem beliebig verteilten, dann von einem normalverteilten Renditevektor $\underline{\boldsymbol{R}}$ ausgegangen.
Im Punkt 2.4.1. werden Faktormodelle hergeleitet, deren Faktor eine Funktion der Marktrendite ist. Da die Marktrendite eine Linearkombination der Renditen ist, können diese Faktormodelle als Spezialfall der Modelle in den Punkten 2.2.1. bzw. 2.3.1. betrachtet werden.
In 2.4.2. werden Faktoren verwendet, die eine Funktion eines Index sind. Obwohl Indizes häufig Linearkombinationen von Renditen sind, wird dies hier nicht unterstellt. Der Index wird als eine exogene Variable betrachtet. Die analysierten Indexmodelle sind dann Spezialfälle der Modelle in den Punkten 2.2.2 bzw. 2.3.2.

2.4.1. Das Marktmodell

In seiner Arbeit von 1968 stellte FAMA das Marktmodell vor:

$$\underline{\boldsymbol{R}} = \underline{\boldsymbol{\alpha}}_M + \underline{\boldsymbol{\beta}}_M R_M + \underline{\boldsymbol{e}}_M$$

mit

$$\begin{aligned} \text{erw } R_M &= \mu_M \\ \text{var } R_M &= \sigma_M^2 \\ \text{cov } (\underline{\boldsymbol{e}}_M, R_M) &= \underline{0} \\ \text{erw } \underline{\boldsymbol{e}}_M &= \underline{0} \\ \text{var } \underline{\boldsymbol{e}}_M &= \boldsymbol{\Omega} \; . \end{aligned}$$

Die Marktrendite R_M ist das mit den Marktanteilen x_{Mi} $(i = 1, \dots, N)$ gewichtete arithmetische Mittel aller Renditen:

$$R_M = \underline{\boldsymbol{x}}_M' \underline{\boldsymbol{R}} \; ,$$

wobei

$$\underline{\boldsymbol{x}}_M \quad := \quad (x_{M1} \ldots x_{MN})' \quad .$$

Der Vektor $\underline{\boldsymbol{\beta}}_M$ enthält die Beta-Werte [BABCOCK, 1972, S. 699] der Renditen, bezogen auf das Marktportefeuille $\underline{\boldsymbol{x}}_M$. Die Beta-Werte werden als systematisches Risiko bezeichnet [SÜCHTING, 1980, S. 283; BEJA, 1972, S. 37]. "Die dahinterstehende Vorstellung ist, daß sich jede Aktie in einem bestimmten Umfang (β) proportional mit einem repräsentativen Aktienindex R_M bewegt" [SÜCHTING, 1980, S. 283]. Der Störvektor $\underline{\boldsymbol{e}}_M$ enthält das unsystematische Risiko. Die Kovarianzmatrix ist eine singuläre Matrix, d.h. zwischen den Störvariablen bestehen lineare Abhängigkeiten [FAMA, 1973, S. 1184]. Die zunächst von FAMA (1968, S. 37) unterstellte Diagonalmatrix ist nicht möglich, da die Kovarianzen zwischen den Störvariablen von Null verschieden sind [BEJA, 1972, S. 32].

Für die Koeffizientenvektoren $\underline{\boldsymbol{\alpha}}_M$ und $\underline{\boldsymbol{\beta}}_M$ gilt:

$$\underline{\boldsymbol{\beta}}_M \quad = \quad \frac{\text{cov }(\underline{\boldsymbol{R}}, R_M)}{\text{var } R_M}$$

$$\underline{\boldsymbol{\alpha}}_M \quad = \quad \underline{\boldsymbol{\mu}} - \underline{\boldsymbol{\beta}}_M \, \mu_M \quad .$$

Daher kann (2.4.1.-1) geschrieben werden als

$$\begin{aligned}
\underline{\boldsymbol{R}} &= \underline{\boldsymbol{\mu}} - \underline{\boldsymbol{\beta}}_M \, \mu_M + \underline{\boldsymbol{\beta}}_M \, R_M + \underline{\boldsymbol{e}}_M \\
&= \underline{\boldsymbol{\mu}} + \underline{\boldsymbol{\beta}}_M (R_M - \mu_M) + \underline{\boldsymbol{e}}_M \\
&= \underline{\boldsymbol{\mu}} + \frac{\text{cov }(\underline{\boldsymbol{R}}, R_M)}{\sigma_M} \cdot \frac{(R_M - \mu_M)}{\sigma_M} + \underline{\boldsymbol{e}}_M \\
&= \underline{\boldsymbol{\mu}} - \frac{\text{cov }(\underline{\boldsymbol{R}}, R_M)}{\sigma_M} \cdot \left(- \frac{R_M - \mu_M}{\sigma_M} \right) + \underline{\boldsymbol{e}}_M \quad .
\end{aligned}$$

Setzt man

$$f_M \quad := \quad \frac{1}{\sigma_M}(R_M - \mu_M) \quad \text{und} \quad \underline{\boldsymbol{b}}_M \quad := \quad \frac{\text{cov}\ (\underline{\boldsymbol{R}}, R_M)}{\sigma_M} \quad ,$$

sowie

$$\tilde{f}_M \quad := \quad -\frac{1}{\sigma_M}(R_M - \mu_M) \quad \text{und} \quad \underline{\tilde{\boldsymbol{b}}}_M \quad := \quad -\frac{\text{cov}\ (\underline{\boldsymbol{R}}, R_M)}{\sigma_M} \quad ,$$

dann gilt

$$\underline{\boldsymbol{R}} - \underline{\boldsymbol{\mu}} \quad = \quad \underline{\boldsymbol{b}}_M\, f_M + \underline{\boldsymbol{e}}_M$$

und

$$\underline{\boldsymbol{R}} - \underline{\boldsymbol{\mu}} \quad = \quad \underline{\tilde{\boldsymbol{b}}}_M\, \tilde{f}_M + \underline{\boldsymbol{e}}_M$$

mit

$$\begin{aligned} \text{erw}\ f_M &= \text{erw}\ \tilde{f}_M = 0 \\ \text{var}\ f_M &= \text{var}\ \tilde{f}_M = 1 \\ \text{cov}\ (\underline{\boldsymbol{e}}_M, f_M) &= \text{cov}\ (\underline{\boldsymbol{e}}_M, \tilde{f}_M) = \underline{\boldsymbol{0}} \\ \text{var}\ \underline{\boldsymbol{e}}_M &= \text{var}\ (\underline{\boldsymbol{R}} - \underline{\boldsymbol{b}}_M\, f_M) \\ &= \boldsymbol{\Sigma} - \underline{\boldsymbol{b}}_M\, \underline{\boldsymbol{b}}_M' \\ &= (\boldsymbol{I} - \underline{\boldsymbol{\beta}}_M\, \underline{\boldsymbol{x}}_M')\, \boldsymbol{\Sigma} \quad . \end{aligned}$$

Das Marktmodell kann daher als spezielles Faktormodell aufgefaßt werden, wobei zwei unterschiedliche Faktoren f_M und $\tilde{f}_M$ möglich sind. Beide Faktoren sind lineare Funktionen der Marktrendite. Deshalb stellt das Marktmodell ohne Annahmen über die Verteilung der Renditen einen Spezialfall der Faktormodelle in Punkt 2.2.1. dar.

Während in der Marktmodelldarstellung der Vektor $\underline{\boldsymbol{\beta}}_M$ das systematische Risiko enthält, ist in der Faktormodelldarstellung das systematische Risiko:

$$\underline{\boldsymbol{b}}_M = \operatorname{cov}(\underline{\boldsymbol{R}}, f_M) = \frac{1}{\sigma_M} \operatorname{cov}(\underline{\boldsymbol{R}}, R_M) = \sigma_M \underline{\boldsymbol{\beta}}_M$$

bzw.

$$\tilde{\underline{\boldsymbol{b}}}_M = \operatorname{cov}(\underline{\boldsymbol{R}}, \tilde{f}_M) = -\frac{1}{\sigma_M} \operatorname{cov}(\underline{\boldsymbol{R}}, R_M) = -\sigma_M \underline{\boldsymbol{\beta}}_M \quad .$$

Falls der Vektor $\underline{\boldsymbol{R}}$ normalverteilt ist, dann ist auch der zusammengesetzte Vektor $[\underline{\boldsymbol{R}}', R_M]$ normalverteilt, da dieser eine lineare Funktion von $\underline{\boldsymbol{R}}$ darstellt [RAO, 1973, S. 522, Satz (iv); FAMA, 1973, S. 1184]. Dies gilt auch für den Störvektor $\underline{\boldsymbol{e}}_M$ und die zusammengesetzten Vektoren $[\underline{\boldsymbol{e}}_M' \; f_M]$ bzw. $[\underline{\boldsymbol{e}}_M' \; \tilde{f}_M]$. Aus

$$\begin{aligned} \operatorname{cov}(\underline{\boldsymbol{e}}_M, f_M) &= \operatorname{cov}(\underline{\boldsymbol{e}}_M, \tilde{f}_M) \\ &= \underline{\boldsymbol{0}} \end{aligned}$$

folgt daher, daß zwischen dem Störvektor und den möglichen Faktoren Unabhängigkeit besteht [RAO, 1965, S. 520]. Die ursprünglich von FAMA (1973, S. 1183) angenommene Unabhängigkeit zwischen den Störvariablen gilt allerdings nicht, da

$$\operatorname{var} \underline{\boldsymbol{e}} = (\boldsymbol{I} - \underline{\boldsymbol{\beta}}_M \underline{\boldsymbol{x}}_M')\boldsymbol{\Sigma}$$

keine Diagonalmatrix ist.

2.4.2. Das einfache Indexmodell

SHARPE [1963, S. 281f] formulierte als einfaches Indexmodell:

$$\underline{\boldsymbol{R}} = \underline{\boldsymbol{\alpha}}_I + \underline{\boldsymbol{\beta}}_I R_I + \underline{\boldsymbol{e}}_I \qquad (2.4.2.-1)$$

mit

$$\begin{aligned}
\text{erw } R_I &= \mu_I \\
\text{var } R_I &= \sigma_I^2 \\
\text{cov } (\underline{e}_I, R_I) &= \underline{0} \\
\text{erw } \underline{e}_I &= \underline{0} \\
\text{var } \underline{e}_I &= \boldsymbol{\Omega} \\
&= \text{diag } \{\omega_1^2, \ldots, \omega_N^2\} \quad .
\end{aligned}$$

Der verwendete Index R_I stellt eine Kenngröße für die Entwicklung des Marktes dar. Es kann sich um einen Wertpapier-, Preis- oder sonstigen Index handeln [SHARPE, 1963, S. 281]. Es wird jedoch im Gegensatz zum Marktmodell nicht angenommen, daß der Index R_I eine Linearkombination des Renditevektors $\underline{\boldsymbol{R}}$ ist. Für die Koeffizientenvektoren gilt

$$\begin{aligned}
\underline{\boldsymbol{\beta}}_I &= \frac{\text{cov } (\underline{\boldsymbol{R}}, R_I)}{\text{var } R_I} \\
\underline{\boldsymbol{\alpha}}_I &= \underline{\boldsymbol{\mu}} - \underline{\boldsymbol{\beta}}_I \, \mu_I \quad .
\end{aligned}$$

Daher kann (2.4.2.-1) geschrieben werden als

$$\begin{aligned}
\underline{\boldsymbol{R}} &= \underline{\boldsymbol{\mu}} + \underline{\boldsymbol{\beta}}_I (R_I - \mu_I) + \underline{e}_I \\
&= \underline{\boldsymbol{\mu}} + \frac{\text{cov } (\underline{\boldsymbol{R}}, R_I)}{\sigma_I} \left(\frac{R_I - \mu_I}{\sigma_I} \right) + \underline{e}_I \\
&= \underline{\boldsymbol{\mu}} - \frac{\text{cov } (\underline{\boldsymbol{R}}, R_I)}{\sigma_I} \left(- \frac{R_I - \mu_I}{\sigma_I} \right) + \underline{e}_I \quad .
\end{aligned}$$

Setzt man

$$f_I := \frac{1}{\sigma_I}(R_I - \mu_I) \quad \text{und} \quad \underline{\boldsymbol{b}}_I := \frac{\text{cov}\ (\underline{\boldsymbol{R}}, R_I)}{\sigma_I} ,$$

$$\tilde{f}_I := -\frac{1}{\sigma_I}(R_I - \mu_I) \quad \text{und} \quad \tilde{\underline{\boldsymbol{b}}}_I := -\frac{\text{cov}\ (\underline{\boldsymbol{R}}, R_I)}{\sigma_I} ,$$

dann gilt

$$\underline{\boldsymbol{R}} - \underline{\boldsymbol{\mu}} = \underline{\boldsymbol{b}}_I\, f_I + \underline{\boldsymbol{e}}_I$$

und

$$\underline{\boldsymbol{R}} - \underline{\boldsymbol{\mu}} = \tilde{\underline{\boldsymbol{b}}}_I\, \tilde{f}_I + \underline{\boldsymbol{e}}_I$$

mit

$$\begin{aligned} \text{erw}\ f_I &= \text{erw}\ \tilde{f}_I = 0 \\ \text{var}\ f_I &= \text{var}\ \tilde{f}_I = 1 \\ \text{cov}\ (\underline{\boldsymbol{e}}_I, f_I) &= \text{cov}\ (\underline{\boldsymbol{e}}_I, \tilde{f}_I) = \underline{\boldsymbol{0}} \\ \text{var}\ \underline{\boldsymbol{e}}_I &= \text{var}\ (\underline{\boldsymbol{R}} - \underline{\boldsymbol{b}}_I\, f_I) \\ &= \boldsymbol{\Sigma} - \underline{\boldsymbol{b}}_I\, \underline{\boldsymbol{b}}_I' \ . \end{aligned}$$

Somit stellt das einfache Indexmodell ohne Verteilungsannahme einen Spezialfall der in Punkt 2.2.2. vorgestellten Faktormodelle dar.

BEJA (1972, S. 39) hat gezeigt, daß - selbst bei freier Wahl des Index - Renditevektoren existieren, für die kein einfaches Indexmodell gebildet werden kann. Das einfache Indexmodell ist daher auch ein Beispiel dafür, daß bei der Bildung eines Faktormodells für einen Renditevektor entweder nur die Anzahl der Faktoren oder der Störvektor festgelegt werden kann. Werden sowohl die Anzahl der Faktoren als auch der Störvektor festgelegt, so kann dies zu Widersprüchen führen.

Falls der Vektor $[\underline{\boldsymbol{R}}' \; R_I]$ normalverteilt ist, dann sind auch die Vektoren $[\underline{\boldsymbol{e}}_I' \; f_I]$ und $[\underline{\boldsymbol{e}}_I \; \tilde{f}_I]$ normalverteilt mit

$$\text{cov} \; (\underline{\boldsymbol{e}}_I, f_I) \quad = \quad \text{cov} \; (\underline{\boldsymbol{e}}_I, \tilde{f}_I) \quad = \quad \underline{\boldsymbol{0}} \quad .$$

Daraus folgt, daß der Störvektor $\underline{\boldsymbol{e}}_I$ und die Faktoren f_I bzw. $\tilde{f}_I$ stochastisch unabhängig sind. Weiterhin gilt wegen

$$\text{var} \; \underline{\boldsymbol{e}}_I \quad = \quad \text{diag} \; \{\omega_1^2, \ldots, \omega_N^2\} \quad ,$$

daß die Störvariablen untereinander unabhängig sind.

3. Arbitragemodelle

Arbitragemodelle verwenden neben Annahmen über die Renditen die Arbitragefreiheit des Marktes als zentrale Marktannahme. Aufgrund dieser Annahmen erlauben die Arbitragemodelle Aussagen über die Bewertung der Renditen in Abhängigkeit von Risikoprämien,die sich als Produkte aus Risikopreisen und Risikomaßen ergeben.
Das Resultat für die Renditen ergibt sich durch eine einfache, problemlose Verknüpfung der Renditen mit ihren Erwartungswerten. Die Beziehungen, die in Arbitragemodellen für die Renditen gelten, wurden bisher vernachlässigt, obwohl sie für die empirische Überprüfung von großer Bedeutung sind.

Im Abschnitt 3.1. erfolgt die Klassifizierung der Arbitragemodelle mittels der zugrundegelegten Annahmen über die Renditen und den Markt. Neben Modellen mit einer Faktormodellannahme, die bei den in der Literatur diskutierten Arbitragemodellen stets vorhanden ist, werden auch Arbitragemodelle für beliebige Renditen untersucht. Hiermit wird eine bisher übliche, aber nicht notwendige Einschränkung der Arbitragemodelle aufgehoben. Während bei den Annahmen über die Renditen auf Kapitel 2 verwiesen werden kann, wird die Annahme der Arbitragefreiheitsbedingung ausführlich diskutiert und den in der Literatur verwendeten Bedingungen gegenübergestellt.
In Abschnitt 3.2. werden Arbitragemodelle analysiert, die den Renditevektor $\underline{\boldsymbol{R}}$ durch den Erwartungsvektor $\underline{\boldsymbol{\mu}}$ und die Kovarianzmatrix $\boldsymbol{\Sigma}$ beschreiben. Diese hier erstmals analysierten Arbitragemodelle enthalten sämtliche aus der Literatur bekannten Arbitrage- und Gleichgewichtsmodelle mit endlich vielen Wertpapieren als Spezialfälle. Zunächst werden, aufbauend auf die Ergebnisse des Kapitels 2, Risikoprämien stochastisch linear unabhängiger Renditen benutzt. Danach wird

gezeigt, daß die Renditen auch durch andere Risikoprämien dargestellt werden können.

In Abschnitt 3.3. werden spezielle Arbitragemodelle für einen beliebigen Renditevektor behandelt. Diese Arbitragemodelle werden ausführlich dargestellt, da sie einen engen Zusammenhang mit den in der Literatur vielbeachteten Separationstheoremen aufweisen. Im Unterschied zu den Separationstheoremen werden in den hier diskutierten Arbitragemodellen weder Annahmen noch Aussagen über das Anlegerverhalten getroffen.

Die im Abschnitt 3.4. diskutierten Modelle basieren auf der Annahme eines Faktormodells. Während aus der Literatur approximative Ergebnisse bekannt sind, werden hier exakte Resultate abgeleitet. Es wird bewiesen, daß die Renditen sowohl von systematischen als auch von unsystematischen Risikoprämien abhängig sind. Anschließend werden Bedingungen für das Verschwinden der unsystematischen Risikoprämien formuliert. Damit wird gezeigt, daß das von ROSS (1976, 1977) beschriebene Resultat nur in Spezialfällen gültig ist.

3.1. Klassifizierung der Arbitragemodelle

Im Gegensatz zu den Faktormodellen betreffen die Annahmen der Arbitragemodelle nicht nur die Renditen, sondern auch den Markt.

In den hier untersuchten Arbitragemodellen werden unterschiedliche Annahmen über die Renditen getroffen. Für das stochastische Verhalten des Renditevektors $\underline{\boldsymbol{R}}$ wird entweder wie im Kapitel 2 eine beliebige Verteilung mit Erwartungsvektor $\underline{\boldsymbol{\mu}}$ und Kovarianzmatrix $\boldsymbol{\Sigma}$ oder wie in den bisher in der Literatur beschriebenen Arbitragemodellen ein Faktormodell - AFM, SFM oder FOS - unterstellt. Es ergeben sich daher zwei unterschiedliche Annahmen.

(AR 1): Der Renditevektor $\underline{\boldsymbol{R}}$ läßt sich entweder charakterisieren durch

(i) den Erwartungsvektor $\underline{\boldsymbol{\mu}}$ und die Kovarianzmatrix $\boldsymbol{\Sigma}$ mit Rang $M \leq N$,

oder durch

(ii) das Faktormodell

$$\underline{\boldsymbol{R}} - \underline{\boldsymbol{\mu}} = \boldsymbol{B}\underline{\boldsymbol{f}} + \underline{\boldsymbol{e}}$$

mit

$$\begin{aligned} \text{rg } \boldsymbol{B} &= K \\ \text{erw } \underline{\boldsymbol{f}} &= \underline{\boldsymbol{0}} \\ \text{var } \underline{\boldsymbol{f}} &= \boldsymbol{I} \\ \text{cov } (\underline{\boldsymbol{f}}, \underline{\boldsymbol{e}}) &= \boldsymbol{0} \\ \text{erw } \underline{\boldsymbol{e}} &= \underline{\boldsymbol{0}} \\ \text{var } \underline{\boldsymbol{e}} &= \boldsymbol{\Omega} \ . \end{aligned}$$

Für die Kovarianzmatrix $\boldsymbol{\Omega}$ des Störvektors $\underline{\boldsymbol{e}}$ gilt eine der drei folgenden Möglichkeiten:

- $\boldsymbol{\Omega}$ beliebige Kovarianzmatrix
- $\boldsymbol{\Omega} = \text{diag } \{\omega_1^2, \ldots, \omega_N^2\}$
- $\boldsymbol{\Omega} = 0$.

Während die Annahmen über die Rendite variiert werden, gelten die Annahmen über den Markt für alle Arbitragemodelle gleichermaßen.

(AM 1) Beim Wertpapierhandel existieren weder Steuern noch Transaktionskosten.

(AM 2) Die Wertpapiere sind beliebig erwerbbar.
Beliebige Erwerbbarkeit bedeutet zum einen Teilbarkeit der Wertpapiere und zum anderen die Möglichkeit von Leerverkäufen. Leerverkäufe implizieren, daß Wertpapiere mit einem negativen Bestand gehalten werden

können. "Die ökonomische Aufgabe der Leerverkäufe besteht also darin, daß sie eine unbeschränkte risikobehaftete Finanzierungsmöglichkeit zu fingieren erlauben..." [SCHNEIDER, 1980, S. 536].

(AM 3) Für den Markt gelte Arbitragefreiheit. Mit "Arbitrage" bezeichnet man die Möglichkeit, ohne positive Anfangsinvestition und ohne Verlustrisiko einen positiven Ertrag zu erreichen [SPREMANN, 1985, S. 257; WILHELM, 1985, S. 40-42].

Unter der Annahme der Arbitragefreiheit müssen die Präferenzen der Anleger bestimmten, vergleichsweise schwachen Forderungen genügen: "...the only restriction on investors' preferences was that they prefer more to less. In particular, it was not assumed that investors are necessarily risk averse." [MERTON, 1982, S. 622]. Daher gilt, daß für die Anleger Gewinne aus Arbitrage erstrebenswert sind. Besteht die Möglichkeit zur Realisierung von Arbitragegewinnen, so versuchen die Anleger, diese zu realisieren. Daher kann Arbitrage nicht oder nur sehr kurzfristig existieren.

In der dargestellten Form erweist sich die Annahme der Arbitragefreiheit als unzweckmäßig für die Herleitung von Resultaten. Deshalb beschäftigen sich die folgenden Ausführungen mit der Operationalisierung der Arbitragefreiheitsbedingung. Dazu wird zunächst untersucht, wie Arbitrage entstehen kann. Der Ausschluß dieser Situationen erlaubt es, Bedingungen zu formulieren, die die Arbitragefreiheit gewährleisten [WILHELM, 1985, S. 894-901].

(S1) Es existieren identische Wertpapiere, denen verschiedene Renditen zugeordnet sind. Arbitrage entsteht durch Kauf und Verkauf von Wertpapieren zu unterschiedlichen Konditionen. Bei Arbitragefreiheit müssen daher den Wertpapieren eindeutige Renditen zugeordnet sein.

(S2) Bei Abnahme bestimmter Stückzahlen und/oder bestimmter Kombinationen von Wertpapieren werden finanzielle Vorteile eingeräumt. Arbitrage entsteht dann durch Losgrößentransformation. Deshalb muß bei Arbitragefreiheit gelten, daß die Rendite eines Wertpapieres unabhängig ist von der Menge und der Kombination, in der das Wertpapier erworben wird.

Bevor weitere Möglichkeiten der Arbitrageerzielung diskutiert werden, sollen die dazu notwendigen Begriffe wie Portefeuille, Anfangsinvestition und Gewinn eines Portefeuilles geklärt werden.
Die Gesamtheit der gehaltenen Wertpapiere wird mit Portefeuille bezeichnet [GERKE/PHILIPP, 1985, S. 54]. Ein Portefeuille wird durch einen Vektor $\underline{x}$ dargestellt, dessen Komponenten sich aus den in die Wertpapiere investierten Beträge x_i $(i = 1, \ldots N)$ ergeben.
Wegen der zugelassenen Leerverkäufe können die in die Wertpapiere investierten Beträge auch negativ sein. Die Anfangsinvestition $\underline{x}'\underline{1}$, die der Summe der investierten Beträge entspricht, kann negativ, Null oder positiv sein.
Ist die Anfangsinvestition negativ, so sind die finanziellen Mittel, die durch die Leerverkäufe beschafft werden, höher als die Zahlungen, die durch den Kauf von Wertpapieren verursacht werden. Ein derartiges Portefeuille setzt beim Erwerb finanzielle Mittel frei.
Ist die Anfangsinvestition gleich Null, so wird der Kauf von Wertpapieren genau durch die Leerverkäufe finanziert. Portefeuilles, die eine Anfangsinvestition von Null besitzten, werden in der Literatur mit Arbitrageportefeuilles bezeichnet [HUBERMAN, 1982, S. 185; ROSS, 1976, S. 342; ROSS, 1977, S. 196] [1]. Diese Bezeichnung kann irreführend sein, da Arbitrageportefeuilles nicht zwangsläufig

---

[1] Eine abweichende Definition für den Begriff "Arbitrageportefeuille" benützt CONNOR (1984, S.23).

Arbitrage ermöglichen [INGERSOLL, 1987, S. 47].

Ist die Anfangsinvestition positiv, so werden für den Erwerb des Portefeuilles finanzielle Mittel benötigt, da die Summe der für die Wertpapierkäufe benötigten Beträge größer ist als die Summe der durch die Leerverkäufe erzielten Mittel.

Die Zufallsvariablen $\underline{\boldsymbol{x}}'\underline{\boldsymbol{R}}$ - die Summe der mit den Beträgen x_i gewichteten Renditen R_i - gibt den mit dem Kauf eines Portefeuilles verbundenen Gewinn an. Der erwartete Gewinn

$$\text{erw } \underline{\boldsymbol{x}}'\underline{\boldsymbol{R}} = \underline{\boldsymbol{x}}'\underline{\boldsymbol{\mu}}$$

ist die gewichtete Summe der erwarteten Renditen. Für die Varianz des Gewinnes eines Portefeuilles gilt

$$\text{var } \underline{\boldsymbol{x}}'\underline{\boldsymbol{R}} = \underline{\boldsymbol{x}}'\,\boldsymbol{\Sigma}\,\underline{\boldsymbol{x}} \quad .$$

Nach dieser Begriffserklärung wird untersucht, welche Portefeuilles durch Erwerb zu Arbitrage führen [1)].

(S3) Es existieren Portefeuilles, für die gilt

$$\underline{\boldsymbol{x}}'\underline{\mathbf{1}} \leq 0 \quad ,$$

$$W(\underline{\boldsymbol{x}}'\underline{\boldsymbol{R}} \geq 0) = 1 \quad \text{und} \quad W(\underline{\boldsymbol{x}}'\underline{\boldsymbol{R}} > 0) > 0 \quad .$$

Diese Portefeuilles besitzen eine Anfangsinvestition von kleiner oder gleich Null. Sie erzielen mit Wahrscheinlichkeit Eins [2)] einen nichtnegativen Gewinn, wobei die Wahrscheinlichkeit für einen positiven Gewinn größer Null ist. Fast sicher wird kein Verlust eintreten, die Höhe des Gewinns ist jedoch

---

1) Auch beim Verkauf von Portefeuilles kann ein Arbitragegewinn entstehen. Da der Verkauf eines Portefeuilles $\underline{\boldsymbol{x}}$ jedoch dem Kauf des Portefeuilles $(-\underline{\boldsymbol{x}})$ entspricht, ist es jedoch ausreichend, Kaufaktionen zu betrachten.

2) Ein Ereignis mit der Wahrscheinlichkeit Eins wird als "fast sicher" bezeichnet. FISZ (1973, S. 56; vgl. auch S. 30) schreibt dazu: "Ein solches Ereignis kann man als sehr wahrscheinlich ansehen, nicht aber als sicher".

ungewiß. Mit Wahrscheinlichkeit Eins ist der Gewinn im ungünstigsten Fall gleich Null. Der Kauf eines solchen Portefeuilles erfordert somit keine positive Anfangsinvestition, ist ohne Verlustrisiko und bietet die Möglichkeit, einen Gewinn zu erzielen.
Bei Arbitragefreiheit muß für Portefeuilles mit einer Anfangsinvestition kleiner oder gleich Null gelten:

$$W(\underline{\boldsymbol{x}}'\underline{\boldsymbol{R}} \geq 0) \quad < \quad 1 \qquad \text{oder} \qquad W(\underline{\boldsymbol{x}}'\underline{\boldsymbol{R}} = 0) \quad = \quad 1 \ .$$

Der Kauf eines Portefeuilles mit

$$\underline{\boldsymbol{x}}'\underline{\mathbf{1}} \quad \leq \quad 0 \qquad \text{und} \qquad W(\underline{\boldsymbol{x}}'\underline{\boldsymbol{R}} \geq 0) \quad < \quad 1$$

bietet die Chance, ohne positive Anfangsinvestition einen positiven Gewinn zu erreichen. Die Existenz eines solchen Portefeuilles verletzt die Arbitragefreiheitsbedingung jedoch nicht, da der Kauf des Portefeuilles mit einem Verlustrisiko verbunden ist. Die Wahrscheinlichkeit, daß ein Verlust eintritt, ist größer Null.
Der Kauf eines Portefeuille mit

$$\underline{\boldsymbol{x}}'\underline{\mathbf{1}} \quad \leq \quad 0 \qquad \text{und} \qquad W(\underline{\boldsymbol{x}}'\underline{\boldsymbol{R}} = 0) \quad = \quad 1$$

erfordert keine positive Anfangsinvestition und ist ohne Verlustrisiko, da der Gewinn mit Wahrscheinlichkeit Eins bekannt ist. Ein solches Portefeuille ermöglicht jedoch keine Arbitrage, da der Gewinn Null beträgt.

Die an die Portefeuilles gestellten Bedingungen erfordern die Kenntnis der Verteilung der Renditen. Da in den Arbitragemodellen jedoch keine Annahmen über die Verteilung der Renditen eingehen, leiten wir Arbitragefreiheitsbedingungen für die Momente der Renditen ab.
Dazu betrachtet man Portefeuilles mit Varianz von Null:

$$0 \quad = \quad \text{var} \ \underline{\boldsymbol{x}}'\underline{\boldsymbol{R}} \quad = \quad \underline{\boldsymbol{x}}' \, \boldsymbol{\Sigma} \, \underline{\boldsymbol{x}}$$

Für den Gewinn solcher Portefeuilles gilt

$$W(\underline{x}'\underline{R} = \underline{x}'\underline{\mu}) = 1 .$$

Da mit Wahrscheinlichkeit Eins der Gewinn eines Portefeuilles mit Varianz Null bekannt ist, bezeichnet man diese Portefeuilles als risikolos.

Bei Arbitragefreiheit muß für risikolose Portefeuilles, die eine Anfangsinvestition von kleiner oder gleich Null besitzen, entweder

$$W(\underline{x}'\underline{R} < 0) > 0 \quad \text{oder} \quad W(\underline{x}'\underline{R} = 0) = 1$$

gelten.
Aus der ersten Bedingung folgt für risikolose Portefeuilles

$$W(\underline{x}'\underline{R} < 0) = 1$$

und daher

$$\underline{x}'\underline{\mu} < 0 .$$

Aus der zweiten Bedingung folgt

$$\underline{x}'\underline{\mu} = 0 .$$

Daher dürfen risikolose Portefeuilles mit nichtpositiver Anfangsinvestition bei Arbitragefreieit keinen positiven Gewinn aufweisen und die Arbitragefreiheitsbedingungen lassen sich für risikolose Portefeuilles zusammenfassen:

$$\underline{x}'\underline{1} \leq 0 \Rightarrow \underline{x}'\underline{\mu} \leq 0 . \qquad (3.1.-1)$$

Um die Wirkung der Arbitragefreiheitsbedingung zu erläutern, werden risikolose Arbitrageportefeuilles - Portefeuilles mit Anfangsinvestition und Varianz Null -

betrachtet.

Bei Arbitragefreiheit muß für risikolose Arbitrageportefeuilles gelten

$$\underline{x}'\underline{1} = 0 \Rightarrow \underline{x}'\underline{\mu} = 0 . \qquad (3.1.-2)$$

Dies gilt, da eine Anfangsinvestition von Null beim Portefeuille $\underline{x}$ auch für das Portefeuille $(-\underline{x})$ eine Anfangsinvestition von Null bedeutet. Wenn aber weder $\underline{x}$ noch $(-\underline{x})$ einen positiven Gewinn haben dürfen, so müssen beide einen Gewinn von Null besitzen.

Aus Bedingung (3.1.-2) ist ersichtlich, daß ein Arbitrageportefeuille mit positivem erwarteten Gewinn eine positive Varianz besitzen muß. Ein Zuwachs beim erwarteten Gewinn bei gleichbleibender Varianz und konstanter Anfangsinvestition ist daher nicht beliebig möglich. Zwischen dem erwarteten Gewinn und der Varianz eines Portefeuilles besteht in einem arbitragefreien Markt bei gleichbleibender Anfangsinvestition eine Trade-off-Beziehung [CHAMBERLAIN/ROTHSCHILD, 1983, S. 1283]. Die Arbitragefreiheit erzwingt daher einen Zusammenhang zwischen den erwarteten Renditen der Wertpapiere über ihre Kovarianzmatrix $\boldsymbol{\Sigma}$.

Die folgenden Überlegungen beschäftigen sich mit der Arbitragebedingung (3.1.-1) bei Existenz einer risikolosen Anlagemöglichkeit.

Die Möglichkeit, Geld risikolos anzulegen, ist durch die Existenz eines Portefeuilles $\underline{x}_0$ mit

$$\underline{x}_0' \boldsymbol{\Sigma} \underline{x}_0 = 0$$

$$\underline{x}_0'\underline{1} = 1$$

$$\underline{x}_0'\underline{\boldsymbol{R}} = \underline{x}_0'\underline{\mu} > 0$$

gegeben.

Dieses Portefeuille kann gebildet werden, wenn ein Wertpapier mit der sicheren

Rendite r_f existiert oder wenn durch Hedging verschiedener risikobehafteter Wertpapiere eine fast sichere Position erreicht werden kann [WILHELM, 1981,S. 895] [1].

Existieren beide Möglichkeiten, dann müssen die durch unterschiedliche Portefeuilles erreichbaren Gewinne identisch sein, d.h. der Ertrag eines Portefeuilles $\underline{x}_0$ muß gleich der sicheren Rendite r_f sein.
Bei Existenz einer risikolosen Anlage ist die für risikolose Portefeuilles formulierte Arbitragefreiheitsbedingung (3.1.-1)

$$\underline{x}'\underline{1} \leq 0 \Rightarrow \underline{x}'\underline{\mu} \leq 0$$

äquivalent zu der für risikolose Arbitrageportefeuilles formulierten Arbitragefreiheitsbedingung (3.1.-2)

$$\underline{x}'\underline{1} = 0 \Rightarrow \underline{x}'\underline{\mu} = 0 \; .$$

Ist die Arbitragefreiheitsbedingung (3.1.-1) verletzt, so existiert ein risikoloses Portefeuille $\underline{x}$ mit nichtpositiver Anfangsinvestition a und einem positiven Gewinn. Bei Existenz einer risikolosen Anlage $\underline{x}_0$ kann daraus ein risikoloses Arbitrageportefeuille

$$\underline{x}_* := -a\underline{x}_0 + \underline{x}$$

mit positivem Gewinn gebildet werden, so daß die Arbitragefreiheitsbedingung (3.1.-2) verletzt ist.
Ist umgekehrt (3.1.-2) verletzt, so existiert ein risikoloses Arbitrageportefeuille mit einem von Null verschiedenen Gewinn. Bei positivem (negativem) Gewinn ist die Arbitragefreiheitsbedingung (3.1.-1) durch $\underline{x}$ $(-\underline{x})$ verletzt.
(3.1.-1) und (3.1.-2) sind daher bei Existenz einer risikolosen Anlage äquivalent.

---

[1] Obwohl im zweiten Fall der Ertrag nur fast sicher ist, wird dies nicht unterschieden von dem sicheren Ertrag im ersten Fall.

Im folgenden werden die in den Arbeiten von ROSS (1976, 1977), ROLL/ROSS (1980), CONNOR (1984) sowie die von MERTON (1982), INGERSOLL (1984) und FRANKE (1984) verwendeten Arbitragefreiheitsbedingungen mit den von uns zugrunde gelegten Bedingungen (3.1.-1) und (3.1.-2) verglichen.

ROSS (1976, S. 342) sowie ROLL/ROSS (1980, S. 1078) und CONNOR (1984, S. 23) [1] formulieren die Arbitragefreiheitsbedingung unter der Faktormodellannahme

$$\underline{\boldsymbol{R}} - \underline{\boldsymbol{\mu}} = \boldsymbol{B}\underline{\boldsymbol{f}} + \underline{\boldsymbol{e}} \quad .$$

Sie fordern

$$\left.\begin{aligned} \underline{\boldsymbol{x}}'\underline{\mathbf{1}} &= 0 \\ \underline{\boldsymbol{x}}'\boldsymbol{B} &= \underline{0}' \end{aligned}\right\} \Rightarrow \underline{\boldsymbol{x}}'\underline{\boldsymbol{\mu}} = 0 \quad .$$

Ein risikoloses Arbitrageportefeuille liegt aber nur vor, wenn

$$\begin{aligned} 0 &= \operatorname{var} \underline{\boldsymbol{x}}'\underline{\boldsymbol{R}} \\ &= \underline{\boldsymbol{x}}'\boldsymbol{B}\boldsymbol{B}'\underline{\boldsymbol{x}} + \underline{\boldsymbol{x}}'\boldsymbol{\Omega}\underline{\boldsymbol{x}} \quad . \end{aligned}$$

Der Einfluß der Störgrößen $\underline{\boldsymbol{x}}'\boldsymbol{\Omega}\underline{\boldsymbol{x}}$ wird von ROSS, ROLL/ROSS und CONNOR jedoch vernachlässigt, da nach ROSS (1976, S. 342) "by the law of large numbers"

$$\underline{\boldsymbol{x}}'\underline{\boldsymbol{e}} \approx 0$$

gilt. Das bedeutet aber, daß für jedes Portefeuille ohne systematisches Risiko ein vernachlässigbares unsystematisches Risiko angenommen wird. Dazu bemerkt WILHELM (1985, S. 104) treffend: "...this assumption is quite questionable".

MERTON (1982, S. 603) und INGERSOLL (1984, S. 1023) formulieren unter der Annahme einer sicheren Rendite $r_f > 0$, daß für risikolose Portefeuilles gilt:

$$\underline{\boldsymbol{x}}'\underline{\mathbf{1}} = 1 \Rightarrow \underline{\boldsymbol{x}}'\underline{\boldsymbol{\mu}} = r_f \quad . \qquad (3.1.-3)$$

---

[1] CONNOR bezeichnet diese Bedingung zwar nicht als Arbitragefreiheitsbedingung, verwendet sie jedoch in einem Arbitragemodell.

Ist (3.1.-3) verletzt, so existiert ein risikoloses Portefeuille mit

$$\underline{\boldsymbol{x}}_{+}^{'}\underline{\mathbf{1}} \quad = \quad 1 \quad \text{und} \quad \underline{\boldsymbol{x}}_{+}^{'}\underline{\boldsymbol{\mu}} \quad \neq \quad r_f \quad .$$

Für das Portefeuille mit

$$\underline{\boldsymbol{x}}_{*} \quad := \quad -\underline{\boldsymbol{x}}_{+} + \underline{\boldsymbol{x}}_{0}$$

gilt

$$\underline{\boldsymbol{x}}_{*}^{'}\underline{\mathbf{1}} \quad = \quad 0 \quad ,$$

$$\underline{\boldsymbol{x}}_{*}^{'}\underline{\boldsymbol{\mu}} \quad = \quad -\underline{\boldsymbol{x}}_{+}^{'}\underline{\boldsymbol{\mu}} + r_f \quad \neq \quad 0$$

und

$$\text{var } \underline{\boldsymbol{x}}_{*}^{'}\underline{\boldsymbol{R}} \quad = \quad \underline{\boldsymbol{x}}_{+}^{'}\,\boldsymbol{\Sigma}\,\underline{\boldsymbol{x}}_{+} \quad = \quad 0 \quad .$$

Daher ist (3.1.-2)

$$\underline{\boldsymbol{x}}^{'}\underline{\mathbf{1}} \quad = \quad 0 \quad \Rightarrow \quad \underline{\boldsymbol{x}}^{'}\underline{\boldsymbol{\mu}} \quad = \quad 0$$

verletzt.

Ist umgekehrt (3.1.-2) verletzt, so existiert ein risikoloses Portefeuille mit

$$\underline{\boldsymbol{x}}_{+}^{'}\underline{\mathbf{1}} \quad = \quad 0 \quad \text{und} \quad \underline{\boldsymbol{x}}_{+}^{'}\underline{\boldsymbol{\mu}} \quad \neq 0 \quad .$$

Das Portefeuille

$$\underline{\boldsymbol{x}}_{*} \quad := \quad \underline{\boldsymbol{x}}_{+} + \underline{\boldsymbol{x}}_{0}$$

mit

$$\underline{\boldsymbol{x}}_{*}^{'}\underline{\mathbf{1}} \quad = \quad 1 \quad ,$$

$$\underline{\boldsymbol{x}}_{*}^{'}\underline{\boldsymbol{\mu}} \quad = \quad \underline{\boldsymbol{x}}_{+}^{'}\underline{\boldsymbol{\mu}} + r_f \quad \neq \quad r_f$$

und

$$\text{var } \underline{\boldsymbol{x}}_{*}^{'}\underline{\boldsymbol{R}} \quad = \quad \underline{\boldsymbol{x}}_{+}^{'}\,\boldsymbol{\Sigma}\,\underline{\boldsymbol{x}}_{+} \quad = \quad 0$$

verletzt (3.1.-3). (3.1.-2) und (3.1.-3) sind daher äquivalent. Da ein Portefeuille mit einer sicheren Rendite existiert, sind sie auch äquivalent zu (3.1.-1).

FRANKE (1984, S. 110) fordert für risikolose Portefeuilles die Arbitragefreiheitsbedingung (3.1.-2)

$$\underline{x}'\underline{1} = 0 \Rightarrow \underline{x}'\underline{\mu} = 0 \quad ,$$

wobei er voraussetzt, daß die Kovarianzmatrix Σ singulär ist. Es wurde gezeigt, daß (3.1.-2) äquivalent zu (3.1.-1) ist, wenn eine risikolose Anlagemöglichkeit besteht. Die von FRANKE getroffene Annahme einer singulären Kovarianzmatrix Σ ist nur eine notwendige, dagegen keine hinreichende Bedingung für die Existenz einer risikolosen Anlage.
Eine singuläre Kovarianzmatrix Σ bedeutet, daß Wertpapiere mit stochastisch linear abhängigen Renditen existieren. Es ist möglich, ein risikoloses Portefeuille zusammenzustellen. Damit dieses risikolose Portefeuille eine risikolose Anlagemöglichkeit darstellt, muß die Anfangsinvestition dieses Portefeuilles von Null verschieden sein. Somit muß bei singulärer Kovarianzmatrix Σ mindestens ein risikoloses Portefeuille mit einer von Null verschiedenen Anfangsinvestition existieren, damit eine risikolose Anlagemöglichkeit und damit die Äquivalenz der Arbitragefreiheitsbedingungen (3.1.-1) und (3.1.-3) gegeben ist.

Unsere Arbitragefreiheitsbedingungen enthalten die von MERTON (1982), INGERSOLL (1984) und FRANKE (1984) verwendeten Bedingungen als Spezialfälle. Die Arbitragefreiheitsbedingung von ROSS (1976, 1977), ROLL/ROSS (1980) und CONNOR (1984) ist unseres Erachtens nach unbefriedigend, da sie den Einfluß der Störgrößen vernachlässigen.

Abschließend wird gezeigt, daß eine nichtsinguläre Kovarianzmatrix Σ Arbitrage durch risikolose Portefeuilles ausschließt. Eine nichtsinguläre Kovarianzmatrix Σ bedeutet, daß nur das risikolose Portefeuille

$$\underline{x} = \underline{0}$$

existiert. Dieses Portefeuille besitzt eine Anfangsinvestition und einen Gewinn von Null. Unabhängig von der Struktur der erwarteten Renditen herrscht für risikolose Portefeuilles Arbitragefreiheit. Eine nichtsinguläre Kovarianzmatrix $\boldsymbol{\Sigma}$ des Renditevektors $\underline{\boldsymbol{R}}$ ist somit eine hinreichende Bedingung für die Arbitragefreiheit risikoloser Portefeuilles [WILHELM, 1985, S. 38].

3.2. Arbitragemodelle für beliebige Renditen

Die in diesem Punkt zu behandelnden Modelle verwenden neben den Marktannahmen (AM1)-(AM3) die Renditeannahme (AR1,i). Diese Modelle führen zu Aussagen über den Zusammenhang zwischen den Renditen und der risikolosen Rendite sowie den Risikoprämien. Um den Vektor der Risikoprämien zu erhalten, wird eine Matrix, welche die Risikomaße enthält, mit einem Risikopreisvektor multipliziert.

In Kapitel 2 haben wir gezeigt, daß die Renditen als lineare Funktion der stochastisch linear unabhängigen Renditen geschrieben werden können. In Punkt 3.2.1 verwenden wir dieses Resultat, um die Überschußrenditen - die Renditen abzüglich der risikolosen Rendite - in Abhängigkeit von Risikoprämien stochastisch linear unabhängiger Renditen darzustellen.
Anschließend wird in Punkt 3.2.2 dieses Ergebnis verallgemeinert. Die Überschußrenditen werden als Summe von Risikoprämien geschrieben, die wiederum von den Risikoprämien stochastisch linear unabhängiger Renditen abhängen.

3.2.1. Bewertung durch Risikoprämien stochastisch linear unabhängiger Renditen

Wie in Abschnitt 2.2. ausgeführt, gilt für den Vektor der Abweichungen der Renditen von ihrem Erwartungswert

$$\underline{\boldsymbol{R}} - \underline{\boldsymbol{\mu}} \quad = \quad \boldsymbol{A}(\underline{\boldsymbol{R}}_1 - \underline{\boldsymbol{\mu}}_1) \quad ,$$

wobei $\underline{\boldsymbol{R}}_1$ mit Erwartungsvektor $\underline{\boldsymbol{\mu}}_1$ und Kovarianzmatrix $\boldsymbol{\Sigma}_{11}$ die maximale Anzahl stochastisch linear unabhängiger Renditen enthält.

Für ein risikoloses Portefeuille $\underline{\boldsymbol{x}}$ gilt

$$\begin{aligned} 0 &= \text{var } \underline{\boldsymbol{x}}' \underline{\boldsymbol{R}} \\ &= \text{var} \underline{\text{x}}'\boldsymbol{A}(\underline{\boldsymbol{R}}_1 - \underline{\boldsymbol{\mu}}_1) \\ &= \underline{\boldsymbol{x}}' \boldsymbol{A} \boldsymbol{\Sigma}_{11} \boldsymbol{A}' \underline{\boldsymbol{x}} \\ &= (\underline{\boldsymbol{x}}_1' + \underline{\boldsymbol{x}}_2' \boldsymbol{A}_*) \boldsymbol{\Sigma}_{11} (\underline{\boldsymbol{x}}_1 + \boldsymbol{A}_*' \underline{\boldsymbol{x}}_2) \quad . \end{aligned}$$

Da der Vektor $\underline{\boldsymbol{R}}_1$ nur stochastisch linear unabhängige Renditen enthält, ist $\boldsymbol{\Sigma}_{11}$ nichtsingulär. Daraus folgt, daß für risikolose Portefeuilles

$$\underline{\boldsymbol{x}}_1 + \boldsymbol{A}_*' \underline{\boldsymbol{x}}_2 \quad = \quad \underline{\boldsymbol{0}} \quad ,$$

und damit

$$\underline{\boldsymbol{x}}_1 \quad = \quad -\boldsymbol{A}_*' \underline{\boldsymbol{x}}_2$$

gelten muß. Zu jedem Vektor $\underline{\boldsymbol{x}}_2$ kann daher ein risikoloses Portefeuille

$$\underline{\boldsymbol{x}}' \quad = \quad \underline{\boldsymbol{x}}_2' [-\boldsymbol{A}_* \quad \boldsymbol{I}]$$

gebildet werden.

Aus FARKAS' Lemma [TAKAYAMA, 1974, S. 42, Theorem 0.B5; MANTEUFFEL/SEIFFART/VETTERS, 1978, S. 129, Satz 3.20] folgt, daß

entweder ein $\underline{\boldsymbol{x}}_2$ mit

$$\underline{\boldsymbol{x}}_2' \, [-\boldsymbol{A}_* \quad \boldsymbol{I}] \, \underline{1} \;\leq\; 0 \quad \text{und} \quad \underline{\boldsymbol{x}}_2' \, [-\boldsymbol{A}_* \quad \boldsymbol{I}] \, \underline{\boldsymbol{\mu}} \;>\; 0 \tag{3.2.1. - 1}$$

oder ein $r_0 \geq 0$, für das gilt

$$[-\boldsymbol{A}_* \quad \boldsymbol{I}] \, \underline{\boldsymbol{\mu}} \;=\; [-\boldsymbol{A}_* \quad \boldsymbol{I}] \, \underline{1} \, r_0 \tag{3.2.1. - 2}$$

existiert.

Gleichung (3.2.1.-1) verletzt die Bedingung (3.1.-2), da sie ein risikoloses Portefeuille mit nichtpositiver Anfangsinvestition und positivem Gewinn beschreibt. Durch den Kauf dieses Portefeuilles könnten Anleger einen beliebig hohen Gewinn ohne Verlustrisiko und ohne Anfangsinvestition erzielen. In einem arbitragefreien Markt muß deshalb Beziehung (3.2.1.-2) gelten. Für den Teilvektor $\underline{\boldsymbol{\mu}}_2 - r_0\underline{1}$, der die erwarteten Überschußrenditen der von $\underline{\boldsymbol{R}}_1$ stochastisch linear abhängigen Renditen $\underline{\boldsymbol{R}}_2$ enthält, gilt in einem arbitragefreien Markt

$$\underline{\boldsymbol{\mu}}_2 - r_0\underline{1} \;=\; \boldsymbol{A}_*(\underline{\boldsymbol{\mu}}_1 - r_0\underline{1})$$

und für den gesamten Vektor $\underline{\boldsymbol{\mu}} - r_0\underline{1}$ der erwarteten Überschußrenditen

$$\underline{\boldsymbol{\mu}} - r_0\underline{1} \;=\; \begin{bmatrix} \boldsymbol{I}_M \\ \boldsymbol{A}_* \end{bmatrix} (\underline{\boldsymbol{\mu}}_1 - r_0\underline{1})$$

$$\;=\; \boldsymbol{A}\,(\underline{\boldsymbol{\mu}}_1 - r_0\underline{1}) \quad . \tag{3.2.1. - 3a}$$

Damit besteht für den Vektor $\underline{\boldsymbol{\mu}} - r_0\underline{1}$ der erwarteten Überschußrenditen der gleiche Zusammenhang wie für den Vektor $\underline{\boldsymbol{R}} - \underline{\boldsymbol{\mu}}$ der zentrierten Zufallsvariablen. Arbitragefreiheit transformiert den stochastischen Zusammenhang, der zwischen den zentrierten Zufallsvektoren $\underline{\boldsymbol{R}} - \underline{\boldsymbol{\mu}}$ und $\underline{\boldsymbol{R}}_1 - \underline{\boldsymbol{\mu}}_1$ besteht, auf die Vektoren $\underline{\boldsymbol{\mu}} - r_0\underline{\mathbf{1}}$ und $\underline{\boldsymbol{\mu}}_1 - r_0\underline{\mathbf{1}}$ der erwarteten Überschußrenditen.

Für den Erwartungsvektor $\underline{\boldsymbol{\mu}}$ gilt

$$\begin{aligned} \underline{\boldsymbol{\mu}} &= r_0\underline{\mathbf{1}} + \boldsymbol{A}\,(\underline{\boldsymbol{\mu}}_1 - r_0\underline{\mathbf{1}}) \\ &= [\underline{\mathbf{1}} \quad \boldsymbol{A}] \begin{bmatrix} r_0 \\ \underline{\boldsymbol{\mu}}_1 - r_0\underline{\mathbf{1}} \end{bmatrix} \quad . \end{aligned}$$

Dies eingesetzt in

$$\underline{\boldsymbol{R}} - \underline{\boldsymbol{\mu}} = \boldsymbol{A}(\underline{\boldsymbol{R}}_1 - \underline{\boldsymbol{\mu}}_1)$$

ergibt für den Renditevektor

$$\underline{\boldsymbol{R}} = r_0\underline{\mathbf{1}} + \boldsymbol{A}(\underline{\boldsymbol{R}}_1 - r_0\underline{\mathbf{1}}) \qquad (3.2.1.-3b)$$

und für den Vektor der Überschußrenditen

$$\underline{\boldsymbol{R}} - r_0\underline{\mathbf{1}} = \boldsymbol{A}(\underline{\boldsymbol{R}}_1 - r_0\underline{\mathbf{1}}) \quad .$$

Arbitragefreiheit bedingt, daß die aufgrund der stochastischen Abhängigkeiten für die zentrierten Renditevektoren $\underline{\boldsymbol{R}} - \underline{\boldsymbol{\mu}}$ und $\underline{\boldsymbol{R}}_1 - \underline{\boldsymbol{\mu}}_1$ geltenden Beziehungen auch für die nichtzentrierten Vektoren der Überschußrenditen $\underline{\boldsymbol{R}} - r_0\underline{\mathbf{1}}$ und $\underline{\boldsymbol{R}}_1 - r_0\underline{\mathbf{1}}$ gelten.

Wenn eine risikolose Anlage möglich ist, so bedeutet dies, daß eine Portefeuille $\underline{\boldsymbol{x}}_0$ existiert, für das

$$\underline{\boldsymbol{x}}_0'\underline{\mathbf{1}} = 1 \quad \text{und} \quad \underline{\boldsymbol{x}}_0'\boldsymbol{A} = \underline{0}' \qquad (3.2.1.-4)$$

gilt.

Das Portefeuille $\underline{\boldsymbol{x}}_0$ kann entweder durch die Existenz einer sicheren Anlage oder durch Hedging der risikobehafteten Wertpapiere zustandekommen. Für die Rendite des Portefeuilles $\underline{x}_0$ gilt nach (3.2.1.-3a)

$$\begin{aligned} \underline{x}_0'\underline{\mu} &= \underline{x}_0'(r_0\underline{1} + A(\underline{\mu}_1 - r_0\underline{1})) \\ &= r_0 \quad . \end{aligned}$$

Daher ist r_0 die Rendite, die ohne Risiko erreicht werden kann. Existiert eine sichere Anlage mit der Rendite r_f, so muß gelten

$$r_f = r_0 \quad .$$

Ist keine risikolose Anlage möglich, so bedeutet dies, daß jedes risikolose Portefeuille zugleich ein Arbitrageportefeuille ist. Es gilt dann

$$0 = \underline{x}_2'[-A_* \quad I]\,\underline{1}_N$$

für alle $\underline{x}_2$ und daher

$$0 = [-A_* \quad I]\,\underline{1}_N = -A_*\,\underline{1}_M + \underline{1}_{N-M} \quad ,$$

so daß

$$A\,\underline{1}_M = \underline{1}_{N-M} \qquad (3.2.1. - 5)$$

ist.

Unter Berücksichtigung von (3.2.1.-5) in (3.2.1.-3) läßt sich der Erwartungsvektor $\underline{\mu}$ schreiben als

$$\underline{\mu} = A\underline{\mu}_1 \qquad (3.2.1. - 6a)$$

und der Renditevektor $\underline{R}$ als

$$\underline{R} = A\,\underline{R}_1 \quad . \qquad (3.2.1. - 6b)$$

(3.2.1.-3) bzw. (3.2.1.-6) besitzt für die Vektoren $\underline{\mu}_1$ und $\underline{R}_1$ der stochastisch linear unabhängigen Renditen keinen Erklärungswert.

Der Erwartungsvektor $\underline{\mu}_2$ setzt sich zusammen aus der risikolos erreichbaren Rendite $r_0\underline{1}$ und den Risikoprämien $A_*(\underline{\mu}_1 - r_0\underline{1})$. Die Risikoprämien ergeben sich durch Multiplikation der Matrix A_*, die die Maße der stochastischen Abhängigkeiten des Vektors $\underline{R}_2$ von $\underline{R}_1$ enthält, mit dem Vektor der erwarteten Überschußrenditen $\underline{\mu}_1 - r_0\underline{1}$.

Der Renditevektor $\underline{R}_2$ setzt sich zusammen aus der risikolos erreichbaren Rendite $r_0\underline{1}$ und den Risikoprämien $A_*(\underline{R}_1 - r_0\underline{1})$. Während die Risikomaße der Matrix A_* unverändert bleiben, sind die Risikopreise die Überschußrenditen $\underline{R}_1 - r_0\underline{1}$ und damit stochastisch.

Interpretiert man die maximale Anzahl der stochastisch linear unabhängigen Renditen als die Anzahl möglicher Risiken, so kann der Vektor der Überschußrenditen $\underline{R}_1 - r_0\underline{1}$ als Preisvektor und der Vektor der erwarteten Überschußrenditen $\underline{\mu}_1 - r_0\underline{1}$ als erwarteter Preisvektor gedeutet werden. Durch den Koeffizienten a_{ij} der Matrix A ergibt sich das Risikomaß des Wertpapieres i ($i = 1, \ldots, N$) bezüglich des Risikos j ($j = 1, \ldots, M$).

(3.2.1.-3) zeigt, daß die Struktur der erwarteten Renditen, die wegen der Arbitragefreiheit gelten muß, bestimmt wird von den stochastischen Zusammenhängen, die zwischen den Renditen $\underline{R}$ gelten.

Dieser Ansatz entspricht der Vorgehensweise im Rahmen des "State space approach" von DEBREU (1959, Kapitel 7) und ARROW (1964). Während dort Renditen mit diskreten Verteilungen betrachtet und auf sogenannte "contingent claims" [ROSS, 1977, S. 201-204] zurückgeführt wurden, werden im obigen Ansatz Renditen mit beliebigen Verteilungen betrachtet und auf stochastisch linear unabhängige Renditen zurückgeführt.

3.2.2. Bewertung durch beliebige Risikoprämien

Wenn eine $((M+1)\times S)$-dimensionale Matrix $\boldsymbol{V}$ und eine $(S\times(M+1))$-dimensionale Matrix $\boldsymbol{W}$ existiert, für welche die Beziehung

$$\boldsymbol{V}\cdot\boldsymbol{W}\begin{bmatrix} r_0 \\ \underline{\boldsymbol{\mu}}_1 - r_0\underline{\mathbf{1}} \end{bmatrix} = \begin{bmatrix} r_0 \\ \underline{\boldsymbol{\mu}}_1 - r_0\underline{\mathbf{1}} \end{bmatrix} \qquad (3.2.2.-1)$$

gilt, dann ergibt sich wegen (3.2.1.-3a) für den Erwartungsvektor

$$\underline{\boldsymbol{\mu}} = [\underline{\mathbf{1}} \quad \boldsymbol{A}]\cdot\boldsymbol{V}\cdot\boldsymbol{W}\begin{bmatrix} r_0 \\ \underline{\boldsymbol{\mu}}_1 - r_0\underline{\mathbf{1}} \end{bmatrix} . \qquad (3.2.2.-2)$$

Setzt man

$$\boldsymbol{C} := [\underline{\mathbf{1}} \quad \boldsymbol{A}]\cdot\boldsymbol{V}$$

$$\underline{\boldsymbol{r}} := \boldsymbol{W}\begin{bmatrix} r_0 \\ \underline{\boldsymbol{\mu}}_1 - r_0\underline{\mathbf{1}} \end{bmatrix} ,$$

dann läßt sich der Erwartungsvektor schreiben als

$$\underline{\boldsymbol{\mu}} = \boldsymbol{C}\,\underline{\boldsymbol{r}} . \qquad (3.2.2.-3)$$

Setzt man

$$\underline{\boldsymbol{\varepsilon}}_1 := \underline{\boldsymbol{R}}_1 - \underline{\boldsymbol{\mu}}_1$$

mit

$$\begin{aligned} \operatorname{erw}\,\underline{\boldsymbol{\varepsilon}}_1 &= \underline{\mathbf{0}} \\ \operatorname{var}\,\underline{\boldsymbol{\varepsilon}}_1 &= \operatorname{var}\,\underline{\boldsymbol{R}}_1 \\ &= \boldsymbol{\Sigma}_{11} , \end{aligned}$$

dann folgt für den Renditevektor $\underline{\boldsymbol{R}}$ wegen (3.2.1.-3b)

$$\underline{\boldsymbol{R}} = \boldsymbol{C}\,\underline{\boldsymbol{r}} + \boldsymbol{A}\,\underline{\boldsymbol{\varepsilon}}_1 \quad . \qquad (3.2.2.-4)$$

Wenn zwei Matrizen $\boldsymbol{V}$ und $\boldsymbol{W}$ existieren, für die (3.2.2.-1) gilt, kann jeder Erwartungsvektor $\underline{\boldsymbol{\mu}}$ als Produkt einer $(N \times S)$-dimensionalen Matrix $\boldsymbol{C}$ und einem S-dimensionalen Vektor $\underline{\boldsymbol{r}}$ dargestellt werden. Für den Renditevektor $\underline{\boldsymbol{R}}$ gilt dieselbe Beziehung, allerdings überlagert durch einen Vektor mit Zufallsvariablen, die die Erwartungswerte Null besitzen.
Setzt man

$$\underline{\boldsymbol{\varepsilon}} := \underline{\boldsymbol{R}} - \underline{\boldsymbol{\mu}} \quad ,$$

dann folgt aus

$$\underline{\boldsymbol{R}} - \underline{\boldsymbol{\mu}} = \boldsymbol{A}(\underline{\boldsymbol{R}}_1 - \underline{\boldsymbol{\mu}}_1) \quad ,$$

daß gilt

$$\underline{\boldsymbol{\varepsilon}} = \boldsymbol{A}\,\underline{\boldsymbol{\varepsilon}}_1 \quad .$$

(3.2.2.-4) läßt sich dann auch folgendermaßen verstehen:

$$\begin{aligned} \underline{\boldsymbol{R}} &= \boldsymbol{C}\,\underline{\boldsymbol{r}} + \boldsymbol{A}\,\underline{\boldsymbol{\varepsilon}}_1 \\ &= \boldsymbol{C}\underline{\boldsymbol{r}} + \underline{\boldsymbol{\varepsilon}} \\ &= \underline{\boldsymbol{\mu}} + \underline{\boldsymbol{\varepsilon}} \quad . \end{aligned}$$

Das Produkt $\boldsymbol{C}\underline{\boldsymbol{r}}$ erklärt die Lage des Renditevektors $\underline{\boldsymbol{R}}$. Der Vektor $\underline{\boldsymbol{\varepsilon}}$, der die Abweichungen des Renditevektors $\underline{\boldsymbol{R}}$ von seinem Erwartungsvektor $\underline{\boldsymbol{\mu}}$ enthält, erklärt das Streuungsverhalten des Renditevektors durch einen M-dimensionalen Vektor $\underline{\boldsymbol{\varepsilon}}_1$, der dasselbe Streuungsverhalten besitzt wie der Vektor $\underline{\boldsymbol{R}}_1$. (3.2.2.-3) bzw. (3.2.2.-4) kann als Darstellung der erwarteten Renditen bzw. der Renditen mittels Risikoprämien verstanden werden. Die Koeffizienten der Matrix $\boldsymbol{C}$

lassen sich dann als Risikomaße interpretieren, während der Vektor $\underline{\boldsymbol{r}}$ die dazugehörigen Risikopreise enthält. Im Gegensatz zu den Risikopreisen, die sich aus den Überschußrenditen stochastisch linear unabhängiger Renditen ergeben, liegen hier sowohl für den Erwartungsvektor $\underline{\boldsymbol{\mu}}$ als auch für den Renditevektor $\underline{\boldsymbol{R}}$ deterministische Risikopreise vor. Aus diesem Grund erscheint in der Beziehung (3.2.2.-4) der zusätzliche Vektor $\underline{\boldsymbol{\varepsilon}}$, der die gesamte Streuung des Renditevektors $\underline{\boldsymbol{R}}$ bestimmt.
Dieses Resultat ist besonders im Hinblick auf den Erwartungsvektor interessant. Es zeigt, daß die erwarteten Überschußrenditen unter bestimmten Bedingungen mittels beliebig vieler Risikoprämien dargestellt werden können. Daher kann nicht behauptet werden, daß die erwarteten Überschußrenditen von einer festen Anzahl von Risikoprämien abhängig sind.

(3.2.2.-3) und (3.2.2.-4) zeigen, daß beliebig viele Darstellungen des Erwartungsvektors $\underline{\boldsymbol{\mu}}$ und des Renditevektors $\underline{\boldsymbol{R}}$ in Abhängigkeit von Risikoprämien existieren. Eine ökonomische Bedeutung erhalten diese Darstellungen, wenn Aussagen über die darin vorkommenden Risiken getroffen werden können. Diese Feststellung traf ROSS (1977, S. 193) bezüglich einer Arbeit von BEJA (1971), in der dieser für Renditen mit diskreten Verteilungen eine ähnliche Aussage wie (3.2.2.-3) herleitete. Allerdings formulierte BEJA keine ökonomischen Bedingungen an die Renditen, sondern er zeigte, daß für die erwarteten Renditen eine lineare Beziehung gilt, wenn für die Renditen eine lineare Beziehung unterstellt wird. Die Arbitragefreiheitsbedingung garantiert diese lineare Beziehung für die Renditen. Die die erwarteten Renditen bestimmenden Risikoprämien sind bei BEJA durch einen unbestimmten Marktfaktor ersetzt. Da weder die Bedingungen an die Renditen noch der Marktfaktor ökonomisch interpretiert wurden, fand die Arbeit von BEJA zunächst keine positive Resonanz [WILHELM, 1981, S. 892; ROSS, 1977, S. 194 und S. 212, Bemerkung 6].

Das anschließende Beispiel zeigt eine spezielle Transformation nach (3.2.2.-2). In Zusammenhang mit Beispiel 2.2.1.-B1 ist eine Interpretation möglich.

Beispiel 3.2.2.-B1

Dieses Beispiel ist Fortführung des Beispiels 2.2.1.-B1. Es wird auf die dort definierten Größen $\boldsymbol{P}, \boldsymbol{P}_1$ und $\underline{\boldsymbol{f}}_P$ zurückgegriffen. Sei

$$\boldsymbol{V} = \begin{bmatrix} 1 & \underline{0}' \\ \underline{0} & \boldsymbol{P}_1 \end{bmatrix} \quad \text{und} \quad \boldsymbol{W} = \begin{bmatrix} 1 & \underline{0}' \\ \underline{0} & \boldsymbol{P}_1^{-1} \end{bmatrix} .$$

Dann gilt nach (3.2.2.-3) für den Erwartungsvektor

$$\underline{\boldsymbol{\mu}} = r_0 \underline{1} + \boldsymbol{P}\, \underline{\boldsymbol{r}}_1 \qquad (3.2.2.-5)$$

und nach (3.2.2.-4) für den Renditevektor

$$\underline{\boldsymbol{R}} = r_0\, \underline{1} + \boldsymbol{P} \underline{\boldsymbol{r}}_1 + \boldsymbol{A}\, \underline{\boldsymbol{\varepsilon}}_1 \quad , \qquad (3.2.2.-6)$$

da, wie in Beispiel 2.2.1.-B1 gezeigt, gilt

$$\boldsymbol{P} = \boldsymbol{A} \boldsymbol{P}_1$$

und

$$\underline{\boldsymbol{r}}_1 := \boldsymbol{P}_1^{-1}(\underline{\boldsymbol{\mu}}_1 - r_0 \underline{1}) \quad .$$

Nach (2.2.1.-5) gilt für den zentrierten Renditevektor

$$\underline{\boldsymbol{R}} - \underline{\boldsymbol{\mu}} = \boldsymbol{P}\, \underline{\boldsymbol{f}}_P$$

mit

$$\underline{\boldsymbol{f}}_P = \boldsymbol{P}_1^{-1}(\underline{\boldsymbol{R}}_1 - \underline{\boldsymbol{\mu}}_1) \quad .$$

Da

$$\boldsymbol{A}\underline{\boldsymbol{\varepsilon}}_1 = \underline{\boldsymbol{\varepsilon}} = \underline{\boldsymbol{R}} - \underline{\boldsymbol{\mu}}$$
$$= \boldsymbol{P}\,\underline{\boldsymbol{f}}_P$$

gilt, läßt sich in diesem Beispiel der Renditevektor schreiben als

$$\underline{\boldsymbol{R}} = r_0\underline{\mathbf{1}} + \boldsymbol{P}\,\underline{\boldsymbol{r}}_1 + \boldsymbol{P}\,\underline{\boldsymbol{f}}_P$$

$$= r_0\underline{\mathbf{1}} + \boldsymbol{P}(\underline{\boldsymbol{r}}_1 + \underline{\boldsymbol{f}}_P) \quad .$$

In 3.2.1. wurden die stochastisch linear unabhängigen Renditen als Risiken interpretiert. Dem entsprechend lassen sich die Elemente des Vektors $\underline{\boldsymbol{f}}_P$ als normierte Risiken verstehen, da sie alle Erwartungswert Null, Varianz Eins haben und untereinander unkorreliert sind. Die Preise $\underline{\boldsymbol{r}}_1$ für die normierten Risiken ergeben sich, indem die Preise $(\underline{\boldsymbol{\mu}}_1 - r_0\underline{\mathbf{1}})$ für die ursprünglichen Risiken $(\underline{\boldsymbol{R}}_1 - \underline{\boldsymbol{\mu}}_1)$ derselben Transformation unterzogen werden wie die ursprünglichen Risiken. Somit ergibt sich der Vektor $\underline{\boldsymbol{\mu}}$ der erwarteten Renditen als Summe aus dem Vektor $r_0\underline{\mathbf{1}}$ der risikolosen Rendite und dem Vektor $\boldsymbol{P}\,\underline{\boldsymbol{r}}_1$, der die Risikoprämien der normierten Risiken enthält.

Für den Renditevektor $\underline{\boldsymbol{R}}$ wird die Summe aus dem Vektor $r_0\underline{\mathbf{1}}$ der risikolosen Rendite, dem Vektor $\boldsymbol{P}\underline{\boldsymbol{r}}_1$ der Risikoprämien und dem die Abweichungen des Renditevektors von seinem Erwartungsvektor enthaltenden Vektors $\underline{\boldsymbol{\varepsilon}}$ gebildet. Da

$$\underline{\boldsymbol{\varepsilon}} = \boldsymbol{P}\,\underline{\boldsymbol{f}}_P$$

gilt, kann der Renditevektor $\underline{\boldsymbol{R}}$ auch als Summe aus dem Vektor $r_0\underline{\mathbf{1}}$ mit der risikolosen Rendite und einem Vektor mit stochastischen Risikoprämien geschrieben werden. Sie ergeben sich durch Multiplikation der Matrix $\boldsymbol{P}$ der Risikomaße mit dem Vektor $(\underline{\boldsymbol{r}}_1 + \underline{\boldsymbol{f}}_P)$ mit stochastischen Risikopreisen.

Da (2.2.1.-5)

$$\underline{\boldsymbol{R}} - \underline{\boldsymbol{\mu}} = \boldsymbol{P}\,\underline{\boldsymbol{f}}_P$$

nur eine von vielen möglichen Darstellungen des zentrierten Renditevektors ist, können unterschiedliche normierte Risiken sowie die dazugehörigen Risikoprämien zur Darstellung des Erwartungsvektors $\underline{\boldsymbol{\mu}}$ und des Renditevektors $\underline{\boldsymbol{R}}$ gefunden werden.

Aus ökonomischer Sicht sind zwei Bemerkungen angebracht:

(i) Obwohl zwischen den normierten Risiken keine Unterschiede im stochastischen Verhalten erkennbar sind, erzwingt die Arbitragefreiheit keine identischen Risikopreise.

(ii) Ohne weitere Informationen erlauben die Aussagen (3.2.2.-5) und (3.2.2.-6) keine Rückschlüsse auf die durch die normierten Risiken erfaßten Größen.

3.3. Separationstheoreme und Arbitragemodelle für beliebige Renditen

Die folgenden Ausführungen greifen Überlegungen auf, die bei der Analyse von Separations- oder "Mutual-Fund"-Theoremen [vgl. dazu FRANKE, 1983, S. 239-260] eine wichtige Rolle spielen. Unter Separation wird die Tatsache verstanden, daß Anleger indifferent sind, ob sich ihr Portefeuille aus den vorhandenen Wertpapieren oder aus Fonds, die aus den Wertpapieren bestehen, zusammensetzt [CASS/STIGLITZ, 1970, S. 122; ROSS, 1978, S. 254; MERTON, 1982, S. 619]. Obwohl sich diese Theoreme, "... die zuweilen sogar als Kern der modernen Finanzierungstheorie bezeichnet werden ..." [RUDOLPH, 1983, S. 263], auf das

Anlegerverhalten beziehen, ist es möglich, einzelne Teilschritte als Arbitragemodelle zu interpretieren.

Die in diesem Abschnitt dargestellten Arbitragemodelle entsprechen in der Beweisführung den Separationstheoremen mit effizienten bzw. $(\mu - \sigma)$-effizienten Portefeuilles als Fonds [TOBIN, 1958; MERTON, 1972; ROLL, 1977; MERTON, 1982]. Während die Separationstheoreme zusätzliche Annahmen über die Anleger treffen und daher auch zu Aussagen über das Anlegerverhalten kommen, gehen die hier dargestellten Arbitragemodelle nur von Annahmen über die Renditen und den Markt aus; ihre Aussagen betreffen die Struktur des Erwartungsvektors $\underline{\boldsymbol{\mu}}$ bzw. des Renditevektors $\underline{\boldsymbol{R}}$. Die Ausführungen in diesem Punkt zeigen den engen Zusammenhang zwischen Arbitragemodellen und den in der Literatur als Separationstheoreme bekannten Ergebnissen.

In Punkt 3.3.1. wird ein Arbitragemodell betrachtet, in dem der Erwartungsvektor $\underline{\boldsymbol{\mu}}$ bzw. der Renditevektor $\underline{\boldsymbol{R}}$ als Linearkombination von Risikoprämien effizienter Portefeuilles dargestellt wird.
In 3.3.2. werden die Risikoprämien $(\mu - \sigma)$-effizienter Portefeuilles verwendet. Es wird die von MERTON (1972), ROLL (1977) und anderen gewählte Vorgehensweisen benutzt, wobei für die Kovarianzmatrix $\boldsymbol{\Sigma}$ auch Singularität zugelassen wird.

3.3.1. Arbitragemodelle mit Risikoprämien effizienter Portefeuilles

Im Rahmen dieser Ausführungen werden Arbitragemodelle analysiert, die die Risikoprämien effizienter Portefeuilles als Erklärungsgröße für den Erwartungsvektor $\underline{\boldsymbol{\mu}}$ bzw. den Renditevektor $\underline{\boldsymbol{R}}$ verwenden.

Effiziente Portefeuilles sind Portefeuilles, die das Optimierungsproblem

$$\max_{\underline{\boldsymbol{x}}} \text{ erw } [U(\underline{\boldsymbol{x}}' \, \underline{\boldsymbol{R}})] \qquad (3.3.1. - 1)$$

unter der Nebenbedingung

$$\underline{\boldsymbol{x}}' \, \underline{1} = 1$$

lösen, wobei $U(\underline{\boldsymbol{x}}' \, \underline{\boldsymbol{R}})$ eine Nutzenfunktion ist [vgl. dazu VON NEUMANN/-MORGENSTERN, 1961, S. 15-30; SCHNEEWEISS, 1967, S. 61-77]. In den Arbitragemodellen wird im Gegensatz zu den Separationstheoremen nicht die Annahme getroffen, daß die Anleger Erwartungsnutzenmaximierer sind. Das Optimierungsproblem (3.3.1.-1) dient lediglich dazu, Portefeuilles zu charakterisieren, deren erwartete Renditen als Erklärungsgrößen für die Vektoren $\underline{\boldsymbol{\mu}}$ und $\underline{\boldsymbol{R}}$ verwendet werden. Dies entspricht der von ROLL für $(\mu - \sigma)$-effiziente Portefeuilles verwendeten Argumentation: "Furthermore, no mention need be made about equilibrium, risk aversion, homogeneous anticipations or anything else like that. There are only two assumptions:

(A1) The sample product-moment covariance matrix, V, is non-singular.

(A2) At least one asset has a different sample mean return from others."

[ROLL, 1977, S. 133]. Während die zweite Annahme sicherstellt, daß die Struktur der erwarteten Renditen nicht trivial ist, garantiert die erste Annahme die Arbitragefreiheit für risikolose Portefeuilles. Daher stellt das von ROLL beschriebene Modell ein Arbitragemodell dar.

Die im folgenden beschriebenen Modelle basieren auf den Annahmen (AM1), (AM2), (AM3) und (AR1,i). Zur Bestimmung der effizienten Portefeuilles wird eine Lagrangefunktion gebildet und maximiert. Die Existenz einer Lösung wird durch die Arbitragefreiheit garantiert [LELAND, 1972, S. 37; BERTSEKAS, 1974, S. 235] [1]. Die Lösung ist eindeutig, wenn die Kovarianzmatrix $\boldsymbol{\Sigma}$ nichtsingulär ist [MERTON, 1982, S. 604].

Im folgenden wird gezeigt, daß die Rendite jedes realisierbaren Portefeuilles identisch ist mit der Rendite eines Portefeuilles, das sich auf die Investition in Wertpapiere mit stochastisch linear unabhängigen Renditen und in die - falls vorhanden - risikolose Anlage beschränkt. Das Optimierungsproblem (3.3.1.-1) wird daher transformiert, so daß sich eindeutige Lösungen ergeben. [2]

(1) Eine risikolose Anlage existiert.

In Punkt 3.2.1. wurde gezeigt, daß bei Arbitragefreiheit

$$\underline{\boldsymbol{R}} = r_0 \underline{\mathbf{1}} + \boldsymbol{A}(\underline{\boldsymbol{R}}_1 - r_0\, \underline{\mathbf{1}})$$

gilt.

Wird

$$\underline{\boldsymbol{y}} := \boldsymbol{A}'\, \underline{\boldsymbol{x}}$$

definiert, dann gilt wegen

$$\underline{\boldsymbol{x}}'\, \underline{\mathbf{1}} = 1$$

---

1) Implizit wird diese Annahme auch in den Separationstheoremen getroffen [MERTON, 1982, S. 604].

2) Für die Resultate der Arbitragemodelle ist es nicht wesentlich, ob das Optimierungsproblem (3.3.1.-1) eine eindeutige Lösung besitzt. Bei den Gleichgewichtsmodellen des Kapitels 4, die wiederum von dem Optimierungsproblem (3.3.1.-1) ausgehen, ist eine eindeutige Lösung für die Herleitung der Ergebnisse notwendig. Da auf die Ergebnisse der Arbitragemodelle zurückgegriffen wird, findet bereits hier eine Transformation statt.

für die Rendite eines Portefeuilles $\underline{\boldsymbol{x}}$

$$\begin{aligned}\underline{\boldsymbol{x}}' \underline{\boldsymbol{R}} &= \underline{\boldsymbol{x}}'(r_0\underline{\mathbf{1}} + \boldsymbol{A}(\underline{\boldsymbol{R}}_1 - r_0\underline{\mathbf{1}})) \\ &= r_0 + \underline{\boldsymbol{x}}'\boldsymbol{A}(\underline{\boldsymbol{R}}_1 - r_0\underline{\mathbf{1}}) \\ &= r_0(1 - \underline{\boldsymbol{y}}'\underline{\mathbf{1}}) + \underline{\boldsymbol{y}}' \underline{\boldsymbol{R}}_1 \quad .\end{aligned}$$

Die Rendite des Portefeuilles

$$\tilde{\underline{\boldsymbol{y}}}' := [1 - \underline{\boldsymbol{y}}'\underline{\mathbf{1}} \qquad \underline{\boldsymbol{y}}']$$

mit dem Anteil $(1 - \underline{\boldsymbol{y}}' \underline{\mathbf{1}})$ der risikolosen Anlage und mit dem Vektor $\underline{\boldsymbol{y}}$, der die Anteile der Wertpapiere mit stochastisch linear unabhängigen Renditen enthält, besitzt das gleiche stochastische Verhalten wie die Rendite des Portefeuilles $\underline{\boldsymbol{x}}$. Da alle Portefeuilles, die durch eine Investition in die Gesamtheit der Wertpapiere gebildet werden können, auch durch eine Investition in die Wertpapiere mit stochastisch linear unabhängigen Renditen und in die risikolose Anlage erreicht werden können, ist es ausreichend, bei der Bestimmung effizienter Portefeuilles nur die risikolose Anlage mit der Rendite r_0 und eine maximale Anzahl von Wertpapieren mit stochastisch linear unabhängigen Renditen $\underline{\boldsymbol{R}}_1$ zu betrachten. Aus dem effizienten Portefeuille $\underline{\boldsymbol{y}}_e$ können über

$$\underline{\boldsymbol{y}}_e = \boldsymbol{A}' \underline{\boldsymbol{x}}_e$$

die effizienten Portefeuilles $\underline{\boldsymbol{x}}_e$ gefunden werden. Besitzt die Matrix $\boldsymbol{A}$ keinen vollen Zeilenrang und damit die Matrix $\boldsymbol{A}'$ keinen vollen Spaltenrang, dann können mehrere Portefeuilles $\underline{\boldsymbol{x}}_e$, existieren.

Das Optimierungsproblem (3.3.1.-1) kann geschrieben werden als [MERTON, 1982, S. 604]

$$\max_{\underline{\boldsymbol{y}}} \text{ erw } U[r_0(1 - \underline{\boldsymbol{y}}'\underline{\mathbf{1}}) + \underline{\boldsymbol{y}}'\underline{\boldsymbol{R}}_1] \quad .$$

Setzt man

$$\tilde{\underline{\boldsymbol{R}}}_1 := \begin{bmatrix} r_0 \\ \underline{\boldsymbol{R}}_1 \end{bmatrix}$$

und

$$U^* (\tilde{\underline{\boldsymbol{y}}}' \tilde{\underline{\boldsymbol{R}}}_1) := \frac{d\, U(\tilde{\underline{\boldsymbol{y}}}' \tilde{\underline{\boldsymbol{R}}}_1)}{d\, (\tilde{\underline{\boldsymbol{y}}}' \tilde{\underline{\boldsymbol{R}}}_1)} ,$$

dann läßt sich die notwendige Bedingung für ein Maximum schreiben als

$$\text{erw } [(\underline{\boldsymbol{R}}_1 - r_0 \underline{\mathbf{1}})\, U^* (\tilde{\underline{\boldsymbol{y}}}_e' \tilde{\underline{\boldsymbol{R}}}_1)] = \underline{\mathbf{0}}$$ [1].

Für die Rendite eines effizienten Portefeuilles

$$R_e := r_0 + \underline{\boldsymbol{y}}_e' (\underline{\boldsymbol{R}}_1 - r_0 \underline{\mathbf{1}})$$

gilt dann

$$\text{erw } [(R_e - r_0)\, U^*(R_e)] = 0$$

und daher

$$\begin{aligned} \text{cov } [R_e, U^*(R_e)] &= \text{erw } [R_e \cdot U^*(R_e)] - \mu_e \text{ erw } U^*(R_e) \\ &= -(\mu_e - r_0) \text{ erw } U^*(R_e) \end{aligned}$$

sowie

$$\begin{aligned} \text{cov } [\underline{\boldsymbol{R}}_1, U^*(R_e)] &= \text{erw } [\underline{\boldsymbol{R}}_1 \cdot U^*(R_e)] - \underline{\boldsymbol{\mu}}_1 \text{ erw } U^*(R_e) \\ &= -(\underline{\boldsymbol{\mu}}_1 - r_0 \underline{\mathbf{1}}) \text{ erw } U^*(R_e) \quad . \end{aligned}$$

---

1) Zur Vorgehensweise hinsichtlich des Erwartungs- und Differentationsoperators vgl. FRANKE, 1983, S.243 und MERTON, 1982, S.603-605.

Für alle effizienten Portefeuilles mit positiver Varianz gilt

$$\mathrm{cov}\ [R_e, U^*(R_e)] \neq 0$$

[MERTON, 1982, S.615].

Daher läßt sich das Risikomaß

$$\underline{\boldsymbol{\beta}}_e^{(1)} := \frac{\mathrm{cov}\ [\underline{\boldsymbol{R}}_1, U^*(R_e)]}{\mathrm{cov}\ [R_e, U^*(R_e)]}$$

für effiziente Portefeuilles mit positiver Varianz definieren.

Durch Umformen ergibt sich

$$\underline{\boldsymbol{\beta}}_e^{(1)} = \frac{-(\underline{\boldsymbol{\mu}}_1 - r_0 \underline{\mathbf{1}})}{-(\mu_e - r_0)} ,$$

da

$$\mathrm{erw}\ U^*(R_e) > 0$$

aufgrund der Eigenschaften der Nutzenfunktion gilt [MERTON, 1982, S.602-603].

Der Erwartungsvektor $\underline{\boldsymbol{\mu}}_1$ läßt sich schreiben als

$$\underline{\boldsymbol{\mu}}_1 = r_0 \underline{\mathbf{1}} + (\mu_e - r_0)\, \underline{\boldsymbol{\beta}}_e^{(1)} . \qquad (3.3.1. - 2)$$

Wird dies eingesetzt in (3.2.1.-3a) dann ergibt sich für den Erwartungsvektor $\underline{\boldsymbol{\mu}}$

$$\underline{\boldsymbol{\mu}} = r_0 \underline{\mathbf{1}} + (\mu_e - r_0) \boldsymbol{A}\, \underline{\boldsymbol{\beta}}_e^{(1)} .$$

Setzt man

$$\underline{\boldsymbol{\beta}}_e := \frac{\mathrm{cov}\ [\underline{\boldsymbol{R}}, U^*(R_e)]}{\mathrm{cov}\ [R_e, U^*(R_e)]} ,$$

dann gilt

$$\underline{\beta}_e = \frac{\text{cov } [\underline{R}, U^*(R_e)]}{\text{cov } [R_e, U^*(R_e)]}$$

$$= \frac{\text{cov } [\boldsymbol{A}(\underline{R}_1 - \underline{\mu}_1), U^*(R_e)]}{\text{cov } [R_e, U^*(R_e)]}$$

$$= \boldsymbol{A} \frac{\text{cov } [\underline{R}_1, U^*(R_e)]}{\text{cov } [R_e, U^*(R_e)]}$$

$$= \boldsymbol{A} \cdot \underline{\beta}_e^{(1)} \quad .$$

Der Erwartungsvektor $\underline{\mu}$ läßt sich dann schreiben als

$$\underline{\mu} = r_0 \underline{1} + (\mu_e - r_0)\, \underline{\beta}_e \quad . \qquad (3.3.1. - 3)$$

(3.3.1.-3) ist eine Darstellung des Erwartungvektors $\underline{\mu}$ als gewichtete Summe der erwarteten Rendite μ_e eines effizienten Portefeuilles $\tilde{\underline{y}}_e$ und der Rendite r_0 der risikolosen Anlage. Die Gewichte ergeben sich durch den Vektor $\underline{\beta}_e$ der Risikomaße, die sich auf das effiziente Portefeuille $\tilde{\underline{y}}_e$ beziehen. Dabei sind die erwarteten Überschußrenditen der Wertpapiere proportional zu der erwarteten Überschußrendite eines effizienten Portefeuilles.

Im folgenden wird untersucht, welche Beziehung für die Renditevektoren $\underline{R}_1$ bzw. $\underline{R}$ gelten. Aus

$$\underline{R}_1 = \underline{\mu}_1 + \underline{\varepsilon}_1$$

ergibt sich

$$R_e = \mu_e + \underline{y}_e' \, \underline{\varepsilon}_1 \quad .$$

In Verbindung mit (3.3.1.-2) läßt sich der Renditevektor $\underline{\boldsymbol{R}}_1$ dann schreiben als

$$\begin{aligned}\underline{\boldsymbol{R}}_1 &= r_0\underline{\mathbf{1}} + (R_e - \underline{\boldsymbol{y}}_e^{'}\,\underline{\boldsymbol{\varepsilon}}_1 - r_0)\underline{\boldsymbol{\beta}}_e^{(1)} + \underline{\boldsymbol{\varepsilon}}_1 \\ &= r_0\underline{\mathbf{1}} + (R_e - r_0)\underline{\boldsymbol{\beta}}_e^{(1)} + \underline{\boldsymbol{\varepsilon}}_1 - \underline{\boldsymbol{\beta}}_e^{(1)}\,\underline{\boldsymbol{y}}_e^{'}\,\underline{\boldsymbol{\varepsilon}}_1 \\ &= r_0(\underline{\mathbf{1}} - \underline{\boldsymbol{\beta}}_e^{(1)}) + R_e\,\underline{\boldsymbol{\beta}}_e^{(1)} + \underline{\boldsymbol{\varepsilon}}_1^* \quad ,\end{aligned}$$

wobei

$$\underline{\boldsymbol{\varepsilon}}_1^* := (\boldsymbol{I} - \underline{\boldsymbol{\beta}}_e^{(1)}\,\underline{\boldsymbol{y}}_e^{'})\underline{\boldsymbol{\varepsilon}}_1$$

mit

$$\begin{aligned}\text{erw }\underline{\boldsymbol{\varepsilon}}_1^* &= \underline{\mathbf{0}} \\ \text{var }\underline{\boldsymbol{\varepsilon}}_1^* &= (\boldsymbol{I} - \underline{\boldsymbol{\beta}}_e^{(1)}\,\underline{\boldsymbol{y}}_e^{'})\ \boldsymbol{\Sigma}_{11}\ (\boldsymbol{I} - \underline{\boldsymbol{y}}_e\,\underline{\boldsymbol{\beta}}_e^{(1)'}) \\ \text{cov }(\underline{\boldsymbol{\varepsilon}}_1^*, R_e) &= (\boldsymbol{I} - \underline{\boldsymbol{\beta}}_e^{(1)}\,\underline{\boldsymbol{y}}_e^{'})\ \boldsymbol{\Sigma}_{11}\,\underline{\boldsymbol{y}}_e \quad .\end{aligned}$$

Dabei sind zwei Tatsachen bemerkenswert:

(i) Obwohl der Renditevektor $\underline{\boldsymbol{R}}_1$ eine nichtsinguläre Kovarianzmatrix $\boldsymbol{\Sigma}_{11}$ besitzt, ist die Kovarianzmatrix der Störvariablen $\underline{\boldsymbol{\varepsilon}}_1^*$ singulär wegen

$$(\boldsymbol{I} - \underline{\boldsymbol{\beta}}_e^{(1)}\,\underline{\boldsymbol{y}}_e^{'})\,\underline{\boldsymbol{\beta}}_e^{(1)} = \underline{\mathbf{0}} \quad .$$

(ii) Die Portefeuillerendite R_e und der Vektor der Störvariablen $\underline{\boldsymbol{\varepsilon}}_1^*$ sind korreliert. Nur in dem speziellen Fall, für den

$$\text{cov }(\underline{\boldsymbol{R}}_1, R_e) = \underline{\boldsymbol{\beta}}_e^{(1)}\text{ var } R_e$$

gilt, verschwindet die Korrelation.

Für den gesamten Renditevektor ergibt sich in Verbindung mit (3.2.1.-3b)

$$\begin{aligned}\underline{\boldsymbol{R}} &= r_0\underline{\mathbf{1}} + \boldsymbol{A}(\underline{\boldsymbol{R}}_1 - r_0\underline{\mathbf{1}}) \\ &= r_0\underline{\mathbf{1}} + \boldsymbol{A}(r_0(-\underline{\boldsymbol{\beta}}_e^{(1)}) + R_e\,\underline{\boldsymbol{\beta}}_e^{(1)} + \underline{\boldsymbol{\varepsilon}}_1^*) \\ &= r_0(\underline{\mathbf{1}} - \underline{\boldsymbol{\beta}}_e) + R_e\,\underline{\boldsymbol{\beta}}_e + \underline{\boldsymbol{\varepsilon}}^* \quad , \qquad (3.3.1.-4a)\end{aligned}$$

wobei

$$\begin{aligned}
\underline{\varepsilon}^* &:= \boldsymbol{A}\,\underline{\varepsilon}_1^* \\
&= \boldsymbol{A}(\boldsymbol{I} - \underline{\boldsymbol{\beta}}_e^{(1)}\,\underline{\boldsymbol{y}}_e^{'})\underline{\varepsilon}_1 \\
&= (\boldsymbol{A} - \underline{\boldsymbol{\beta}}_e\,\underline{\boldsymbol{x}}_e^{'}\,\boldsymbol{A})\underline{\varepsilon}_1 \\
&= (\boldsymbol{I} - \underline{\boldsymbol{\beta}}_e\,\underline{\boldsymbol{x}}_e^{'})\underline{\varepsilon}
\end{aligned}$$

mit

$$\begin{aligned}
\text{erw } \underline{\varepsilon}^* &= \underline{0} && (3.3.1.-4b) \\
\text{var } \underline{\varepsilon}^* &= (\boldsymbol{I} - \underline{\boldsymbol{\beta}}_e\,\underline{\boldsymbol{x}}_e^{'})\,\boldsymbol{\Sigma}\,(\boldsymbol{I} - \underline{\boldsymbol{x}}_e\,\underline{\boldsymbol{\beta}}_e^{'}) && (3.3.1.-4c) \\
\text{cov } (\underline{\varepsilon}^*, R_e) &= (\boldsymbol{I} - \underline{\boldsymbol{\beta}}_e\,\underline{\boldsymbol{x}}_e^{'})\,\boldsymbol{\Sigma}\,\underline{\boldsymbol{x}}_e \quad . && (3.3.1.-4d)
\end{aligned}$$

Die Darstellung (3.3.1.-4) des Renditevektors $\underline{\boldsymbol{R}}$ zeigt eine ähnliche Struktur wie die Darstellung (3.3.1.-3) des Erwartungsvektors $\underline{\boldsymbol{\mu}}$. Der Renditevektor $\underline{\boldsymbol{R}}$ kann bis auf den Störvektor $\underline{\varepsilon}^*$ als gewichtete Summe der risikolosen Rendite r_0 und der Rendite R_e eines effizienten Portefeuilles dargestellt werden. Wie beim Erwartungsvektor $\underline{\boldsymbol{\mu}}$ ergeben sich die Gewichte durch den Vektor $\underline{\boldsymbol{\beta}}_e$. Die Elemente des Vektors $\underline{\boldsymbol{\beta}}_e$ lassen sich als systematische Risikomaße der Wertpapiere interpretieren, die Elemente des Vektors $\underline{\varepsilon}^*$ als unsystematische Risiken. Im Gegensatz zum unsystematischen Risiko ist das systematische Risiko auch in der Darstellung (3.3.1.-3) des Erwartungsvektors $\underline{\boldsymbol{\mu}}$ enthalten.

(2) Eine risikolose Anlage existiert nicht.

Wenn keine risikolose Anlage existiert, dann gilt nach (3.2.1.-6b)

$$\underline{\boldsymbol{R}} = \boldsymbol{A}\,\underline{\boldsymbol{R}}_1 \quad .$$

Setzt man

$$\underline{\boldsymbol{y}} := \boldsymbol{A}^{'}\,\underline{\boldsymbol{x}}$$

gilt für die Rendite eines Portefeuilles $\underline{x}$

$$\underline{x}'\,\underline{R} \;=\; \underline{x}'\,A\,\underline{R}_1 = \;\underline{y}'\,\underline{R}_1 \quad .$$

Die Rendite des Portefeuilles $\underline{y}$, das nur aus Wertpapieren mit stochastisch linear unabhängigen Renditen besteht, ist identisch mit der Rendite des Portefeuilles $\underline{x}$. Weiterhin gilt wegen (3.2.1.-5)

$$\underline{y}'\,\underline{1} \;=\; \underline{x}'\,A\,\underline{1} = \;\underline{x}'\,\underline{1} = \;1 \quad .$$

Statt des Optimierungsproblems (3.3.1.-1) kann das Optimierungsproblem

$$\max_{\underline{y}} \text{ erw } \; U(\underline{y}'\,\underline{R}_1)$$

unter der Nebenbedingung

$$\underline{y}'\,\underline{1} \;=\; 1$$

gelöst werden. Da die Kovarianzmatrix Σ_{11} des Renditevektors $\underline{R}_1$ nichtsingulär ist, existiert eine eindeutige Lösung $\underline{y}_e$.[1] Über die Beziehung

$$\underline{y}_e \;=\; A'\,\underline{x}_e$$

können wiederum die effizienten Portefeuilles $\underline{x}_e$ gefunden werden. Bezogen auf alle Wertpapiere muß kein eindeutiges effizientes Portefeuille $\underline{x}_e$ existieren.

Die notwendigen Bedingungen für ein Maximum der Lagrangefunktion

$$L \;=\; \text{erw } \; U(\underline{y}'\,\underline{R}_1) - \lambda(\underline{y}'\,\underline{1} - 1)$$

1) Zur Eindeutigkeit der Lösung vgl. LELAND, 1972, S.37; BERTSEKAS, 1974, S.235; MERTON, 1982, S.604.

lassen sich dann schreiben als

$$\frac{\partial L}{\partial \underline{\boldsymbol{y}}} = \text{erw } [\underline{\boldsymbol{R}}_1 \cdot U^*(\underline{\boldsymbol{y}}^{'} \underline{\boldsymbol{R}}_1)] - \lambda \, \underline{\mathbf{1}}$$

$$= \underline{\mathbf{0}}$$

$$\frac{\partial L}{\partial \lambda} = \boldsymbol{y}^{'} \underline{\mathbf{1}} - 1$$

$$= 0 \; .$$

Für die Rendite eines effizienten Portefeuilles

$$R_e := \underline{\boldsymbol{y}}_e^{'} \underline{\boldsymbol{R}}_1$$

gilt dann

$$\text{erw } [\underline{\boldsymbol{R}}_1 \cdot U^*(R_e)] = \text{erw } [R_e \cdot U^*(R_e)] \, \underline{\mathbf{1}} \; .$$

Bezogen auf effiziente Portefeuilles existiert das Risikomaß [MERTON, 1982]

$$\underline{\boldsymbol{\beta}}_e^{(1)} = \frac{\text{cov } [\underline{\boldsymbol{R}}_1, U^*(R_e)]}{\text{cov } [R_e, U^*(R_e)]} \; .$$

Für ein Portefeuille $\underline{\boldsymbol{x}}_z$ mit

$$\underline{\boldsymbol{y}}_z^{'} \underline{\boldsymbol{\beta}}_e^{(1)} = 0 \; ,$$

folgt unter Berücksichtigung von

$$\mu_z := \underline{\boldsymbol{y}}_z^{'} \underline{\boldsymbol{\mu}}_1 \; ,$$

daß gilt

$$
\begin{aligned}
0 &= \underline{y}_z' \text{ cov } [\underline{\boldsymbol{R}}_1, U^*(R_e)] \\
&= \underline{y}_z' (\text{erw } [\underline{\boldsymbol{R}}_1 \cdot U^*(R_e)] - \underline{\boldsymbol{\mu}}_1 \cdot \text{erw } [U^*(R_e)]) \\
&= \underline{y}_z' (\underline{1} \text{ erw } [R_e \cdot U^*(R_e)] - \underline{\boldsymbol{\mu}}_1 \text{ erw } [U^*(R_e)]) \\
&= \text{erw } [R_e \cdot U^*(R_e)] - \mu_z \cdot \text{erw } [U^*(R_e)]
\end{aligned}
$$

und daher

$$
\mu_z = \frac{\text{erw } [R_e \cdot U^*(R_e)]}{\text{erw } [U^*(R_e)]} \quad .
$$

Das Risikomaß $\underline{\boldsymbol{\beta}}_e^{(1)}$ läßt sich umformen:

$$
\begin{aligned}
\underline{\boldsymbol{\beta}}_e^{(1)} &= \frac{\text{erw } [\underline{\boldsymbol{R}}_1 \cdot U^*(R_e)] - \underline{\boldsymbol{\mu}}_1 \cdot \text{erw } [U^*(R_e)]}{\text{erw } [R_e \cdot U^*(R_e)] - \mu_e \cdot \text{erw } [U^*(R_e)]} \\
&= \frac{\underline{1} \text{ erw } [R_e \cdot U^*(R_e)] - \underline{\boldsymbol{\mu}}_1 \cdot \text{erw } [U^*(R_e)]}{\text{erw } [R_e \cdot U^*(R_e)] - \mu_e \cdot \text{erw } [U^*(R_e)]} \\
&= \frac{\mu_z \, \underline{1} - \underline{\boldsymbol{\mu}}_1}{\mu_z - \mu_e} \quad .
\end{aligned}
$$

Daraus ergibt sich für den Erwartungsvektor $\underline{\boldsymbol{\mu}}_1$

$$
\underline{\boldsymbol{\mu}}_1 = \mu_z \, \underline{1} + (\mu_e - \mu_z) \underline{\boldsymbol{\beta}}_e^{(1)} \quad . \qquad (3.3.1. - 5)
$$

und für den gesamten Erwartungsvektor $\underline{\boldsymbol{\mu}}$ gilt

$$
\begin{aligned}
\underline{\boldsymbol{\mu}} &= \boldsymbol{A} \, \underline{\boldsymbol{\mu}}_1 \\
&= \mu_z \, \boldsymbol{A} \, \underline{1} + (\mu_e - \mu_z) \boldsymbol{A} \, \beta_e^{(1)} \quad .
\end{aligned}
$$

Wegen (3.2.1.-6b) gilt

$$\underline{\beta}_e = \boldsymbol{A}\, \underline{\beta}_e^{(1)} \quad .$$

Da bei Fehlen der risikolosen Anlage nach (3.2.1.-5) gilt

$$\boldsymbol{A}\, \underline{1} = \underline{1} \quad ,$$

läßt sich der Erwartungsvektor schreiben als

$$\underline{\mu} = \mu_z\, \underline{1} + (\mu_e - \mu_z)\underline{\beta}_e \quad . \qquad (3.3.1.-6)$$

(3.3.1.-5) bzw. (3.3.1.-6) ist eine Darstellung des Erwartungsvektors $\underline{\mu}_1$ bzw. $\underline{\mu}$ als gewichtete Summe der erwarteten Rendite zweier Portefeuilles, wobei das Portefeuille $\underline{y}_e$ (bzw. $\underline{x}_e$) ein effizientes Portefeuille ist, und das Portefeuille $\underline{y}_z$ (bzw. $\underline{x}_z$) ein Risikomaß von Null bezogen auf das effiziente Portefeuille aufweist. Die erwarteten Renditen ergeben sich als Summe zweier Risikoprämien. Die Risikomaße beziehen sich auf den Vektor $\underline{\beta}_e$, die Risikopreise sind die erwarteten Renditen der beiden Portefeuilles.

Abschließend wird die Beziehung für den Renditevektor $\underline{\boldsymbol{R}}$ beschrieben. Auf eine umfassende Ableitung wird verzichtet, da sie analog zu der des Falles mit risikoloser Anlage ist.
Für den Renditevektor $\underline{\boldsymbol{R}}$ gilt

$$\underline{\boldsymbol{R}} = R_z(\underline{1} - \underline{\beta}_e) + R_e\, \underline{\beta}_e + \underline{\varepsilon}^{**} \qquad (3.3.1.-7a)$$

wobei

$$\boldsymbol{F} := \boldsymbol{I} - \underline{\beta}_e\, \underline{x}_e' - (\underline{1} - \underline{\beta}_e)\underline{x}_z'$$

$$\underline{\varepsilon}^{**} := \boldsymbol{F}\underline{\varepsilon}$$

mit

$$\text{erw } \underline{\boldsymbol{\varepsilon}}^{**} = \underline{0} \tag{3.3.1.-7b}$$

$$\text{var } \underline{\boldsymbol{\varepsilon}}^{**} = \boldsymbol{F} \boldsymbol{\Sigma} \boldsymbol{F}' \tag{3.3.1.-7c}$$

$$\text{cov } (\underline{\boldsymbol{\varepsilon}}^{**}, R_e) = \boldsymbol{F} \boldsymbol{\Sigma} \underline{\boldsymbol{x}}_e \tag{3.3.1.-7d}$$

$$\text{cov } (\underline{\boldsymbol{\varepsilon}}^{**}, R_z) = \boldsymbol{F} \boldsymbol{\Sigma} \underline{\boldsymbol{x}}_z \,. \tag{3.3.1.-7e}$$

(3.3.1.-7a) stellt den Vektor $\underline{\boldsymbol{R}} - \underline{\boldsymbol{\varepsilon}}^{**}$ als gewichtete Summe der Portefeuillerenditen R_z und R_e dar. Die Gewichte sind identisch mit denen, die beim Erwartungsvektor $\underline{\boldsymbol{\mu}}$ auftreten. Die systematischen Risiken der Wertpapiere sind gegeben durch die Portefeuillerendite R_e und R_z, das unsystematische Risiko durch die Elemente des Vektors $\underline{\boldsymbol{\varepsilon}}^{**}$.

3.3.2. Arbitragemodelle mit Risikoprämien $(\mu - \sigma)$-effizienter Portefeuilles

Hier soll der auf Arbeiten von MARKOWITZ (1952, 1959) aufbauende Ansatz, der in Arbeiten zur Herleitung des Zwei-Fonds-Separationstheorem [TOBIN, 1958; SHARPE, 1970, S. 66-73 und S. 251-255] von MERTON (1972), ROLL (1977) und anderen verwendet wird, im Rahmen eines Arbitragemodell benutzt werden. Die in den bisherigen Arbeiten verwendete Vorgehensweise wird verallgemeinert, so daß auch bei singulärer Kovarianzmatrix $\boldsymbol{\Sigma}$ eine Darstellung des Erwartungsvektors $\underline{\boldsymbol{\mu}}$ in Abhängigkeit von Risikoprämien $(\mu - \sigma)$-effizienter Portefeuilles möglich ist. Es wird gezeigt, daß viele Aussagen der Modelle nach SHARPE (1964), LINTNER (1965), MOSSIN (1966) und BLACK (1972) auch ohne Annahmen über die Anleger und das Marktgleichgewicht gelten.

Ein Portefeuille ist $(\mu - \sigma)$-effizient, wenn kein anderes Portefeuille existiert, das

(i) bei gleichem Erwartungswert eine niedrigere Varianz oder

(ii) bei gleicher Varianz eine höhere erwartete Rendite oder

(iii) eine niedrigere Varianz und eine höhere erwartete Rendite besitzt [GERKE/PHILIPP, 1985, S. 58; BUCHNER, 1981, S. 320].

Frühere Arbeiten haben gezeigt, daß $(\mu - \sigma)$-effiziente Portefeuilles bei Annahme beliebiger Verteilungen für die Renditen effiziente Portefeuilles sind, wenn in dem Optimierungsproblem (3.3.1.-1) eine quadratische Nutzenfunktion unterstellt wird [SÄLZLE, 1976, S. 44-51; SCHNEEWEISS, 1967, S. 113-117] [1]. Die in diesem Punkt durchgeführte Analyse stellt daher einen Spezialfall der Untersuchung zu dem Optimierungsproblem (3.3.1.-1) dar. Für die Bearbeitung bieten sich zwei Vorgehensweisen an. Entweder werden die allgemeinen Resultate aus Punkt 3.3.1. auf eine quadratische Nutzenfunktion angewendet, oder es wird der von MERTON (1972), ROLL (1977) und vielen anderen verwendete Ansatz gewählt. Wir zeigen, daß der von MERTON (1972), ROLL (1977) und anderen verwendete Ansatz bei Berücksichtigung der Arbitragefreiheit auch für eine singuläre Kovarianzmatrix $\boldsymbol{\Sigma}$ durchgeführt werden kann. Da in der Literatur die sich aus der Arbitragefreiheit ergebenden Resultate nicht explizit berücksichtigt wurden, war dies bisher nicht problemlos möglich [BUSER, 1977; ROLL, 1977; LOISTL/ROSENTHAL, 1980]. Zur Bestimmung der $(\mu - \sigma)$-effizienten Portefeuilles betrachtet ROLL (1977, S. 159) das Optimierungsproblem

$$\min_{\underline{\boldsymbol{x}}} \underline{\boldsymbol{x}}' \, \boldsymbol{\Sigma} \, \underline{\boldsymbol{x}} \qquad (3.3.2. - 1a)$$

[1] Werden beliebige Nutzenfunktionen zugelassen, so sind $(\mu - \sigma)$- effiziente Portefeuilles effizient, wenn für die Renditen eine gemeinsame Normalverteilung angenommen wird [SÄLZLE, 1976, S. 52-53; SCHNEEWEISS, 1967, S. 119-120].

unter den Nebenbedingungen

$$\underline{x}'\,\underline{1} = 1 \qquad (3.3.2.-1b)$$

$$\underline{x}'\,\underline{\mu} = \mu_\nu \ . \qquad (3.3.2.-1c)$$

Da die Portefeuilles $\underline{x}_\nu$, die dieses Optimierungsproblem lösen, die niedrigsten Varianzen zu vorgegebenen erwarteten Renditen aufweisen, werden sie als varianzminimale Portefeuilles bezeichnet [RUDOLPH, 1979b, S. 1055] [1]. Die varianzminimalen Portefeuilles, die zu einer gegebenen Varianz die höchste erwartete Rendite aufweisen, sind die $(\mu - \sigma)$-effizienten Portefeuilles.
Zur Bestimmung der $(\mu - \sigma)$-effizienten Portefeuilles könnte auch der umgekehrte Weg gegangen werden. Indem das Optimierungsproblem

$$\max_{\underline{x}} \underline{x}'\,\underline{\mu}$$

unter den Nebenbedingungen

$$\underline{x}'\,\underline{1} = 1$$

$$\underline{x}'\,\boldsymbol{\Sigma}\,\underline{x} = \sigma_M^2$$

gelöst wird, werden die erwartungsmaximalen Portefeuilles bestimmt. Aus der Menge der erwartungsmaximalen Portefeuilles werden die $(\mu - \sigma)$-effizienten Portefeuilles ausgewählt, indem zu einer gegebenen erwarteten Rendite das Portefeuille mit der geringsten Varianz gesucht wird. Beide Lösungswege sind mit Schwierigkeiten verbunden, wenn die Kovarianzmatrix $\boldsymbol{\Sigma}$ singulär ist.
Die Arbitragefreiheit risikoloser Portefeuilles, die bei ROLL und MERTON durch die nichtsinguläre Kovarianzmatrix $\boldsymbol{\Sigma}$ gegeben ist, garantiert die Existenz $(\mu - \sigma)$-effizienter Portefeuilles [2]. Hier wird die Arbitragefreiheit risikoloser Portefeuilles verwendet, um das Optimierungsproblem zu transformieren.

---

[1] ROLL (1977, S. 158) bezeichnet sie mit effizienten Portefeuilles.
[2] Ist Arbitrage durch ein risikoloses Arbitrageportefeuille mit positiver erwarteter Rendite möglich, dann kann jedes Portefeuille mit gegebener Varianz so umstrukturiert werden, daß das neue Portefeuille eine höhere erwartete Rendite hat.

(1) Eine risikolose Anlage existiert.

Wie in Punkt 3.3.1. gezeigt wurde, ist die Rendite eines Portefeuilles $\underline{\boldsymbol{x}}$ bei Arbitragefreiheit identisch mit der Rendite eines Portefeuille $\tilde{\underline{\boldsymbol{y}}}$, wobei gilt

$$\tilde{\underline{\boldsymbol{y}}}' = [1 - \underline{\boldsymbol{y}}' \underline{1} \quad \underline{\boldsymbol{y}}'] \quad \text{und} \quad \underline{\boldsymbol{y}} = \boldsymbol{A}' \underline{\boldsymbol{x}} \ .$$

Daher ist es möglich, das Optimierungsproblem (3.3.2.-1) zu transformieren:

$$\min_{\underline{\boldsymbol{y}}} \underline{\boldsymbol{y}}' \boldsymbol{\Sigma}_{11} \underline{\boldsymbol{y}}$$

unter der Nebenbedingung

$$\underline{\boldsymbol{y}}' \underline{\boldsymbol{\mu}}_1 + r_0(1 - \underline{\boldsymbol{y}}' \underline{1}) = \mu_v \ .$$

Es ergibt sich die Lagrangefunktion [MERTON, 1972, S. 1863]

$$L = \underline{\boldsymbol{y}}' \boldsymbol{\Sigma}_{11} \underline{\boldsymbol{y}} - 2\lambda(r_0 + \underline{\boldsymbol{y}}'(\underline{\boldsymbol{\mu}}_1 - r_0 \underline{1}) - \mu_v) \ .$$

Die notwendigen Bedingungen lauten:

$$\begin{aligned} \frac{\partial L}{\partial \underline{\boldsymbol{y}}} &= 2\boldsymbol{\Sigma}_{11} \underline{\boldsymbol{y}} - 2\lambda(\underline{\boldsymbol{\mu}}_1 - r_0 \underline{1}) \\ &= \underline{0} \end{aligned}$$

$$\begin{aligned} \frac{\partial L}{\partial \lambda} &= -2(r_0 + \underline{\boldsymbol{y}}'(\underline{\boldsymbol{\mu}}_1 - r_0 \underline{1}) - \mu_v) \\ &= 0 \ . \end{aligned}$$

Daraus ergibt sich für die varianzminimalen Portefeuilles $\underline{\boldsymbol{y}}_v$, die die erwartete Rendite μ_v und die Varianz σ_v^2 besitzen:

$$\begin{aligned} \underline{\boldsymbol{y}}_v &= \frac{\mu_v - r_0}{(\underline{\boldsymbol{\mu}}_1 - r_0 \underline{1})' \boldsymbol{\Sigma}_{11}^{-1} (\underline{\boldsymbol{\mu}}_1 - r_0 \underline{1})} \boldsymbol{\Sigma}_{11}^{-1} (\underline{\boldsymbol{\mu}}_1 - r_0 \underline{1}) \\ &= (\mu_v - r_0) \underline{\boldsymbol{y}}^* \end{aligned}$$

mit

$$\underline{y}^* \quad := \quad \frac{\boldsymbol{\Sigma}_{11}^{-1}\,(\underline{\boldsymbol{\mu}}_1 - r_0\,\underline{\mathbf{1}})}{(\underline{\boldsymbol{\mu}}_1 - r_0\,\underline{\mathbf{1}})'\,\boldsymbol{\Sigma}_{11}^{-1}\,(\underline{\boldsymbol{\mu}}_1 - r_0\,\underline{\mathbf{1}})} \quad .$$

Die Struktur des Vektors $\underline{y}_v$, der die in die risikobehafteten Wertpapiere investierten Anteile enthält, ist für alle varianzminimalen Portefeuilles identisch. Da $\underline{y}_v'\,\underline{\mathbf{1}}$ von der erwarteten Rendite μ_v abhängig ist, ergibt sich für die varianzminimalen Portefeuilles eine unterschiedliche Aufteilung des Investitionsbetrages in die risikolose Anlage und in die gesamte risikobehaftete Anlage.

Im $(\mu - \sigma^2)$-Diagramm liegen die varianzminimalen Portefeuilles auf der Parabel

$$\sigma_v^2 \quad = \quad \frac{(\mu_v - r_0)^2}{(\underline{\boldsymbol{\mu}}_1 - r_0\,\underline{\mathbf{1}})'\,\boldsymbol{\Sigma}_{11}^{-1}\,(\underline{\boldsymbol{\mu}}_1 - r_0\,\underline{\mathbf{1}})}$$

mit dem Scheitel $(r_0, 0)$.

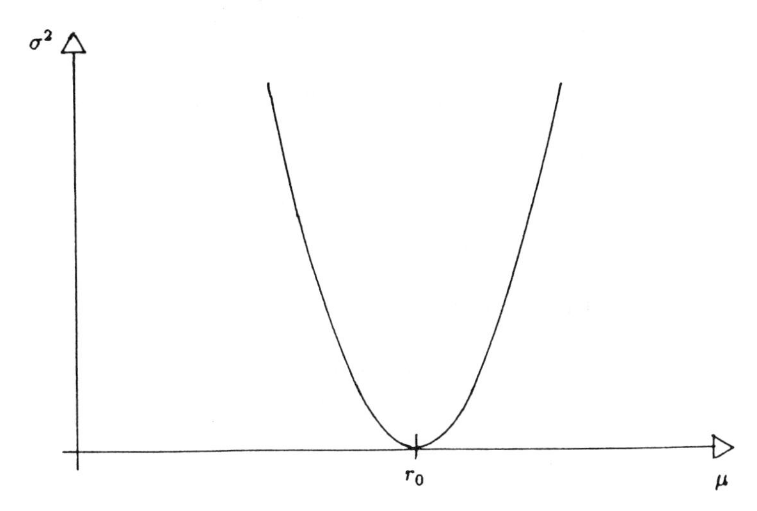

<u>Abbildung 3.3.2.-A1</u>: Varianzminimale Portefeuilles im $(\mu - \sigma^2)$-Diagramm

Das globale varianzminimale Portefeuille $\tilde{\boldsymbol{y}}_{v^*}$ - das Portefeuille mit der geringsten Varianz von allen möglichen Portefeuilles - ist das Portefeuille mit der erwarteten Rendite $\mu_{v^*} = r_0$ und der Varianz $\sigma^2_{v^*} = 0$. Für das globale varianzminimale Portefeuille gilt

$$\tilde{\boldsymbol{y}}'_{v^*} = [1 \quad \underline{0}'] \quad ;$$

das bedeutet, daß nur in die risikolose Anlage investiert wird.

Da die $(\mu - \sigma)$-effizienten Portefeuilles $\tilde{\boldsymbol{y}}_e$ die varianzminimalen Portefeuilles sind, die bei einer gegebenen Varianz die höchsten erwarteten Renditen besitzen, liegen sie auf dem rechten Ast der Parabel. Es gilt für die $(\mu - \sigma)$-effizienten Portefeuilles

$$\mu_e \geq r_0 \quad .$$

Der Erwartungsvektor $\boldsymbol{\mu}_1$ läßt sich schreiben als

$$\begin{aligned} \boldsymbol{\mu}_1 &= r_0 \, \underline{1} + (\mu_e - r_0) \frac{\boldsymbol{\Sigma}_{11} \, \boldsymbol{y}_e}{\boldsymbol{y}'_e \, \boldsymbol{\Sigma}_{11} \, \boldsymbol{y}_e} \\ &= r_0 \, \underline{1} + (\mu_e - r_0) \underline{\boldsymbol{\beta}}_e^{(1)} \end{aligned}$$

mit

$$\mu_e > r_0 \quad .$$

Für den Vektor $\underline{\boldsymbol{\beta}}_e^{(1)}$ der Risikomaße gilt

$$\underline{\boldsymbol{\beta}}_e^{(1)} = \frac{\text{cov } (\underline{\boldsymbol{R}}_1, R_e)}{\text{var } R_e} \quad .$$

Da aufgrund der Arbitragefreiheit

$$\boldsymbol{\mu} = r_0 \, \underline{1} + \boldsymbol{A}(\boldsymbol{\mu}_1 - r_0 \, \underline{1})$$

gilt, läßt sich der gesamte Erwartungsvektor $\underline{\mu}$ mit $\mu_e > r_0$ schreiben als

$$\begin{aligned}
\underline{\mu} &= r_0\,\underline{1} + \boldsymbol{A}\left(r_0\,\underline{1} + (\mu_e - r_0)\frac{\boldsymbol{\Sigma}_{11}\underline{y}_e}{\underline{y}_e'\,\boldsymbol{\Sigma}_{11}\,\underline{y}_e} - r_0\,\underline{1}\right) \\
&= r_0\,\underline{1} + (\mu_e - r_0)\,\frac{\boldsymbol{A}\,\boldsymbol{\Sigma}_{11}\,\underline{y}_e}{\underline{y}_e'\boldsymbol{\Sigma}_{11}\underline{y}_e} \\
&= r_0\,\underline{1} + (\mu_e - r_0)\,\frac{\text{cov}\ \ (\underline{\boldsymbol{R}}, R_e)}{\text{var}\ \ R_e} \\
&= r_0\,\underline{1} + (\mu_e - r_0)\underline{\boldsymbol{\beta}}_e \quad , \qquad\qquad (3.3.2. - 2)
\end{aligned}$$

wobei

$$\underline{\boldsymbol{\beta}}_e = \frac{\text{cov}\ \ (\underline{\boldsymbol{R}}, R_e)}{\text{var}\ \ R_e} \quad .$$

Daß (3.3.2.-2) ein Spezialfall des allgemeinen Ergebnisses (3.3.1.-3) ist, erkennt man, wenn für $U(R_e)$ eine quadratische Nutzenfunktion verwendet wird:

$$U^*(R_e) = a + 2b\,R_e \quad .$$

Für den Vektor der Risikomaße gilt dann

$$\begin{aligned}
\underline{\boldsymbol{\beta}}_e &= \frac{\text{cov}\ \ (\underline{\boldsymbol{R}}, U^*(R_e))}{\text{cov}\ \ (R_e, U^*(R_e))} \\
&= \frac{\text{cov}\ \ (\underline{\boldsymbol{R}}, R_e)}{\text{var}\ \ R_e} \quad .
\end{aligned}$$

Somit kann jedes $(\mu - \sigma)$-effiziente Portefeuille $\tilde{\underline{y}}_e$ mit positiver Varianz zur Bewertung des Erwartungsvektors $\underline{\mu}$ verwendet werden. Die Gewichte ergeben sich durch den Vektor $\underline{\boldsymbol{\beta}}_e$ der Risikomaße. Das Risikomaß einer Rendite bezogen auf das $(\mu - \sigma)$-effiziente Portefeuille $\tilde{\underline{y}}_e$ $(\tilde{\underline{y}}_e \neq \tilde{\underline{y}}_{v^*})$ ist die Kovarianz der Rendite mit der Portefeuillerendite R_e dividiert durch die Varianz der Portefeuillerendite R_e [FAMA, 1976, S. 62]. Das zeigt, daß die Höhe des Risikos einer Rendite nicht von der Varianz der Rendite abhängig ist, sondern von der Kovarianz der Rendite mit der Portefeuillerendite. Das bedeutet, daß das Risikomaß eines Wertpapieres bezogen auf unterschiedliche Portefeuilles unterschiedlich ist. Der Vektor $\underline{\boldsymbol{\mu}} - r_0\ \underline{\mathbf{1}}$ der erwarteten Überschußrenditen kann durch eine Risikoprämie dargestellt werden. Die Risikoprämie ergibt sich als Produkt aus dem Risikopreis, der gleich der erwarteten Überschußrendite $\mu_e - r_0$ des Portefeuilles $\underline{\tilde{\boldsymbol{y}}}_e$ ist, und dem Vektor $\underline{\boldsymbol{\beta}}_e$ der Risikomaße. ROLL (1977, S. 164-165) hat gezeigt, daß jedes $(\mu - \sigma)$-effiziente Portefeuille als Linearkombination zweier anderer effizienter Portefeuilles dargestellt werden kann. Das bedeutet, daß der Vektor $\underline{\boldsymbol{\mu}} - r_0\ \underline{\mathbf{1}}$ der erwarteten Überschußrenditen als Summe mehrerer Risikoprämien geschrieben werden kann. Wegen

$$\underline{\boldsymbol{R}} = \underline{\boldsymbol{\mu}} + \underline{\boldsymbol{\varepsilon}}$$

und

$$\begin{aligned} R_e &= \mu_e + \underline{\boldsymbol{y}}_e'\ \underline{\boldsymbol{\varepsilon}}_1 \\ &= \mu_e + \underline{\boldsymbol{x}}_e'\ \boldsymbol{A}\ \underline{\boldsymbol{\varepsilon}}_1 \\ &= \mu_e + \underline{\boldsymbol{x}}_e'\ \underline{\boldsymbol{\varepsilon}} \end{aligned}$$

gilt für den Renditevektor

$$\begin{aligned} \underline{\boldsymbol{R}} &= r_0\ \underline{\mathbf{1}} + (R_e - \underline{\boldsymbol{x}}_e'\ \underline{\boldsymbol{\varepsilon}} - r_0)\underline{\boldsymbol{\beta}}_e + \underline{\boldsymbol{\varepsilon}} \\ &= r_0\ \underline{\mathbf{1}} + (R_e - r_0)\underline{\boldsymbol{\beta}}_e + \underline{\boldsymbol{\varepsilon}}^* \qquad (3.3.2. - 3a) \end{aligned}$$

wobei

$$\underline{\boldsymbol{\varepsilon}}^* := (\boldsymbol{I} - \underline{\boldsymbol{\beta}}_e\ \underline{\boldsymbol{x}}_e')\underline{\boldsymbol{\varepsilon}}$$

mit

$$\text{erw } \underline{\varepsilon}^* = \underline{0} \qquad (3.3.2. - 3b)$$

$$\text{var } \underline{\varepsilon}^* = (\boldsymbol{I} - \underline{\boldsymbol{\beta}}_e \, \underline{\boldsymbol{x}}_e^{'})\boldsymbol{\Sigma} \qquad (3.3.2. - 3b)$$

$$\text{cov } (\underline{\varepsilon}^*, R_e) = \underline{0} \ . \qquad (3.3.2. - 3c)$$

Für den Renditevektor $\underline{\boldsymbol{R}}$ führt die Bewertung mittels einer Rendite R_e eines $(\mu - \sigma)$-effizienten Portefeuilles dazu, daß die Kovarianz zwischen der Portefeuillerendite und dem Vektor $\underline{\varepsilon}^*$ der unsystematischen Risiken null wird.

(3.3.2.-2) zeigt, daß sich die Bewertung des Erwartungsvektors $\underline{\boldsymbol{\mu}}$ nicht verändert, wenn die Kovarianzmatrix $\boldsymbol{\Sigma}$ singulär ist. Allerdings gilt bei singulärer Kovarianzmatrix $\boldsymbol{\Sigma}$ nicht mehr, daß die $(\mu - \sigma)$-effizienten Portefeuilles $\underline{\boldsymbol{x}}_e$ dieselbe Struktur aufweisen müssen. Wenn alle Wertpapiere in die Betrachtung mit einbezogen werden, muß gelten

$$\boldsymbol{A}^{'} \underline{\boldsymbol{x}}_e = \underline{\boldsymbol{y}}_e \ .$$

Da diese Gleichung für $\underline{\boldsymbol{x}}_e$ keine eindeutige Lösung besitzen muß,
können $(\mu - \sigma)$-effiziente Portefeuilles mit erwarteter Rendite μ_e und Varianz σ_e^2 existieren, die eine unterschiedliche Struktur aufweisen.

(2) Eine risikolose Anlage existiert nicht.

Existiert keine Möglichkeit risikolos zu investieren, so kann dies auf zwei verschiedene Weisen verstanden werden. Einerseits kann angenommen werden, daß das Fehlen der risikolosen Anlagemöglichkeit

$$r_0 = 0$$

bedeutet. Dann kann ein Teil des Anfangsvermögens in den "Sparstrumpf" gesteckt werden. Da aber Leerverkäufe zugelassen sind, bedeutet dies umgekehrt, daß beliebig viel Geld aufgenommen werden kann, ohne daß dafür Zinsen zu zahlen sind.

Dieser Fall, den RUDOLPH (1979, S. 25-30) untersuchte, ist ein Spezialfall der Untersuchung bei Existenz einer risikolosen Anlage mit $r_0 = 0$.

Für den Erwartungsvektor $\underline{\boldsymbol{\mu}}$ ergibt sich nach (3.3.2.-2)

$$\underline{\boldsymbol{\mu}} = \mu_e \, \underline{\boldsymbol{\beta}}_e$$

und für den Renditevektor nach (3.3.2.-3)

$$\underline{\boldsymbol{R}} = R_e \, \underline{\boldsymbol{\beta}}_e + \underline{\boldsymbol{\varepsilon}}^*$$

mit

$$\begin{aligned} \text{erw } \underline{\boldsymbol{\varepsilon}}^* &= \underline{\boldsymbol{0}} \\ \text{var } \underline{\boldsymbol{\varepsilon}}^* &= (\boldsymbol{I} - \underline{\boldsymbol{\beta}}_e \, \underline{\boldsymbol{x}}_e') \, \boldsymbol{\Sigma} \\ \text{cov } (\underline{\boldsymbol{\varepsilon}}^*, R_e) &= \underline{\boldsymbol{0}} \end{aligned}$$

Andererseits kann das Fehlen der risikolosen Anlage auch so interpretiert werden, daß das gesamte Anfangsvermögen in die risikobehafteten Wertpapiere investiert werden muß. Wiederum reduziert sich das Entscheidungsproblem durch Verwendung der Arbitragefreiheitsbedingung auf die Betrachtung einer maximalen Anzahl von Wertpapieren mit stochastisch linear unabhängigen Renditen.

Statt eines Portefeuilles $\underline{\boldsymbol{x}}$, das alle Wertpapiere umfaßt, kann wieder das Portefeuille

$$\underline{\boldsymbol{y}} = \boldsymbol{A}' \, \underline{\boldsymbol{x}} \quad ,$$

das nur die maximale Anzahl von Wertpapieren mit stochastisch linear unabhängigen Renditen beinhaltet, betrachtet werden. Das Optimierungsproblem zur Bestimmung der $(\mu - \sigma)$-effizienten Portefeuilles lautet dann

$$\min_{\underline{\boldsymbol{y}}} \underline{\boldsymbol{y}}' \, \boldsymbol{\Sigma}_{11} \, \underline{\boldsymbol{y}}$$

unter der Nebenbedingung

$$\underline{y}' \, \underline{1} = 1$$

$$\underline{y}' \, \underline{\mu}_1 = \mu_v \quad .$$

Dieses Problem wurde sowohl in der Portefoliotheorie [MARKOWITZ, 1952, 1959; LAUX, 1969, 1971] als auch in der Kapitalmarkttheorie [BLACK, 1972; MERTON, 1972; ROLL, 1977] ausführlich diskutiert.

Hier werden die Ergebnisse des Optimierungsproblems nach ROLL (1977) zitiert, um daraus Aussagen über die Struktur der Renditen abzuleiten.
ROLL (1977, S. 160-161) hat gezeigt, daß für die varianzminimalen Portefeuilles gilt:

$$\underline{y}_v = \boldsymbol{\Sigma}_{11}^{-1} \, [\underline{\mu}_1 \quad \underline{1}] \begin{bmatrix} a & b \\ b & c \end{bmatrix}^{-1} \begin{bmatrix} \mu_v \\ 1 \end{bmatrix} \qquad (3.3.2.-4)$$

und

$$\sigma_v^2 = \frac{1}{ac - b^2}(c\mu_v^2 - 2b\mu_v + a)$$

mit

$$a = \underline{\mu}_1' \; \boldsymbol{\Sigma}_{11} \; \underline{\mu}_1$$

$$b = \underline{\mu}_1' \; \boldsymbol{\Sigma}_{11} \; \underline{1}$$

$$c = \underline{1}' \; \boldsymbol{\Sigma}_{11} \; \underline{1} \quad .$$

Für das globale varianzminimale Portefeuille ergibt sich [ROLL, 1977, S. 161]:

$$\mu_{v\bullet} = \frac{b}{c} \quad .$$

Die $(\mu - \sigma)$-effizienten Portefeuille $\underline{y}_e$ sind die varianzminimalen Portefeuilles, für die gilt $\mu_e \geq \mu_{v\bullet}$. Zu jedem $(\mu - \sigma)$-effizienten Portefeuille - ausgenommen das globale varianzminimale Portefeuille $y_{v\bullet}$ - existiert ein orthogonales Portefeuille

$\boldsymbol{y}_z$; das bedeutet, daß zu jedem $(\mu - \sigma)$-effizienten Portefeuille mit $\mu_e > \mu_{v^*}$ ein Portefeuille $\boldsymbol{y}_z$ existiert, für das

$$\text{cov}\ [R_z, R_e] \quad = \quad 0$$

und damit

$$\boldsymbol{y}_z^{'}\,\boldsymbol{\beta}_e^{(1)} \quad = \quad 0$$

erfüllt ist.

Der Erwartungsvektor $\boldsymbol{\mu}_1$ läßt sich durch die erwarteten Portefeuillerenditen μ_z und μ_e beschreiben [ROLL, 1977, S. 166]:

$$\boldsymbol{\mu}_1 \quad = \quad \mu_z\,\underline{\mathbf{1}} + (\mu_e - \mu_z)\boldsymbol{\beta}_e \quad .$$

Da bei Arbitragefreiheit nach (3.2.1.-5) und (3.2.1.-6) gilt

$$\boldsymbol{\mu} \quad = \quad \boldsymbol{A}\boldsymbol{\mu}_1 \qquad \text{und} \qquad \boldsymbol{A}\,\underline{\mathbf{1}} \quad = \quad \underline{\mathbf{1}}$$

sowie

$$\begin{aligned}
\boldsymbol{A}\,\boldsymbol{\beta}_e^{(1)} \quad &= \quad \boldsymbol{A}\,\frac{\text{cov}\ (\underline{\boldsymbol{R}}_1, R_e)}{\text{var}\ R_e} \\
&= \quad \frac{\text{cov}\ (\boldsymbol{A}\,\underline{\boldsymbol{R}}_1, R_e)}{\text{var}\ R_e} \\
&= \quad \frac{\text{cov}\ (\underline{\boldsymbol{R}}, R_e)}{\text{var}\ R_e} \\
&= \quad \boldsymbol{\beta}_e \quad ,
\end{aligned}$$

folgt für den gesamten Erwartungsvektor

$$\underline{\mu} \quad = \quad \mu_z \, \underline{1} + (\mu_e - \mu_z)\underline{\beta}_e \quad . \qquad (3.3.2.-6)$$

(3.3.2.-6) ist die Darstellung des Erwartungsvektors $\underline{\mu}$, wenn der Renditevektor $\underline{R}$ eine beliebige Kovarianzmatrix Σ besitzt, eine risikolose Anlage jedoch nicht existiert. Wie im Falle einer nichtsingulären Kovarianzmatrix Σ [MERTON, 1972, S. 641; ROLL. 1977, S. 166] ergibt sich der Erwartungsvektor $\underline{\mu}$ als gewichtete Summe zweier orthogonaler, varianzminimaler Portefeuilles. Da jedes varianzminimale Portefeuille als Linearkombination zweier anderer varianzminimaler Portefeuilles dargestellt werden kann [ROLL, 1977, S. 164-165], ist es möglich, den Erwartungsvektor $\underline{\mu}$ als Linearkombination mehrerer, mindestens jedoch zweier Risikoprämien von varianzminimalen Portefeuilles darzustellen. Die Gewichte ergeben sich durch den Vektor $\underline{\beta}_e$ der Risikomaße.

Für den Renditevektor $\underline{R}$ läßt sich zeigen

$$\underline{R} \quad = \quad R_z(\underline{1} - \underline{\beta}_e) + R_e \, \underline{\beta}_e + \underline{\varepsilon}^{**}$$

wobei

$$F \quad := \quad I - \underline{\beta}_e \underline{x}_e^{'} - (\underline{1} - \underline{\beta}_e) \, \underline{x}_z^{'}$$

$$\underline{\varepsilon}^{**} \quad := \quad F \underline{\varepsilon}$$

mit

$$\text{erw } \underline{\varepsilon}^{**} \quad = \quad \underline{0}$$

$$\text{var } \underline{\varepsilon}^{**} \quad = \quad F \, \Sigma \, F^{'}$$

$$\text{cov } (\underline{\varepsilon}^{**}, R_e) \quad = \quad \underline{0}$$

$$\text{cov } (\underline{\varepsilon}^{**}, R_z) \quad = \quad \underline{0}$$

Der Renditevektor abzüglich eines Störvektors ist die gewichtete Summe der Renditen varianzminimaler Portefeuilles. Zusätzlich zu den Aussagen, die bei der Verwendung effizienter Portefeuilles möglich waren, ergibt sich für $(\mu - \sigma)$-effiziente

Portefeuilles, daß die Korrelation zwischen den systematischen und den unsystematischen Risiken gleich Null ist.

3.4. Arbitragemodelle für Renditen mit Faktormodellannahme

Kennzeichnend für die hier vorgestellten Modelle, die in den wesentlichen Annahmen - nicht jedoch in der Beweisführung - mit den Modellen der APT übereinstimmen [CONNOR, 1987], ist die Faktormodellannahme. Im Unterschied zu den Modellen in Abschnitt 3.2. wird das stochastische Verhalten nicht durch den Erwartungsvektor $\underline{\boldsymbol{\mu}}$ und die Kovarianzmatrix $\boldsymbol{\Sigma}$ beschrieben, sondern durch das Faktormodell:

$$\underline{\boldsymbol{R}} - \underline{\boldsymbol{\mu}} = \boldsymbol{B}\,\underline{\boldsymbol{f}} + \underline{\boldsymbol{e}}$$

mit

$$\begin{aligned} \text{rg } \boldsymbol{B} &= K \\ \text{erw } \underline{\boldsymbol{f}} &= \underline{0} \\ \text{var } \underline{\boldsymbol{f}} &= \boldsymbol{I}_K \\ \text{cov } (\underline{\boldsymbol{f}}, \underline{\boldsymbol{e}}) &= 0 \\ \text{erw } \underline{\boldsymbol{e}} &= \underline{0} \\ \text{var } \underline{\boldsymbol{e}} &= \boldsymbol{\Omega}\ . \end{aligned}$$

In Abhängigkeit von den Eigenschaften der Kovarianzmatrix der Störvariablen ergibt sich ein AFM, ein SFM oder ein FOS.

Zur Bedeutung der Faktormodellannahme sagen ROLL/ROSS (1980, S. 1077): "... there are only a few systematic components of risk existing in nature". Während bisher nur Risiken bzw. Risikoprämien betrachtet wurden, wird nun zwischen systematischen und unsystematischen Risiken bzw. Risikoprämien unterschieden.

Ziel dieser in der Literatur behandelten Modelle ist es, den Erwartungsvektor $\underline{\mu}$ als Linearkombination der Risikoprämien für die systematischen Risiken darzustellen.

In Punkt 3.4.1. werden Resultate für den Erwartungsvektor $\underline{\mu}$ und den Renditevektor $\underline{R}$ abgeleitet. Unter Verwendung der Resultate des Kapitels 2 können wir den Störvektor des Faktormodells als lineare Funktion von untereinander unkorrelierten, standardisierten Faktoren schreiben. Diese Darstellung des Störvektors ermöglicht es, für die Renditen ein exaktes Resultat abzuleiten.
Die Resultate in Punkt 3.4.1. zeigen, daß Risikoprämien für unsystematische Risiken im Falle des AFM und des SFM in die Bewertung eingehen. In Punkt 3.4.2. werden deshalb Bedingungen gesucht, die eine Bewertung ausschließlich durch systematische Risikoprämien gewährleisten.

3.4.1. Allgemeines Resultat

(1) Arbitragemodelle mit AFM

Im AFM wird für die Kovarianzmatrix $\boldsymbol{\Omega}$ des Störvektors $\underline{e}$ jede Kovarianzmatrix zugelassen. Setzt man

$$L \quad := \quad \text{rg} \quad \boldsymbol{\Omega} \quad ,$$

dann kann der Störvektor $\underline{e}$ - wie in Punkt 2.2.1. für die Renditen gezeigt - als lineare Funktion eines L-dimensionalen Zufallsvektors $\underline{f}_u$ mit

$$\text{erw} \ \underline{f}_u = \underline{0}$$

$$\text{var} \ \underline{f}_u = \boldsymbol{I}$$

geschrieben werden.
Für den Störvektor gilt

$$\underline{e} = \boldsymbol{T} \underline{f}_u \quad ,$$

wobei für die $(N \times L)$-dimensionale Matrix gilt:

$$\text{rg}\ \boldsymbol{T} = L \quad \text{und} \quad \boldsymbol{T}\boldsymbol{T}' = \boldsymbol{\Omega}$$ [1].

Das AFM kann dann geschrieben werden als

$$\begin{aligned} \underline{\boldsymbol{R}} - \underline{\boldsymbol{\mu}} &= \boldsymbol{B}\,\underline{\boldsymbol{f}} + \boldsymbol{T}\,\underline{\boldsymbol{f}}_u \\ &= [\boldsymbol{B} \quad \boldsymbol{T}]\,\tilde{\underline{\boldsymbol{f}}} \end{aligned}$$

mit

$$\begin{aligned} \tilde{\underline{\boldsymbol{f}}} &:= \begin{bmatrix} \underline{\boldsymbol{f}} \\ \underline{\boldsymbol{f}}_u \end{bmatrix} \\ \text{erw}\ \tilde{\underline{\boldsymbol{f}}} &= \underline{0} \\ \text{var}\ \tilde{\underline{\boldsymbol{f}}} &= \boldsymbol{I}_{K+L} \quad . \end{aligned}$$

Eine Abwandlung von FARKAS' Lemma besagt, daß

entweder ein $\underline{\boldsymbol{x}}$ mit

$$\underline{\boldsymbol{x}}'[\underline{1}\ \boldsymbol{B}\ \boldsymbol{T}] = \underline{0}' \quad \text{und} \quad \underline{\boldsymbol{x}}'\,\underline{\boldsymbol{\mu}} = 1$$

oder r_0 , $\underline{\boldsymbol{r}}_1 = [r_{11}, \ldots, r_{1K}]$ und $\underline{\boldsymbol{r}}_2 = [r_{21}, \ldots, r_{2L}]$ mit

$$\underline{\boldsymbol{\mu}} = r_0\,\underline{1} + \boldsymbol{B}\,\underline{\boldsymbol{r}}_1 + \boldsymbol{T}\,\underline{\boldsymbol{r}}_2$$

existiert [MANTEUFFEL/SEIFFART/VETTERS, 1978, S. 128, Satz 3.19].

Für die Varianz eines Portefeuilles gilt

$$\begin{aligned} \text{var}\ \underline{\boldsymbol{x}}'\underline{\boldsymbol{R}} &= \text{var}\ \underline{\boldsymbol{x}}'(\underline{\boldsymbol{\mu}} + \boldsymbol{B}\,\underline{\boldsymbol{f}} + \underline{e}) \\ &= \underline{\boldsymbol{x}}'\,\boldsymbol{B}\,\boldsymbol{B}'\,\underline{\boldsymbol{x}} + \underline{\boldsymbol{x}}'\,\boldsymbol{\Omega}\,\underline{\boldsymbol{x}} \\ &= \underline{\boldsymbol{x}}'\,\boldsymbol{B}\,\boldsymbol{B}'\,\underline{\boldsymbol{x}} + \underline{\boldsymbol{x}}'\,\boldsymbol{T}\boldsymbol{T}'\,\underline{\boldsymbol{x}} \quad . \end{aligned}$$

---

[1] Die Matrix $\boldsymbol{T}$ ist allerdings nicht eindeutig [vgl. die Erläuterungen zu Gleichung (2.2.1.-3)].

Daher bedeutet die Existenz eines $\underline{x}$ mit

$$\underline{x}'[\underline{1}\ \boldsymbol{B}\ \boldsymbol{T}] = \underline{0}' \quad \text{und} \quad \underline{x}'\underline{\mu} = 1$$

Arbitrage, denn das Portefeuille $\underline{x}$ ist ein risikoloses Arbitragefortefeuille mit positivem Gewinn. Dies steht im Widerspruch zur Arbitragefreiheit. Deshalb muß bei Arbitragefreiheit gelten:

$$\underline{\mu} = r_0\,\underline{1} + \boldsymbol{B}\,\underline{r}_1 + \boldsymbol{T}\,\underline{r}_2 \quad . \qquad (3.4.1.-1)$$

Ist die Matrix $\boldsymbol{T}$ festgelegt, dann existieren für die Größen $r_0, \underline{r}_1$ und $\underline{r}_2$ eindeutige Werte, falls die Matrix $[\underline{1}\ \boldsymbol{B}\ \boldsymbol{T}]$ vollen Spaltenrang besitzt:

$$\text{rg}\ [\underline{1}\ \boldsymbol{B}\ \boldsymbol{T}] = 1 + K + L \quad .$$

Da $[\underline{1}\ \boldsymbol{B}\ \boldsymbol{T}]$ eine $N \times (1 + K + L)$-dimensionale Matrix ist, muß bei eindeutigen Werten

$$M < N$$

gelten wegen

$$K + L = \text{rg}\ [\boldsymbol{B}\ \boldsymbol{T}] = \text{rg}\ \left([\boldsymbol{B}\ \boldsymbol{T}] \begin{bmatrix} \boldsymbol{B}' \\ \boldsymbol{T}' \end{bmatrix}\right)$$

$$= \text{rg}\ (\boldsymbol{B}\,\boldsymbol{B}' + \boldsymbol{T}\,\boldsymbol{T}') = \text{rg}\ \boldsymbol{\Sigma} = M \quad .$$

Existieren eindeutige Werte für $r_0, \underline{r}_1$ und $\underline{r}_2$, so lassen sie sich interpretieren, wenn verschiedene Portefeuilles betrachtet werden.
Existiert ein Portefeuille mit

$$\underline{x}_0'\,\underline{1} = 1$$

und

$$\text{var}\ \underline{x}_0'\,\underline{\boldsymbol{R}} = 0 \quad ,$$

so hat dieses Portefeuille einen erwarteten Gewinn von

$$\underline{\boldsymbol{x}}_0^{'} \underline{\boldsymbol{\mu}} = r_0 \quad .$$

Dies gilt, da $\boldsymbol{B}\,\boldsymbol{B}^{'}$ und $\boldsymbol{T}\boldsymbol{T}^{'}$ symmetrische, positiv semidefinite oder positiv definite Matrizen sind, und daher aus

$$\begin{aligned} 0 &= \operatorname{var} \underline{\boldsymbol{x}}_0^{'} \underline{\boldsymbol{R}} \\ &= \underline{\boldsymbol{x}}_0^{'} \boldsymbol{B}\boldsymbol{B}^{'} \underline{\boldsymbol{x}}_0 + \underline{\boldsymbol{x}}_0^{'} \boldsymbol{T}\boldsymbol{T}^{'} \underline{\boldsymbol{x}}_0 \end{aligned}$$

folgt, daß

$$\underline{\boldsymbol{x}}_0^{'} \boldsymbol{B}\,\boldsymbol{B}^{'} \underline{\boldsymbol{x}}_0 = 0 \quad \text{und} \quad \underline{\boldsymbol{x}}_0^{'} \boldsymbol{T}\boldsymbol{T}^{'} \underline{\boldsymbol{x}}_0 = 0$$

und daher

$$\underline{\boldsymbol{x}}_0^{'} \boldsymbol{B} = \underline{0}^{'} \quad \text{und} \quad \underline{\boldsymbol{x}}_0^{'} \boldsymbol{T} = \underline{0}^{'}$$

gilt.

Das Portefeuille $\underline{\boldsymbol{x}}_0$ ist eine risikolose Anlage, und daher muß bei Existenz einer sicheren Anlage gelten

$$r_0 = r_f \quad .$$

Eine Portefeuille $\underline{\boldsymbol{x}}$ mit

$$\begin{aligned} \underline{\boldsymbol{x}}^{'} \underline{1} &= 1 \\ \underline{\boldsymbol{x}}^{'} \boldsymbol{B} &= [1\ 0\ \ldots 0] \\ \underline{\boldsymbol{x}}^{'} \boldsymbol{T} &= \underline{0}^{'} \end{aligned}$$

hat eine erwartete Rendite von

$$\underline{\boldsymbol{x}}^{'} \underline{\boldsymbol{\mu}} = r_0 + r_{11} \quad .$$

Für ein Portefeuille, das nur eine Einheit des mit Faktor 1 verbundenen Risikos enthält, ergibt sich eine erwartete Rendite von $r_0 + r_{11}$. Das Entgelt für die risikolose Anlage ist r_0, mit r_{11} wird das Risiko des Faktors 1 entlohnt. Durch entsprechende Portefeuilles erhält man die gleichen Resultate für die übrigen Faktoren und die unsystematischen Risiken. $\underline{r}_1$ bzw. $\underline{r}_2$ bezeichnet man daher als Risikopreisvektoren für die systematischen bzw. unsystematischen Risiken. Die Matrix $\boldsymbol{B}$ enthält die Koeffizienten b_{ik}, die die Abhängigkeit der Rendite i $(i = 1, \ldots, N)$ von Faktor k $(k = 1, \ldots, K)$ angeben. Die Matrix $\boldsymbol{T}$ enthält die Koeffizienten der unsystematischen Risiken. Die Erwartungswerte μ_i $(i = 1, \ldots, N)$ ergeben sich als Summe der Rendite r_0 für die risikolose Anlage, den systematischen Risikoprämien $b_{ik}\ p_{ik}$ $(k = 1, \ldots, K)$ und den unsystematischen Risikoprämien $t_{il}\ r_{2L}$ $(l = 1, \ldots, L)$.

Wird

$$\underline{\mu} = r_0\ \underline{1} + \boldsymbol{B}\ \underline{r}_1 + \boldsymbol{T}\ \underline{r}_2 \qquad (3.4.1.-1)$$

in

$$\underline{\boldsymbol{R}} = \underline{\mu} + \boldsymbol{B}\ \underline{f} + \boldsymbol{T}\ \underline{f}_u$$

eingesetzt, dann ergibt sich

$$\underline{\boldsymbol{R}} = r_0\ \underline{1} + \boldsymbol{B}(\underline{r}_1 + \underline{f}) + \boldsymbol{T}(\underline{r}_2 + \underline{f}_u) \quad . \qquad (3.4.1.-2)$$

Für den Renditevektor ergibt sich eine ähnliche Struktur wie für den Erwartungsvektor. Eine Wertpapierrendite ist die Summe aus r_0, den K systematischen und den L unsystematischen Risikoprämien. Im Gegensatz zu dem Faktormodell, das die Abweichungen des Renditevektors von seinem Erwartungsvektor durch Risiken erklärt, die Erwartungswert Null besitzen, wird hier der Renditevektor durch die nichtzentrierten Risiken $(\underline{r}_1 + \underline{f})$ und $(\underline{r}_2 + \underline{f}_u)$ dargestellt.

Besitzt die Matrix $[\underline{1}\ \boldsymbol{B}\ \boldsymbol{T}]$ keinen vollen Spaltenrang, dann lassen sich $(1 + K + L - \text{rg}\ [\underline{1}\ \boldsymbol{B}\ \boldsymbol{T}])$ Spalten als Linearkombinationen der übrigen Spalten darstellen. Die entsprechenden Variablen von $[r_0\ \underline{r}_1'\ \underline{r}_2']$ sind frei wählbar. Zwei Beispiele sollen aufgrund ihrer ökonomischen Konsequenzen dargestellt werden.

Beispiel 3.4.1.-B1

Läßt sich der Vektor $\underline{1}$ schreiben als

$$\underline{1} = \boldsymbol{B}\,\underline{\boldsymbol{z}}_1 + \boldsymbol{T}\,\underline{\boldsymbol{z}}_2 \qquad (3.4.1.-2)$$

wobei $\underline{\boldsymbol{z}}_1$ ein K-dimensionaler und $\underline{\boldsymbol{z}}_2$ ein L-dimensionaler Vektor ist, dann ergibt sich für den Erwartungsvektor $\underline{\boldsymbol{\mu}}$

$$\begin{aligned}\underline{\boldsymbol{\mu}} &= r_0(\boldsymbol{B}\,\underline{\boldsymbol{z}}_1 + \boldsymbol{T}\,\underline{\boldsymbol{z}}_2) + \boldsymbol{B}\,\underline{\boldsymbol{r}}_1 + \boldsymbol{T}\,\underline{\boldsymbol{r}}_2 \\ &= \boldsymbol{B}(r_0\,\underline{\boldsymbol{z}}_1 + \underline{\boldsymbol{r}}_1) + \boldsymbol{T}(r_0\,\underline{\boldsymbol{z}}_2 + \underline{\boldsymbol{r}}_2) \\ &= \boldsymbol{B}\,\underline{\boldsymbol{r}}_1^* + \boldsymbol{T}\,\underline{\boldsymbol{r}}_2^*\end{aligned}$$

mit

$$\underline{\boldsymbol{r}}_1^* := r_0\,\underline{\boldsymbol{z}}_1 + \underline{\boldsymbol{r}}_1 \qquad (3.4.1.-3a)$$

$$\underline{\boldsymbol{r}}_2^* := r_0\,\underline{\boldsymbol{z}}_2 + \underline{\boldsymbol{r}}_2 \quad . \qquad (3.4.1.-3b)$$

Wenn

$$\text{rg}\;[\boldsymbol{B}\;\;\boldsymbol{T}] = K + L \quad ,$$

dann sind $\underline{\boldsymbol{r}}_1^*$ und $\underline{\boldsymbol{r}}_2^*$ eindeutig festgelegt. Allerdings sind aus (3.4.1.-3) die Größen $r_0, \underline{\boldsymbol{r}}_1$ und $\underline{\boldsymbol{r}}_2$ nicht identifizierbar. Nur wenn eine Größe festgelegt wird, können die restlichen bestimmt werden.

Ökonomisch bedeutet (3.4.1.-2), daß jedes risikolose Portefeuille ein Arbitrageportefeuille ist. Dies ist beispielsweise der Fall, wenn die Kovarianzmatrix $\boldsymbol{\Omega}$ und damit die Kovarianzmatrix $\boldsymbol{\Sigma}$ nichtsingulär ist, und daher nur das risikolose Portefeuille $\underline{\boldsymbol{x}} = \underline{\boldsymbol{0}}$, das ein Arbitrageportefeuille ist, existiert. Eine risikolose Anlage ist daher nicht möglich. Aufgrund der beobachtbaren Renditen kann r_0 nicht identifiziert werden.

Beispiel 3.4.1.-B2

In diesem Beispiel soll gezeigt werden, daß sich aufgrund der fehlenden Eindeutigkeit ein Resultat ergeben kann, das oberflächlich betrachtet der von ROSS (1977, S. 197) angestrebten Bewertung der erwarteten Überschußrenditen durch die systematischen Risikoprämien entspricht. Anhand eines speziellen Portefeuilles wird gezeigt, daß in den Größen, die als systematische Risikoprämien erscheinen, die unsystematischen Risikoprämien enthalten sind.

Gilt

$$\boldsymbol{T} = \underline{\mathbf{1}}\, \underline{\boldsymbol{z}}' + \boldsymbol{B}\, \boldsymbol{Z} \quad , \qquad (3.4.1.-4)$$

wobei $\underline{\boldsymbol{z}}$ ein vom Nullvektor verschiedener L-dimensionaler Vektor und $\boldsymbol{Z}$ eine $(K \times L)$-dimensionale Matrix ist, dann gilt für den Erwartungsvektor $\underline{\boldsymbol{\mu}}$

$$\begin{aligned} \underline{\boldsymbol{\mu}} &= r_0\, \underline{\mathbf{1}} + \boldsymbol{B}\, \underline{\boldsymbol{r}}_1 + (\underline{\mathbf{1}}\, \underline{\boldsymbol{z}}' + \boldsymbol{B}\, \boldsymbol{Z})\underline{\boldsymbol{r}}_2 \\ &= \underline{\mathbf{1}}(r_0 + \underline{\boldsymbol{z}}'\, \underline{\boldsymbol{r}}_2) + \boldsymbol{B}(\underline{\boldsymbol{r}}_1 + \boldsymbol{Z}\, \underline{\boldsymbol{r}}_2) \\ &= r_0^*\, \underline{\mathbf{1}} + \boldsymbol{B}\, \underline{\boldsymbol{r}}_1^* \end{aligned}$$

mit

$$r_0^* := r_0 + \underline{\boldsymbol{z}}'\, \underline{\boldsymbol{r}}_2 \qquad (3.4.1.-5a)$$

$$\underline{\boldsymbol{r}}_1^* := \underline{\boldsymbol{r}}_1 + \boldsymbol{Z}\, \underline{\boldsymbol{r}}_2 \qquad (3.4.1.-5b) \quad .$$

Der Erwartungsvektor $\underline{\boldsymbol{\mu}}$ ist eine Linearkombination aus dem Vektor mit der Konstanten r_0^* und dem Vektor der Risikoprämien, die das Produkt aus der Faktorladungsmatrix $\boldsymbol{B}$ und dem Preisvektor $\underline{\boldsymbol{r}}_1^*$ sind.

Die für (3.4.1.-1) bei eindeutiger Lösbarkeit gültige Interpretation ist hier allerdings nicht gültig.

Ein Portefeuille $\underline{\boldsymbol{x}}$ mit

$$\begin{aligned} \underline{\boldsymbol{x}}' \underline{\mathbf{1}} &= 1 \\ \underline{\boldsymbol{x}}' \boldsymbol{B} \boldsymbol{B}' \underline{\boldsymbol{x}} &= 0 \\ \underline{\boldsymbol{x}}' \boldsymbol{\Omega} \underline{\boldsymbol{x}} &= \underline{\boldsymbol{x}}' \boldsymbol{T} \boldsymbol{T}' \underline{\boldsymbol{x}} \\ &= \underline{\boldsymbol{x}}' (\underline{\mathbf{1}}\, \underline{\boldsymbol{z}}' + \boldsymbol{B}\, \boldsymbol{Z})(\underline{\boldsymbol{z}}\, \underline{\mathbf{1}}' + \boldsymbol{Z}'\, \boldsymbol{B}')\, \underline{\boldsymbol{x}} \\ &= \underline{\boldsymbol{z}}'\, \underline{\boldsymbol{z}} \\ &\neq 0 \end{aligned}$$

besitzt einen erwarteten Gewinn von

$$\underline{\boldsymbol{x}}' \underline{\boldsymbol{\mu}} = r_0^* \quad .$$

r_0^* ist daher nicht die Rendite für eine risikolose Anlage, sondern die Rendite eines Portefeuilles ohne systematisches Risiko, entsprechend ist $\underline{\boldsymbol{r}}_1^*$ nicht mehr der Preisvektor für die systematischen Risiken.
Für die unsystematischen Risikoprämien tritt der von FRANKE (1984, S. 110) angesprochene Fall ein: "If the residual factors affect these premia, then they affect also the pricing of assets".
Dabei sind wegen (3.4.1.-5) die unsystematischen Risikoprämien nicht identifizierbar.

(2) Arbitragemodelle mit SFM

Für die Störvariablen wird angenommen, daß sie unkorreliert sind. Die Kovarianzmatrix $\boldsymbol{\Omega}$ ist daher eine Diagonalmatrix. Sie kann geschrieben werden als

$$\begin{aligned} \boldsymbol{\Omega} &= \text{diag } \{\omega_1^2, \ldots, \omega_N^2\} \\ &= (\text{diag } \{\omega_1, \ldots, \omega_N\})(\text{diag } \{\omega_1, \ldots, \omega_N\}) \\ &= \boldsymbol{\Omega}^+ \boldsymbol{\Omega}^+ \end{aligned}$$

mit

$$\boldsymbol{\Omega}^+ := \text{diag } \{\omega_1, \ldots, \omega_N\} \quad .$$

Für die erwarteten Renditen gilt nach (3.4.1.-1)

$$\underline{\mu} \quad = \quad r_0\, \underline{1} + \boldsymbol{B}\, \underline{r}_1 + \boldsymbol{\Omega}^+\, \underline{r}_2 \quad .$$

Die Beeinflussung der systematischen Risiken ist hier deutlich erkennbar. Je höher die Standardabweichung der Störvariablen, desto größer ist der Einfluß der unsystematischen Risiken auf die erwarteten Renditen. Allerdings gilt auch hier, daß die Darstellung der Kovarianzmatrix $\boldsymbol{\Omega}$ durch die Matrix $\boldsymbol{\Omega}^+$ nicht eindeutig ist. Damit bleibt bei den unsystematischen Risikomaßen eine Freiheit zu wählen.

Das Resultat eines Arbitragemodells mit SFM stimmt mit dem Resultat eines Arbitragemodells mit AFM überein. Dies beruht auf den in Kapitel 2 analysierten Zusammenhängen. Dort wurde gezeigt, daß ein Zufallsvektor mit beliebiger Kovarianzmatrix als Linearkombination eines standardisierten Zufallsvektors dargestellt werden kann. Daher kann sowohl ein Störvektor $\underline{e}$ des SFM als auch des AFM mittels eines standardisierten Zufallsvektors dargestellt werden. Ein ähnliches Ergebnis zeigten GRINBLATT/TITMAN (1985, S. 1367): "First, we show that any economy that satisfies an approximate factor structure can be transformed, in a manner that does not alter the characteristics of investor portfolios, in an economy that satisfies an exact factor structure, as defined by ROSS [9]."
Unser Ansatz führt diesen Gedanken konsequent fort. Während GRINBLATT/TITMAN ein AFM in ein SFM überführen, transformieren wir ein AFM bzw. ein SFM in ein FOS. Das FOS ermöglicht dann, das exakte Resultat abzuleiten.

(3) Arbitragemodell mit FOS

Im FOS gilt

$$\boldsymbol{\Omega} \quad = \quad \mathbf{0} \quad .$$

Daher ergibt sich für den Erwartungsvektor

$$\underline{\mu} \quad = \quad r_0\, \underline{1} + \boldsymbol{B}\, \underline{r}_1 \qquad (3.4.1. - 6)$$

und für den Renditevektor

$$\underline{R} \; = \; r_0 \, \underline{1} + B(\underline{r}_1 + \underline{f}) \quad . \qquad (3.4.1.-7)$$

Die Struktur der Renditen läßt sich durch die risikolose Rendite und die systematischen Risikoprämien beschreiben. Falls keine risikolose Anlage existiert, dann sind die Größen r_0 und $\underline{r}_1$ nicht eindeutig festgelegt (vgl. Beispiel 3.4.1.-B1).

Wie in Kapitel 2 gezeigt, entspricht die Anzahl der Faktoren im FOS der Anzahl stochastisch linear unabhängiger Renditen, so daß $K = M$ gilt. Die Anzahl der Risikoprämien in einem Arbitragemodell mit FOS entspricht daher der Anzahl der Risikoprämien des Arbitragemodells ohne Faktormodellannahme in Punkt 3.2.1. Ein Vergleich von (3.2.1.-3a) und (3.4.1.-6) ergibt

$$B \, \underline{r}_1 \; = \; A(\underline{\mu}_1 - r_0 \, \underline{1})$$

mit

$$A \; = \; \begin{bmatrix} I_M \\ A_* \end{bmatrix} \qquad \text{und} \qquad B \; = \; \begin{bmatrix} B_1 \\ B_2 \end{bmatrix} \quad ,$$

wobei B_1 eine nichtsinguläre $(K \times K)$-Matrix ist [1]. Daher gilt

$$\begin{aligned} \underline{r}_1 &= B_1^{-1}(\underline{\mu}_1 - r_0 \, \underline{1}) \quad , \\ A_* &= B_2 \, B_1^{-1} \\ \underline{f} &= B_1^{-1}(\underline{R}_1 - \underline{\mu}_1) \quad . \end{aligned}$$

(3.4.1.-6) ist eine Transformation von (3.2.1.-3a) wie sie in Beispiel 3.2.2.-B1 beschrieben wurde.

Im Arbitragemodell mit FOS erfolgt die Bewertung im Gegensatz zu den Arbitragemodellen mit AFM oder SFM ausschließlich durch systematische Risikoprämien.

---

[1] Es gilt $\underline{R}_1 = \underline{\mu}_1 + B_1 \, \underline{f}$. Da var $\underline{R}_1 = B_1 \, B_1'$ die Kovarianzmatrix stochastisch linear unabhängiger Renditen ist, muß sie nichtsingulär sein. Deshalb ist auch B_1 nichtsingulär.

Dies resultiert aus der Tatsache, daß für die Störvariablen in einem FOS fast sicher gilt

$$\underline{e} = \underline{0} .$$

Allerdings stellt sich die Frage, welche Aussagen sich durch die Faktormodellannahme ergeben, die ohne sie nicht möglich wären. Das in 3.2.1. beschriebene Arbitragemodell führt ohne die Faktormodellannahme zu einem vergleichbaren Resultat. Die Annahme des FOS ergibt lediglich eine Transformation des bereits bekannten Ergebnisses. Ein Arbitragemodell mit FOS würde zu interessanten ökonomischen Erkenntnissen führen, wenn die Faktoren ökonomische Größen repräsentieren würden. Daher ist ROLL/ROSS (1980, S. 1077) nicht zuzustimmen, wenn sie behaupten: "What are the common or systematic factors? This question is equivalent to asking what causes the particular values of covariance terms in the CAPM."

3.4.2. Bedingungen für die ausschließliche Bewertung durch systematische Risikoprämien

Bei Annahme eines AFM oder eines SFM ergab sich für den Erwartungsvektor

$$\underline{\mu} = r_0 \, \underline{1} + \boldsymbol{B} \, \underline{r}_1 + \boldsymbol{T} \, \underline{r}_2$$

bzw. für den Renditevektor

$$\underline{\boldsymbol{R}} = r_0 \, \underline{1} + \boldsymbol{B}(\underline{r}_1 + \underline{f}) + \boldsymbol{T}(\underline{r}_2 + \underline{f}_u) .$$

In diesem Punkt sollen Bedingungen formuliert werden, die eine Bewertung allein durch systematische Risikoprämien erlauben. Diese Bedingungen sollen garantieren, daß exakte Arbitragebewertung vorliegt:

$$\underline{\mu} = r_0 \, \underline{1} + \boldsymbol{B} \, \underline{r}_1 . \qquad (3.4.2. - 1)$$

Exakte Arbitragebewertung bedeutet zusätzlich, daß der in Beispiel 3.4.1.-B2 beschriebene Effekt - die nicht erkennbare Beeinflussung der systematischen Risikopreise durch die unsystematische Risiken - nicht eintritt.
Exakte Arbitragebewertung verlangt

$$\boldsymbol{T}\,\underline{\boldsymbol{r}}_2 \quad = \quad \underline{0} \quad .$$

Da $\boldsymbol{T}$ eine Matrix mit vollem Spaltenrang ist, muß

$$\underline{\boldsymbol{r}}_2 \quad = \quad \underline{0}$$

gelten. Die Risikopreise für unsystematische Risiken sind gleich Null. Es ist nicht möglich, daß die Risikopreise von Null verschieden sind und die mit den Riskomaßen gewichtete Summe der unsystematischen Risikopreise gleich Null ist.

Wir zeigen, daß die Existenz eines effizienten Portefeuilles, dessen Risikoprämien zur Bewertung geeignet sind (vgl. Punkt 3.3.1.), mit

(i) $$\underline{\boldsymbol{x}}_e^{'}\,\underline{\boldsymbol{e}} \quad = \quad 0 \qquad (3.4.2.\text{-}2a)$$

(ii) $$\operatorname{cov}\;[\underline{\boldsymbol{e}}, U^*(R_e)] \quad = \quad \underline{0} \quad , \qquad (3.4.2.\text{-}2b)$$

die exakte Arbitragebewertung garantiert. (3.4.2.-2a) bedeutet, daß das effiziente Portefeuille $\underline{\boldsymbol{x}}_e$ vollständig diversifiziert ist, d.h. kein unsystematisches Risiko besitzt. (3.4.2.-2b) verlangt, daß zwischen dem Störvektor und dem Grenznutzen des Portefeuilles $\underline{\boldsymbol{x}}_e$ keine Korrelation vorliegt.
Nach (3.3.1.-3) gilt bei Existenz einer risikolosen Anlage für den Erwartungsvektor

$$\underline{\boldsymbol{\mu}} \quad = \quad r_0\,\underline{\mathbf{1}} + (\mu_e - r_0)\,\underline{\boldsymbol{\beta}}_e$$

und nach (3.3.1.-6)

$$\underline{\boldsymbol{\mu}} \quad = \quad \mu_z\,\underline{\mathbf{1}} + (\mu_e - \mu_z)\,\underline{\boldsymbol{\beta}}_e \quad ,$$

wenn ein Portefeuille $\underline{x}_z$ existiert, dessen auf das effiziente Portefeuille bezogene Risikomaß gleich Null ist.

Für den Vektor $\underline{\beta}_e$ der Risikomaße ergibt sich unter Berücksichtigung des Faktormodells und der Beziehung

$$\underline{e} \quad = \quad \boldsymbol{T}\, \underline{f}_u \quad ,$$

daß gilt

$$\begin{aligned} \underline{\beta}_e &= \frac{\text{cov}\ [\underline{R}, U^*(R_e)]}{\text{cov}\ [R_e, U^*(R_e)]} \\ &= \frac{\text{cov}\ [\underline{\mu} + \boldsymbol{B}\ \underline{f} + \underline{e}, U^*(r_e)]}{\text{cov}\ [R_e, U^*(R_e)]} \\ &= \boldsymbol{B}\ \frac{\text{cov}\ [\underline{f}, U^*(R_e)]}{\text{cov}\ [R_e, U^*(R_e)]} + \boldsymbol{T}\ \frac{\text{cov}\ [\underline{f}_u, U^*(R_e)]}{\text{cov}\ [R_e, U^*(R_e)]} \quad . \end{aligned}$$

Im Falle der Existenz einer risikolosen Anlage gilt

$$r_0 \quad = \quad \frac{\text{erw}\ [R_e \cdot U^*(R_e)]}{\text{erw}\ [U^*(R_e)]}$$

und somit

$$\begin{aligned} \text{cov}\ [R_e, U^*(R_e)] &= \text{erw}\ [R_e \cdot U^*(R_e)] - \mu_e \cdot \text{erw}\ [U^*(R_e)] \\ &= (r_0 - \mu_e)\ \text{erw}\ [U^*(R_e)] \quad . \end{aligned}$$

(3.3.1.-3) läßt sich daher schreiben als

$$\underline{\mu} \quad = \quad r_0\ \underline{1} + \boldsymbol{B} \left(-\frac{\text{cov}\ [\underline{f}, U^*(R_e)]}{\text{erw}\ [U^*(R_e)]} \right) + \boldsymbol{T} \left(-\frac{\text{cov}\ [\underline{f}_u, U^*(R_e)]}{\text{erw}\ [U^*(R_e)]} \right) \quad .$$

Ohne risikolose Anlage gilt bei Existenz des Portefeuilles $\underline{x}_z$ wegen

$$\mu_z \quad = \quad \frac{\text{erw}\ [R_e \cdot U^*(R_e)]}{\text{erw}\ [U^*(R_e)]}$$

daß sich (3.3.1.-6) schreiben läßt als

$$\underline{\mu} = \mu_z \, \underline{1} + \boldsymbol{B} \left(- \frac{\text{cov} \; [\underline{f}, U^*(R_e)]}{\text{erw} \; [U^*(R_e)]} \right) + \boldsymbol{T} \left(- \frac{\text{cov} \; [\underline{f}_u, U^*(R_e)]}{\text{erw} \; [U^*(R_e)]} \right) \quad .$$

Ein Arbitragemodell mit Faktormodellannahme ergab

$$\underline{\mu} = r_0 \, \underline{1} + \boldsymbol{B} \, \underline{r}_1 + \boldsymbol{T} \, \underline{r}_2 \quad .$$

Existiert keine risikolose Anlage, dann kann r_0 frei gewählt werden, also auch

$$r_0 = \mu_z \quad .$$

Sowohl der Vergleich von

$$\underline{\mu} = r_0 \, \underline{1} + \boldsymbol{B} \, \underline{r}_1 + \boldsymbol{T} \, \underline{r}_2$$

mit

$$\underline{\mu} = r_0 \, \underline{1} + \boldsymbol{B} \left(- \frac{\text{cov} \; [\underline{f}, U^*(R_e)]}{\text{erw} \; [U^*(R_e)]} \right) + \boldsymbol{T} \left(- \frac{\text{cov} \; [\underline{f}_u, U^*(R_e)]}{\text{erw} \; [U^*(R_e)]} \right)$$

als auch der Vergleich von

$$\underline{\mu} = \mu_z \, \underline{1} + \boldsymbol{B} \, \underline{r}_1 + \boldsymbol{T} \, \underline{r}_2$$

mit

$$\underline{\mu} = \mu_z \, \underline{1} + \boldsymbol{B} \left(- \frac{\text{cov} \; [\underline{f}, U^*(R_e)]}{\text{erw} \; [U^*(R_e)]} \right) + \boldsymbol{T} \left(- \frac{\text{cov} \; [\underline{f}_u, U^*(R_e)]}{\text{erw} \; [U^*(R_e)]} \right)$$

ergibt in beiden Fällen

$$\underline{r}_1 = - \frac{\text{cov} \; [\underline{f}, U^*(R_e)]}{\text{erw} \; [U^*(R_e)]}$$

und

$$\underline{r}_2 = - \frac{\text{cov} \; [\underline{f}_u, U^*(R_e)]}{\text{erw} \; [U^*(R_e)]} \quad .$$

Der Vektor $\underline{r}_2$, der als Vektor der systematischen Risikopreise interpretiert werden kann, ergibt sich durch die Kovarianz der gemeinsamen Faktoren mit dem Grenznutzen eines effizienten Portefeuilles, dividiert durch den erwarteten Grenznutzen des effizienten Portefeuilles.
Der Vektor $\underline{r}_2$ der unsystematischen Risikopreise ist die Kovarianz der den Störvariablen zugrundeliegenden Faktoren mit dem Grenznutzen des effizienten Portefeuilles dividiert durch den erwarteten Grenznutzen des effizienten Portefeuilles.
Aus Bedingung (3.4.2.-2b) folgt

$$\text{cov} \; [\underline{f}_u, U^*(R_e)] \quad = \quad \underline{0}$$

und daher

$$\underline{r}_2 \quad = \quad \underline{0} \quad .$$

Bedingung (3.4.2.-2a) verlangt, daß das effiziente Portefeuille vollständig diversifiziert ist. Daher wird der Grenznutzen des effizienten Portefeuilles und damit auch der Preisvektor $\underline{r}_1$ nicht von den unsystematischen Risiken beeinflußt.
Die Existenz eines effizienten Portefeuilles, das vollständig diversifiziert ist und dessen Grenznutzen keine Korrelation mit den Störvariablen aufweist, garantiert somit die von ROSS (1976, 1977) angestrebte exakte Arbitragebewertung.

Abschließend erfolgt ein Vergleich von (3.4.2.-2) mit Bedingungen, die

- CHEN/INGERSOLL (1983) erstmals für die ausschließliche Bewertung durch systematische Risikoprämien formuliert haben,
- CONNOR (1984) in ähnlicher Form in einem Gleichgewichtsmodell verwendet,
- FRANKE (1984) für $(\mu - \sigma)$-effiziente Portefeuilles fordert.

CHEN/INGERSOLL zeigen für ein Arbitragemodell mit Faktormodellannahme, daß die Bewertung ausschließlich durch systematische Risikoprämien erfolgt, wenn zusätzlich ein effizientes Portefeuille $\underline{x}_e$ existiert mit:

$$\text{(i)} \qquad \underline{\boldsymbol{x}}_e^{'} \, \underline{e} = 0 \qquad (3.4.2.\text{-}3a)$$

$$\text{(ii)} \qquad \text{erw } [\underline{e}|\underline{\boldsymbol{f}}] = \underline{0} \; . \qquad (3.4.2.\text{-}3b)$$

Die Bedingung (3.4.2.-3a) ist identisch mit der Bedingung (3.4.2.-2a), die vollständige Diversifikation für ein effizientes Portefeuille fordert.
Aus

$$\text{erw } [\underline{e}|\underline{\boldsymbol{f}}] = \underline{0}$$

folgt Bedingung (3.4.2.-2b), da

$$\begin{aligned} \text{cov } [\underline{e}, U^*(R_e)] &= \text{erw } [\underline{e} \cdot U^*(\mu_e + \underline{\boldsymbol{x}}_e^{'} \, \boldsymbol{B} \, \underline{\boldsymbol{f}})] \\ &= \text{erw } [\text{erw } [\underline{e} \cdot U^*(\mu_e + \underline{\boldsymbol{x}}_e^{'} \, \boldsymbol{B} \, \underline{\boldsymbol{f}})|\underline{\boldsymbol{f}}]] \\ &= \text{erw } [\text{erw } [(\underline{e}|\underline{\boldsymbol{f}}) \cdot (U^*(\mu_e + \underline{\boldsymbol{x}}_e^{'} \, \boldsymbol{B} \, \underline{\boldsymbol{f}})|\underline{\boldsymbol{f}})]] \\ &= \text{erw } [U^*(\mu_e + \underline{\boldsymbol{x}}_e^{'} \, \boldsymbol{B} \, \underline{\boldsymbol{f}}) \cdot \text{erw } [\underline{e}|\underline{\boldsymbol{f}}]] \\ &= \underline{0} \; . \end{aligned}$$

Die von CHEN/INGERSOLL (1983, S. 985) formulierte Bedingung ist daher in Bedingung (3.4.2.-2) enthalten.

Die von CONNOR in einem Gleichgewichtsmodell verwendete Bedingung läßt sich in einem Arbitragemodell folgendermaßen ausdrücken:

(i) Zu jedem Portefeuille $\underline{\boldsymbol{x}}$ existiert ein vollständig diversifiziertes Portefeuille $\underline{\boldsymbol{x}}_d$, d.h. ein Portefeuille ohne unsystematisches Risiko, für das gilt

$$\begin{aligned} \underline{\boldsymbol{x}}_d^{'} \, \underline{e} &= 0 \\ \underline{\boldsymbol{x}}_d^{'} \, \boldsymbol{B} &= \underline{\boldsymbol{x}}^{'} \, \boldsymbol{B} \qquad (3.4.2. - 4a) \\ (1 - \underline{\boldsymbol{x}}_d^{'} \, \underline{\boldsymbol{1}}) r_0 + \underline{\boldsymbol{x}}_d^{'} \, \underline{\boldsymbol{\mu}} &= (1 - \underline{\boldsymbol{x}}^{'} \, \underline{\boldsymbol{1}}) r_0 + \underline{\boldsymbol{x}}^{'} \, \underline{\boldsymbol{\mu}} \end{aligned}$$

$$\text{(ii)} \qquad \text{erw } [\underline{e}|\underline{\boldsymbol{f}}] = \underline{0} \; . \qquad (3.4.2.\text{-}4b)$$

Aus (3.4.2.-4a) folgt, daß die effizienten Portefeuilles vollständig diversifiziert sind [CONNOR, 1984, S. 21]. Daher folgt aus (3.4.2.-4a), daß Bedingung (3.4.2.-2a) erfüllt ist. Bedingung (3.4.2.-4b) ist identisch mit (3.4.2.-3b) und daher beinhaltet (3.4.2.-4b), daß die Bedingung (3.4.2.-2b)

$$\text{cov}\ [\underline{e}, U^*(R_e)] \quad = \quad \underline{0}$$

gilt.

Die von CONNOR (1984) verwendete Bedingung ist restriktiver als die für die exakte Arbitragebewertung notwendige Bedingung (3.4.2.-2). Das von CONNOR untersuchte Gleichgewichtsmodell erlaubt aber auch über die exakte Arbitragebewertung hinausgehende Aussagen.

FRANKE (1984) formuliert eine Bedingung für die ausschließliche Bewertung durch systematische Risikoprämien, wenn keine risikolose Anlage existiert. Er fordert, daß ein aus stochastisch linear unabhängigen Renditen gebildetes, $(\mu - \sigma)$-effizientes Portefeuille existiert, für das gilt:

(i) $$\underline{\boldsymbol{y}}_e^{'}\ \underline{e}_1 \quad = \quad 0 \qquad (3.4.2.\text{-}5a)$$

(ii) $$\underline{\boldsymbol{y}}_e \quad \neq \quad \underline{\boldsymbol{y}}_v .^{1)} \qquad (3.4.2.\text{-}5b)$$

Da

$$\begin{aligned} \underline{\boldsymbol{y}}_e^{'}\ \underline{e}_1 &= \underline{\boldsymbol{x}}_e^{'}\ \boldsymbol{A}\ \underline{e}_1 \\ &= \underline{\boldsymbol{x}}_e^{'}\ \underline{e} \end{aligned}$$

gilt, ist (3.4.2.-5a) eine (3.4.2.-2a) entsprechende Forderung. Da (3.4.2.-5) für ein $(\mu - \sigma)$-effizientes Portefeuille gelten muß, ist auch (3.4.2.-2b) erfüllt:

$$\begin{aligned} \text{cov}\ [\underline{e}, U^*(R_e)] &= \text{cov}\ [\underline{e}, a + 2b\, R_e] \\ &= 2b\ \text{cov}\ [\underline{e}, \underline{\boldsymbol{y}}_e^{'}\ \underline{\boldsymbol{\mu}}_1 + \underline{\boldsymbol{y}}_e^{'}\ \boldsymbol{B}_1\ \underline{\boldsymbol{f}}] \\ &= \underline{0}\ . \end{aligned}$$

---

1) Für die stochastisch linear unabhängigen Renditen gilt das SFM $\underline{R}_1 - \underline{\mu}_1 = B_1\, \underline{f} + \underline{e}_1$.

(3.4.2.-5b) garantiert, daß das vollständig diversifizierte Portefeuille $\underline{y}_e$ zur Darstellung

$$\underline{\mu} = \mu_z \, \underline{1} + (\mu_e - \mu_z) \, \underline{\beta}_e$$

geeignet ist.

Die von FRANKE (1984) formulierte Bedingung ist die Bedingung (3.4.2.-2) übertragen auf $(\mu - \sigma)$-effiziente Portefeuilles.

FRANKE hat darüberhinaus gezeigt, daß (3.4.2.-5) eine notwendige und hinreichende Bedingung ist. Das läßt eine interessante Folgerung zu. Ist die Kovarianzmatrix $\underline{\Omega}$ des Störvektors $\underline{e}$ nichtsingulär, so existiert kein vollständig diversifiziertes Portefeuille. Die Preise der unsystematischen Risiken sind von Null verschieden, d.h. die unsystematischen Risikoprämien beeinflussen die Bewertung der erwarteten Renditen. Im Falle eines SFM muß ein $(\mu - \sigma)$-effizientes Portefeuille existieren, das nur Wertpapiere ohne unsystematisches Risiko enthält, da aus

$$\begin{aligned} 0 &= \text{var} \; \underline{y}_e' \, \underline{e}_1 \\ &= \sum_{i=1}^{M} y_{e_i}^2 \, \omega_i^2 \end{aligned}$$

folgt, daß entweder $y_{e_i}^2 = 0$ oder $\omega_i^2 = 0 \quad (i = 1, \ldots, M)$ gilt. Das bedeutet, daß bei exakter Arbitragebewertung ein $(\mu - \sigma)$-effizientes Portefeuille existieren muß, das kein unsystematisches Risiko aufweist.

Beispiel 3.4.2.-B1

Dieses Beispiel behandelt ein spezielles Arbitragemodell, das zu demselben Ergebnis für die Renditen führt wie die noch zu behandelnden Gleichgewichtsmodelle. Für den Renditevektor gelte das in Punkt 2.4.1. beschriebene Marktmodell:

$$\underline{R} - \underline{\mu} = \underline{b}_M \, f_M + \underline{e}_M$$

mit

$$f_M = \frac{R_M - \mu_M}{\sigma_M} ,$$

$$\underline{\boldsymbol{b}}_M = \sigma_M \cdot \underline{\boldsymbol{\beta}}_M = \frac{\text{cov } [\underline{\boldsymbol{R}}, R_M]}{\sigma_M} .$$

Für den Faktor f_M und den Störvektor $\underline{\boldsymbol{e}}_M$ gilt:

$$\text{erw } f_M = \underline{\boldsymbol{0}}$$

$$\text{var } f_M = 1$$

$$\text{cov } [\underline{\boldsymbol{e}}_M, f_M] = \underline{\boldsymbol{0}}$$

$$\text{erw } \underline{\boldsymbol{e}}_M = \underline{\boldsymbol{0}}$$

$$\text{var } \underline{\boldsymbol{e}}_M = (\boldsymbol{I} - \underline{\boldsymbol{\beta}}_M \, \underline{\boldsymbol{x}}_M') \, \boldsymbol{\Sigma} \, (\boldsymbol{I} - \underline{\boldsymbol{x}}_M \, \underline{\boldsymbol{\beta}}_M') .$$

Es wird angenommen, daß eine risikolose Anlage existiert. Für den Markt gelten die üblichen Annahmen (AM1), (AM2) und (AM3) der Arbitragemodelle. Zusätzlich wird angenommen, daß ein effizientes Portefeuille $\underline{\boldsymbol{x}}_e$ existiert mit

(*i*) $$\underline{\boldsymbol{x}}_e' \, \underline{\boldsymbol{e}}_M = 0$$

(*ii*) $$\text{cov } [\underline{\boldsymbol{e}}_M, U^*(R_e)] = \underline{\boldsymbol{0}} .$$

Dann gilt für den Erwartungsvektor $\underline{\boldsymbol{\mu}}$ nach (3.4.2.-1)

$$\underline{\boldsymbol{\mu}} = r_0 \, \underline{\boldsymbol{1}} + \underline{\boldsymbol{b}}_M \cdot r_{11} . \qquad (3.4.2. - 6)$$

Aus

$$\underline{\boldsymbol{b}}_M = \frac{\text{cov } [\underline{\boldsymbol{R}}, R_M]}{\sigma_M} ,$$

folgt

$$\underline{\boldsymbol{x}}_M' \, \underline{\boldsymbol{b}}_M = \sigma_M .$$

Daher ergibt sich

$$\begin{aligned} \mu_M &= \underline{\boldsymbol{x}}_M' \, \underline{\boldsymbol{\mu}} \\ &= r_0 + \sigma_M \cdot r_{11} \end{aligned}$$

und daraus folgt

$$r_{11} = \frac{\mu_M - r_0}{\sigma_M} \quad .$$

Wird dies eingesetzt in (3.4.2.-6), dann ergibt sich

$$\begin{aligned} \underline{\boldsymbol{\mu}} &= r_0 \, \underline{\mathbf{1}} + \underline{\boldsymbol{b}}_M \left(\frac{\mu_M - r_0}{\sigma_M} \right) \\ &= r_0 \, \underline{\mathbf{1}} + \underline{\boldsymbol{\beta}}_M (\mu_M - r_0) \quad . \end{aligned} \qquad (3.4.2. - 7)$$

Diese Gleichung entspricht der aus dem CAPM (vgl. 4.2.3.) ableitbaren Gleichung. Insofern ist die in der Literatur aufgestellte Behauptung, daß die CAPM-Gleichung auch aus einem Arbitragemodell abgeleitet werden kann, richtig. Aus der Forderung, daß ein vollständig diversifiziertes effizientes Portefeuille existiert, folgt wegen

$$\boldsymbol{\Sigma} = \boldsymbol{A} \, \boldsymbol{\Sigma}_{11} \, \boldsymbol{A}'$$

und

$$\underline{\boldsymbol{\beta}}_M = \boldsymbol{A} \, \underline{\boldsymbol{\beta}}_M^{(1)} \quad ,$$

daß gilt

$$\begin{aligned} 0 &= \text{var } \underline{\boldsymbol{x}}_e' \, \underline{\boldsymbol{e}} \\ &= \underline{\boldsymbol{x}}_e'(\boldsymbol{I} - \underline{\boldsymbol{\beta}}_M \, \underline{\boldsymbol{x}}_M') \, \boldsymbol{\Sigma} \, (\boldsymbol{I} - \underline{\boldsymbol{x}}_M \, \underline{\boldsymbol{\beta}}_M') \, \underline{\boldsymbol{x}}_e \\ &= \underline{\boldsymbol{x}}_e'(\boldsymbol{I} - \boldsymbol{A} \, \underline{\boldsymbol{\beta}}_M^{(1)} \, \underline{\boldsymbol{x}}_M') \, \boldsymbol{A} \, \boldsymbol{\Sigma}_{11} \, \boldsymbol{A}'(\boldsymbol{I} - \underline{\boldsymbol{x}}_M \, \underline{\boldsymbol{\beta}}_M^{(1)'} \, \boldsymbol{A}') \, \underline{\boldsymbol{x}}_e \\ &= \underline{\boldsymbol{x}}_e' \, \boldsymbol{A}(\boldsymbol{I} - \underline{\boldsymbol{\beta}}_M^{(1)} \, \underline{\boldsymbol{x}}_M' \, \boldsymbol{A}) \, \boldsymbol{\Sigma}_{11} \, (\boldsymbol{I} - \boldsymbol{A}' \, \underline{\boldsymbol{x}}_M \, \underline{\boldsymbol{\beta}}_M^{(1)'}) \, \boldsymbol{A}' \, \underline{\boldsymbol{x}}_e \\ &= \underline{\boldsymbol{y}}_e'(\boldsymbol{I} - \underline{\boldsymbol{\beta}}_M^{(1)} \, \underline{\boldsymbol{y}}_M') \, \boldsymbol{\Sigma}_{11} \, (\boldsymbol{I} - \underline{\boldsymbol{y}}_M \, \underline{\boldsymbol{\beta}}_M^{(1)'}) \, \underline{\boldsymbol{y}}_e \quad . \end{aligned}$$

Da $\boldsymbol{\Sigma}_{11}$ eine nichtsinguläre Matrix ist, muß gelten

$$\underline{\boldsymbol{y}}_e'(\boldsymbol{I} - \underline{\boldsymbol{\beta}}_M^{(1)} \, \underline{\boldsymbol{y}}_M') = \underline{0}' \quad . \qquad (3.4.2. - 8a)$$

Es läßt sich zeigen, daß dies nur gelten kann, wenn

$$\mathbf{y}_e \quad = \quad \mathbf{y}_M \qquad (3.4.2. - 8b)$$

gilt [vgl. ANHANG].

Das bedeutet jedoch, daß das Marktportefeuille effizient ist. Das betrachtete Arbitragemodell kann jedoch keine Aussagen über das Anlegerverhalten machen, da über die Entscheidungskriterien der Anleger nicht mehr bekannt ist, als sich aus der Annahme der Arbitragefreiheit - die Anleger bevorzugen mehr gegenüber weniger - schließen läßt.

4. Gleichgewichtsmodelle

Kennzeichnend für die Gleichgewichtsmodelle ist, daß über den Markt die Existenz eines Gleichgewichtes angenommen wird. Gleichgewicht bedeutet, daß die vorhandenen Wertpapiere von den Anlegern vollständig nachgefragt werden. Daher finden in Gleichgewichtsmodellen neben den Annahmen über die Renditen und den Markt Annahmen über das Anlegerverhalten Verwendung. Als Resultate der Gleichgewichtsmodelle ergeben sich Aussagen über das Nachfrageverhalten der Anleger, den Markt sowie über die Bewertung der Renditen, die über die aus den Arbitragemodellen erhaltenen Aussagen hinausgehen. Insbesondere lassen sich die Risikopreise in Abhängigkeit von der Marktrendite und damit zusammenhängenden Größen ausdrücken. Neben den bereits bekannten Resultaten für die erwarteten Renditen leiten wir auch Ergebnisse für die Renditen ab, die hinsichtlich einer empirischen Überprüfung der Modelle von Bedeutung sind.
Richtungsweisend war das von SHARPE (1964), LINTNER (1965) und MOSSIN (1966) formulierte CAPM. Auf diese Arbeiten folgte eine Vielzahl von Veröffentlichungen mit modifizierten Annahmen. Diese Arbeit verzichtet auf eine umfassende Darstellung der vielfältigen Modellvariationen. Einen Überblick über die bestehende Literatur findet sich in den Arbeiten von JENSEN (1972), HAEGERT (1979), RUDOLPH (1979b), ROSS (1978b) und STAPLETON/SUBRAHMANYAM (1980). Die Untersuchung in Kapitel 4 legt die bereits in den vorhergehenden Modellen verwendeten Annahmen über die Renditen und den Markt sowie die neu eingeführten Gleichgewichtsannahme und die Annahmen über die Anleger zugrunde. Die Intention besteht in der Herausarbeitung des grundsätzlichen Unterschiedes zwischen den Arbitrage- und den Gleichgewichtsmodellen.

In Abschnitt 4.1. findet eine Diskussion der den Gleichgewichtsmodellen zugrundeliegenden Annahmen sowie ein Vergleich mit alternativen Formulierungen in der

Literatur statt. Die Klassifizierung der Gleichgewichtsmodelle basiert auf den Annahmen über die Renditen und das Anlegerverhalten.
Abschnitt 4.2. beschäftigt sich mit Gleichgewichtsmodellen für beliebige Renditen. Dabei werden für die Anleger unterschiedliche Klassen von Nutzenfunktionen betrachtet. Die Diskussion dieser Modelle berücksichtigt zwei Aspekte. Zum einen werden Resultate hergeleitet, die auch für Renditen mit singulärer Kovarianzmatrix gelten; zum anderen wird bei der Herleitung der Resultate auf die Ergebnisse der Arbitragemodelle für beliebige Renditen zurückgegriffen. Dadurch wird der Zusammenhang zwischen den Gleichgewichts- und Arbitragemodellen für beliebige Renditen deutlich.
Anschließend werden in Abschnitt 4.3. Gleichgewichtsmodelle für Renditen mit Faktormodellannahme betrachtet. Damit werden erstmals Gleichgewichtsmodelle formuliert, die Spezialfälle der Arbitragemodelle mit Faktormodellannahme sind. Wie für die Arbitragemodelle wird zunächst ein allgemeines Resultat abgeleitet und danach Bedingungen für den Ausschluß der unsystematischen Risikoprämien gesucht.

4.1. Klassifizierung der Gleichgewichtsmodelle

Die Annahmen der Gleichgewichtsmodelle umfassen neben den bereits bekannten Annahmen über die Renditen und den Markt, die Gleichgewichtsannahme und die Annahmen über die Anleger.
Wie in den Arbitragemodellen werden auch in den Gleichgewichtsmodellen unterschiedliche Annahmen über die Renditen getroffen:

(GR1): Für den Renditevektor $\underline{\boldsymbol{R}}$ gelte

(i) eine beliebige Verteilung mit Erwartungsvektor $\underline{\boldsymbol{\mu}}$ und Kovarianzmatrix $\boldsymbol{\Sigma}$

oder

(ii) ein Faktormodell.

Bei den Marktannahmen werden die Annahmen (AM1) und (AM2) übernommen und die Arbitragefreiheitsannahme (AM3) wird durch die Gleichgewichtsannahme ersetzt:

(GM1): Beim Wertpapierhandel existieren weder Steuern noch Transaktionskosten.

(GM2): Die Wertpapiere sind beliebig teilbar.

(GM3): Der Wertpapiermarkt ist im Gleichgewicht.

Über den Zusammenhang zwischen Arbitragefreiheit und Gleichgewicht sagt KREPS (1981, S. 16): "In general, the absence of such 'arbitrage opportunities' is a necessary but not a sufficient condition for economic equilibrium." Die Gleichgewichtsannahme impliziert somit Arbitragefreiheit des Marktes. Solange Arbitragemöglichkeiten existieren, kann kein Gleichgewicht vorliegen, da alle Anleger versuchen würden, die Arbitragemöglichkeiten zu nutzen [ROSS, 1977, S. 189]. Umgekehrt ist jedoch Arbitragefreiheit nicht ausreichend, um ein Gleichgewicht zu garantieren. Die Gleichgewichtsannahme ist daher eine restriktivere Annahme als die Arbitragefreiheit.

Da die Gleichgewichtsannahme nur sinnvoll ist, wenn Angebot und Nachfrage verglichen werden können, müssen in Gleichgewichtsmodellen Annahmen über die Anleger und das Anlegerverhalten eingeführt werden:

(GA1): Zwischen den J Anlegern herrscht atomistische Konkurrenz.

(GA2): Alle Anleger haben freien Marktzugang.

(GA3): Die Informationen stehen allen Anlegern vollständig und kostenlos zur Verfügung.

(GA4): Alle Anleger legen eine identische Planungsperiode zugrunde.

(GA5): Die Anleger sind risikoavers.

(GA6): Die Anleger maximieren den erwarteten Nutzen. Sie legen dabei eine VON-NEUMANN-MORGENSTERN-Nutzenfunktion zugrunde, wobei unterschieden wird zwischen [1]:

(i) Nutzenfunktionen der HARA-Klasse.

Die HARA-Klasse enthält alle VON-NEUMANN-MORGENSTERN-Nutzenfunktionen, die eine hyperbolische absolute Risikoaversion besitzen. Das Maß für die absolute Risikoaversion wird durch

$$A(R_e) = - \frac{U^{**}(R_e)}{U^{*}(R_e)}$$

mit

$$U^{**} := \frac{d^2U}{dR_e^2}$$

gemessen [PRATT, 1964, S. 125; ARROW, 1965, S. 94]. Es wird angenommen, daß für die Nutzenfunktion U_j der Anleger j $(j = 1, \ldots, J)$ gilt [RUBINSTEIN, 1974, S. 227]:

$$U_j^{*}(R_e) = (a_j + b_j\, R_e)^c \quad .$$

---

[1] Damit die aufgeführten Funktionen die Eigenschaften von Nutzenfunktionen besitzen, müssen für die Parameter Beschränkungen gelten. Eine Zusammenstellung dieser Beschränkungen findet sich bei CASS/STIGLITZ (1970, S. 129). Bei SÄLZLE (1976, S. 46-49) findet sich eine Untersuchung der quadratischen Nutzenfunktionen.

Das bedeutet, daß die Nutzenfunktion eines Anlegers j bestimmt wird durch die anlegerindividuellen Parameter a_j und b_j sowie durch den Parameter c, der für alle Anleger identisch ist.

(ii) Nutzenfunktionen der KRRA-Klasse.

Diese Klasse enthält alle VON-NEUMANN-MORGENSTERN-Nutzenfunktionen, die eine konstante relative Risikoaversion besitzen, für die das Maß

$$R(R_e) \quad = \quad - \frac{U^{**}(R_e) \cdot R_e}{U^{*}(R_e)}$$

gilt [ARROW, 1964, S.96].

Für diese Nutzenfunktionen U_j $(j = 1, \ldots, J)$ gilt

$$U_j^{*}(R_e) \quad = \quad (b_j \; R_e)^c \quad .$$

Die Nutzenfunktionen der KRRA-Klasse sind daher eine Teilmenge der Nutzenfunktionen aus der HARA-Klasse:

$$a_j \quad = \quad 0$$

[CASS/STIGLITZ, 1970, S. 128; RUBINSTEIN, 1974, S. 228].

(iii) Quadratische Nutzenfunktionen.

Für die quadratischen Nutzenfunktionen U_j gilt

$$U_j^{*}(R_e) \quad = \quad a_j + b_j \; R_e \quad .$$

Sie sind daher ebenfalls eine Teilmenge der Nutzenfunktionen der HARA-Klasse:

$$c \quad = \quad 1$$

[CASS/STIGLITZ, 1970, S. 128; RUBINSTEIN, 1974, S. 228].

Die hier verwendeten Annahmen lassen sich einzeln und/oder zusammengefaßt gegen andere Annahmen austauschen, ohne die Modellresultate wesentlich zu verändern.
So werden in der Literatur vielfach die Annahmen, daß

- die Momente der Renditen bekannt sind und
- alle Anleger über diese Information verfügen

ersetzt durch die Annahme, daß

- alle Anleger homogene Erwartungen besitzen.

Das bedeutet, daß die Momente der Renditen unbekannt sind, alle Anleger jedoch dieselben Erwartungen über die Renditen besitzen und deshalb ihren Entscheidungen denselben Erwartungsvektor und dieselbe Kovarianzmatrix zugrundelegen [SHARPE, 1964, S. 433; LINTNER, 1965, S. 14; MOSSIN, 1966, S. 769; MERTON, 1982, S. 622].
Da die Annahme homogener Erwartungen als unrealistisch abgelehnt wurden [JENSEN, 1977, S. 150; ROLL, 1977, S. 138; LINTNER, 1965a, S. 14], versuchte man sie durch andere Annahmen zu ersetzen. Die zunächst untersuchten Modelle mit heterogenen Erwartungen zeigten, daß sich die Resultate wesentlich veränderten [LINTNER, 1965b; LINTNER, 1969; SHARPE, 1970, Kapitel 6; FAMA, 1976, S. 314-319; GONEDES, 1976; JARROW, 1980; STAPLETON/SUBRAHMANYAM, 1980, Kapitel 3]. Die Resultate waren nicht mehr allein in Marktgrößen wie z.B. der Marktrendite oder der risikolosen Rendite darstellbar, sondern sie waren komplexe Ausdrücke, in die die Erwartungen der Anleger eingingen.
Der von RUBINSTEIN (1974) begründete Ansatz des repräsentativen Anlegers erlaubte eine Bewertung des Erwartungsvektors in Marktgrößen, und wurde deshalb in einer späteren Arbeit [STAPLETON/SUBRAHMANYAM, 1983] wieder

aufgegriffen. RUBINSTEIN formulierte Bedingungen an die Anfangsausstattung, die Erwartungen und an die Nutzenfunktionen der Anleger. Diese Bedingungen gewährleisten, daß bei einer Untersuchung so vorgegangen werden kann, als ob alle Anleger mit einem fiktiven, repräsentativen Anleger bezüglich der oben angeführten Merkmale übereinstimmen.

Für den hier interessierenden Vergleich der Gleichgewichtsmodelle mit den Arbitragemodellen ist die Differenzierung der Gleichgewichtsmodelle nach den Annahmen über die Renditen entscheidend. Die Gleichgewichtsmodelle für beliebige Renditen stellen Spezialfälle der Arbitragemodelle für beliebige Renditen dar, unabhängig davon wie die Annahmen über die Anleger formuliert werden. Der entsprechende Zusammenhang gilt auch für die Arbitrage- und Gleichgewichtsmodelle mit Faktormodellannahme. Deshalb verzichten wir im folgenden auf eine umfassende Auseinandersetzung mit den in der Literatur dargestellten Annahmen über die Anleger und beschränken uns auf die Annahmen (GA1) bis (GA6).

4.2. Gleichgewichtsmodelle für beliebige Renditen

Dieser Punkt beinhaltet Gleichgewichtsmodelle, die von beliebigen Renditen ausgehen. Es werden für die Anleger spezielle Klassen von Nutzenfunktionen unterstellt, da ansonsten nur Aussagen möglich sind, die sich schon bei den Arbitragemodellen ergeben haben.

Die Nachfrage eines Anlegers j $(j = 1, \ldots, J)$ ergibt sich durch die Lösung des Optimierungsproblems

$$\max_{\underline{x}} \text{ erw } [U_j(\underline{x}' \, \underline{R})] \qquad (4.2.-1a)$$

unter der Nebenbedingung

$$\underline{x}' \, \underline{1} = 1 \ . \qquad (4.2.-1b)$$

Gleichgewicht impliziert Arbitragefreiheit des Marktes und daher existiert eine Lösung des Optimierungsproblems. Über die Summe der Anlegerportefeuilles, die im Gleichgewicht dem Marktportefeuille entspricht, wird die Effizienz des Marktportefeuilles gezeigt. Für die Darstellung der Renditen wird dann auf die Resultate der Arbitragemodelle zurückgegriffen.

In 4.2.1. wird das Optimierungsproblem für HARA-Nutzenfunktionen untersucht. Für diese Klasse von Nutzenfunktionen, welche die in den folgenden Punkten behandelten Klassen als Spezialfälle enthält, ist die Annahme einer risikolosen Anlage notwendig.

Punkt 4.2.2. zeigt, daß für die KRRA-Klasse die Annahme einer risikolosen Anlagemöglichkeit nicht notwendig ist.
Punkt 4.2.3. verwendet die quadratischen Nutzenfunktionen. Diese Gleichgewichtsmodelle entsprechen dem Zero-Beta-CAPM und dem klassischen CAPM, denen in der Diskussion über die Arbitrage- und Gleichgewichtsmodelle eine wesentliche Rolle zukommt.

4.2.1. Gleichgewichtsmodelle mit HARA-Nutzenfunktionen

In den hier betrachteten Gleichgewichtsmodellen wird eine risikolose Anlagemöglichkeit mit der Rendite r_0 angnommen. Jeder Anleger j ($j = 1, \ldots, J$) legt bei der Wahl seines effizienten Portefeuilles eine Nutzenfunktion U_j mit

$$\begin{aligned} U_j^*(R_p) &= (a_j + b_j\ R_p)^c \\ &= (a_j + b_j\ (\underline{\boldsymbol{x}}_p'\ \underline{\boldsymbol{R}}))^c \end{aligned}$$

zugrunde.
Das Marktgleichgewicht impliziert Arbitragefreiheit. Aus Arbitragefreiheit folgt

bei Existenz einer risikolosen Anlagemöglichkeit, daß

$$\underline{\underline{R}} = r_0\,\underline{1} + A(\underline{\underline{R}}_1 - r_0\,\underline{1})$$

gilt. Wie in Punkt 3.2.1. gezeigt, gilt dann für die Portefeuillerendite $\underline{x}'\underline{\underline{R}}$

$$\underline{x}'\underline{\underline{R}} = r_0(1 - \underline{y}'\,\underline{1}) + \underline{y}'\,\underline{\underline{R}}_1 \quad ,$$

wobei gilt

$$\underline{y} = A'\,\underline{x} \quad .$$

Für den Grenznutzen der Portefeuillerendite läßt sich schreiben:

$$U_j^* = (a_j + b_j(r_0(1 - \underline{y}'\,\underline{1}) + \underline{y}'\,\underline{\underline{R}}_1))^c \quad .$$

Die anschließenden Ausführungen zeigen, daß die effizienten Portefeuilles $\underline{y}_{je}$ der Anleger - bezogen auf die stochastisch linear unabhängigen Wertpapiere - dieselbe Struktur aufweisen. Unterschiede ergeben sich lediglich bei der Aufteilung des Anfangsvermögens in die risikolose und die risikobehaftete Anlage. Für diskrete Verteilungen wurde dies von RUBINSTEIN (1974, S. 228) gezeigt.

Es sei

$$d_j := 1 + \frac{a_j}{b_j\, r_0}$$

und

$$\underline{z}_j := \frac{1}{d_j}\,\underline{y}_j \qquad j = 1, \ldots, 7$$ [1] .

Wegen

$$\underline{y}_j = d_j\,\underline{z}_j$$

---

[1] $\underline{z}_j$ ist wohldefiniert, da $d_j \neq 0$. Da der Grenznutzen stets positiv ist, gilt $U^*(r_0) = a_j + b_j\, r_0 > 0$ und daraus folgt $a_j > -b_j\, r_0$ und daher $d_j \neq 0$.

gilt für den Grenznutzen, den ein Portefeuille $\underline{y}_j$ für den Anleger j $(j = 1, \ldots, J)$ besitzt

$$\begin{aligned} U_j^*(\underline{x}'\underline{R}) &= (a_j + b_j(1 - \underline{y}_j' \; \underline{1})\, r_0 + b_j\, \underline{y}_j' \; \underline{R}_1)^c \\ &= (a_j + b_j(1 - d_j\, \underline{z}_j' \; \underline{1})\, r_0 + b_j\, d_j\, \underline{z}_j' \; \underline{R}_1)^c \\ &= (d_j\, b_j)^c((1 - \underline{z}_j' \; \underline{1})\, r_0 + \underline{z}_j' \; \underline{R}_1)^c \quad . \qquad (4.2.1. - 1) \end{aligned}$$

Die notwendige Bedingung für ein effizientes Portefeuille wurde in Punkt 3.3.1. abgeleitet:

$$\text{erw} \quad [(\underline{R}_1 - r_0\, \underline{1})\, U^*(R_e)] \quad = \quad \underline{0} \quad .$$

Wird (4.2.1.-1) eingesetzt, dann ergibt sich als notwendige Bedingung

$$(d_j\, b_j)^c \; \text{erw} \quad [(\underline{R}_1 - r_0\, \underline{1})((1 - \underline{z}_j' \; \underline{1})\, r_0 + \underline{z}_j' \; \underline{R}_1)^c] \quad = \quad \underline{0} \quad .$$

Wegen

$$(d_j\, b_j)^c \quad \neq \quad 0$$

ergibt sich

$$\text{erw} \quad [(\underline{R}_1 - r_0\, \underline{1})((1 - \underline{z}_j' \; \underline{1}) r_0 + \underline{z}_j' \; \underline{R}_1)^c] \quad = \quad \underline{0} \quad .$$

Da diese Bedingung nicht mehr von den anlegerindividuellen Parametern a_j und b_j abhängig ist, ergibt sich für alle Anleger dasselbe $\underline{z}_*$, für das gilt

$$\text{erw} \quad [(\underline{R}_1 - r_0\, \underline{1})((1 - \underline{z}_*' \; \underline{1})\, r_0 + z_*' \; \underline{R}_1)^c] \quad = \quad 0 \quad .$$

$$\underline{y}_{je} \quad = \quad d_j\, \underline{z}_*$$

bedeutet, daß jeder Anleger ein Vielfaches von dem Vektor $\underline{z}_*$ hält. Werden die Wertpapiere mit stochastisch linear unabhängigen Renditen betrachtet, dann ist die Struktur der Teilportefeuilles $\underline{y}_{je}$ für alle Anleger identisch. Der Anteil der gesamten risikobehafteten Anlage beträgt für den Anleger j $(j = 1, \ldots, 7)$

$$\underline{y}_{je}^{'} \underline{1} \quad = \quad d_j \, \underline{z}_*^{'} \underline{1} \quad .$$

Für den in die risikolose Anlage investierten Betrag ergibt sich:

$$1 - \underline{y}_{je}^{'} \underline{1} \quad = \quad 1 - d_j \, \underline{z}_*^{'} \underline{1} \quad .$$

Die Aufteilung des Anfangsvermögens auf die risikolose Anlage und die risikobehaftete Anlage ist somit durch anlegerindividuelle Parameter bestimmt.

Das bedeutet jedoch nicht, daß alle Anleger, bezogen auf Wertpapiere mit stochastisch linear unabhängigen Renditen, dasselbe risikobehaftete Portefeuille halten. Da

$$\underline{y}_{je} \quad = \quad \boldsymbol{A}^{'} \, \underline{x}_{je}$$

keine eindeutige Lösung für das Portefeuille $\underline{x}_{je}$ garantiert,
können die effizienten Portefeuilles der Anleger durchaus unterschiedliche Strukturen besitzen.

Bei Gleichgewicht muß gelten, daß die aggregierte Nachfrage dem Marktportefeuille $\underline{x}_M$ entspricht. Die Nachfrage eines Anlegers ergibt sich durch Multiplikation des Vektors $\underline{x}_{je}$, der die Portefeuilleanteile enthält, mit dem Anfangsvermögen w_{0j}.
Im Gleichgewicht ist die aggregierte Nachfrage gleich dem Angebot, so daß gilt

$$\sum_{j=1}^{J} w_{0j} \cdot \underline{x}_{je} \quad = \quad w_{0M} \cdot \underline{x}_M \quad .$$

Daraus folgt

$$\sum_{j=1}^{J} w_{oj} \; \boldsymbol{A} \; \underline{x}_{je} \quad = \quad w_{0M} \cdot \boldsymbol{A} \cdot \underline{x}_M$$

und daher

$$\sum_{j=1}^{J} w_{0j} \cdot \underline{\boldsymbol{y}}_{je} = w_{0M} \cdot \underline{\boldsymbol{y}}_M \quad .$$

Da

$$\underline{\boldsymbol{y}}_{je} = d_j \underline{\boldsymbol{z}}_*$$

gilt, ergibt sich

$$\underline{\boldsymbol{z}}_* \sum_{j=1}^{J} w_{0j} \cdot d_j = w_{0M} \cdot \underline{\boldsymbol{y}}_M \quad .$$

Das Marktportefeuille $\underline{\boldsymbol{y}}_M$ ist wie die Anlegerportefeuilles ein Vielfaches von $\underline{\boldsymbol{z}}_*$. Daher läßt sich eine HARA-Nutzenfunktion U_M finden, so daß das Marktportefeuille ein effizientes Portefeuille ist. Da die Gleichgewichtsannahme Arbitragefreiheit impliziert und bei Arbitragefreiheit nach (3.3.1.-3) die erwartete Rendite eines effizienten Portefeuilles zur Darstellung der erwarteten Überschußrenditen verwendet werden kann, gilt die Beziehung

$$\underline{\boldsymbol{\mu}} = r_0 \, \underline{\mathbf{1}} + (\mu_M - r_0) \, \underline{\boldsymbol{\beta}}_M$$

mit

$$\underline{\boldsymbol{\beta}}_M = \frac{\text{cov} \;\; [\underline{\boldsymbol{R}}, U_M^*(R_M)]}{\text{cov} \;\; [R_M, U_M^*(R_M)]} \quad .$$

Der Renditevektor kann unter Verwendung des Resultates (3.3.1.-4) dargestellt werden:

$$\underline{\boldsymbol{R}} = r_0(\underline{\mathbf{1}} - \underline{\boldsymbol{\beta}}_M) + R_M \underline{\boldsymbol{\beta}}_M + \underline{\boldsymbol{\varepsilon}}_M^*$$

wobei

$$\underline{\boldsymbol{\varepsilon}}_M^* := (\boldsymbol{I} - \underline{\boldsymbol{\beta}}_M \underline{\boldsymbol{x}}_M^{'}) \underline{\boldsymbol{\varepsilon}}$$

mit

$$\begin{aligned} \text{erw} \;\; \underline{\boldsymbol{\varepsilon}}_M^* &= \underline{\mathbf{0}} \\ \text{var} \;\; \underline{\boldsymbol{\varepsilon}}_M^* &= (\boldsymbol{I} - \underline{\boldsymbol{\beta}}_M \underline{\boldsymbol{x}}_M^{'}) \, \boldsymbol{\Sigma} \, (\boldsymbol{I} - \underline{\boldsymbol{x}}_M \underline{\boldsymbol{\beta}}_M^{'}) \\ \text{cov} \;\; (\underline{\boldsymbol{\varepsilon}}_M, R_m) &= (\boldsymbol{I} - \underline{\boldsymbol{\beta}}_M \underline{\boldsymbol{x}}_M^{'}) \, \boldsymbol{\Sigma} \, \underline{\boldsymbol{x}}_M \quad . \end{aligned}$$

Die Renditen ergeben sich aus der Rendite für die risikolose Anlage, der Marktrendite und einer Zufallsvariablen mit Erwartungswert Null. Die Komponenten des Vektors $\underline{\beta}_M$, die sich als Risikomaße interpretieren lassen, sind proportional zu der Kovarianz zwischen der Rendite und dem Nutzen der Marktrendite, bewertet mit der Nutzenfunktion U_M.

4.2.2. Gleichgewichtsmodelle mit KRRA-Nutzenfunktionen

Für die von den Anlegern verwendete Nutzenfunktion U_j $(j = 1, \ldots, J)$ gilt

$$U^*(R_p) \quad = \quad (b_j \; R_p)^c \quad .$$

Die KRRA-Nutzenfunktionen bilden eine Teilmenge der HARA-Nutzenfunktionen. Wird die Existenz einer risikolosen Anlage angenommen, dann ergibt sich ein Spezialfall des in 4.2.1. behandelten Gleichgewichtsmodells:

$$a_j \quad = \quad 0 \qquad\qquad j = 1, \ldots, J \quad .$$

und daher

$$d_j \quad = \quad 1 \qquad\qquad j = 1, \ldots, J \quad .$$

Zusätzlich zu den in 4.2.1. gefundenen Resultaten läßt sich sagen, daß alle Anleger nicht nur dasselbe risikobehaftete Portefeuille $\underline{y}_e$ - bezogen auf Wertpapiere mit stochastisch linear unabhängigen Renditen - halten, sondern auch dieselbe Aufteilung in die risikolose Anlage und die gesamte risikobehaftete Anlage vornehmen.

In diesem Punkt wird gezeigt, daß für die KRRA-Nutzenfunktionen die Annahme einer risikolosen Anlagemöglichkeit nicht notwendig ist.

In 3.3.1. wurde gezeigt, daß die notwendigen Bedingungen bei Fehlen einer risikolosen Anlage für das effiziente Portefeuille $\boldsymbol{y}_e$ lauten:

$$\begin{aligned} \text{erw}\ [\underline{\boldsymbol{R}}_1 \cdot U^*(R_e)] - \text{erw}\ [R_e \cdot U^*(R_e)]\ \underline{\mathbf{1}} &= \underline{\mathbf{0}} \\ \boldsymbol{y}_e'\ \underline{\mathbf{1}} - 1 &= 0 \ . \end{aligned}$$

Wird für den Anleger j $\quad (j = 1, \ldots, J)$

$$\begin{aligned} U_j^*(R_e) &= (b_j)^c (\boldsymbol{y}_e'\ \underline{\boldsymbol{R}}_1)^c \\ &= (b_j)^c \cdot R_e^c \end{aligned}$$

eingesetzt, dann ergibt sich

$$(b_j)^c\ \text{erw}\ [(\underline{\boldsymbol{R}}_1 - R_e\ \underline{\mathbf{1}})\ R_e^c] = \underline{\mathbf{0}} \ .$$

Wegen $b_j \neq 0$, gilt

$$0 = \text{erw}\ [(\underline{\boldsymbol{R}}_1 - R_e\ \underline{\mathbf{1}})\ R_e^c] \ .$$

Diese Bedingung ist unabhängig von dem anlegerindividuellen Parameter b_j. Die Lösung $\boldsymbol{y}_e$ ist daher für alle Anleger identisch. Alle Anleger halten Portefeuilles, welche dieselbe Struktur aufweisen wie das Portefeuille $\boldsymbol{y}_e$. Bezogen auf das Portefeuille $\underline{\boldsymbol{x}}_e$ mit allen Wertpapieren gilt dies allerdings nicht.

Die Nachfrage eines Anlegers j ergibt sich durch die Multiplikation des Portefeuillevektors mit dem Anfangsvermögen. Bei Gleichgewicht muß die aggregierte Nachfrage gleich dem Vektor des Marktportefeuilles multipliziert mit dem Marktvermögen sein:

$$\sum_{j=1}^{J} w_{0j}\ \underline{\boldsymbol{x}}_e = w_{0M} \cdot \underline{\boldsymbol{x}}_M \ .$$

Daraus ergibt sich

$$\sum_{j=1}^{J} w_{0j}\ \boldsymbol{y}_e = w_{0M} \cdot \boldsymbol{y}_M \ .$$

Das bedeutet, daß das Marktportefeuille $\underline{y}_M$ dieselbe Struktur aufweist wie die Anlegerportefeuilles. Daher ist das Marktportefeuille $\underline{y}_M$ effizient und kann nach (3.3.1.-6) zur Darstellung des Erwartungsvektors $\underline{\mu}$ verwendet werden.

$$\underline{\mu} \;=\; \mu_z\, \underline{1} + (\mu_M - \mu_z)\, \underline{\beta}_M$$

mit

$$\mu_z \;=\; \text{erw } R_z$$

$$\underline{\beta}_M \;=\; \frac{\text{cov } [\underline{R}, R_M^c]}{\text{cov } [R_M, R_M^c]}$$

und

$$\text{cov } (R_z, R_M^c) \;=\; 0 \;.$$

Für den Renditevektor läßt sich nach (3.3.1.-7) schreiben

$$\underline{R} \;=\; R_z\, \underline{1} + (R_M - R_z)\, \underline{\beta}_M + \underline{\varepsilon}_M^{**}$$

wobei

$$\boldsymbol{F}_M \;:=\; \boldsymbol{I} - \underline{\beta}_M \underline{x}_M' - (\underline{1} - \underline{\beta}_M)\underline{x}_z'$$

$$\underline{\varepsilon}_M^{**} \;:=\; \boldsymbol{F}_M \underline{\varepsilon}$$

mit

$$\text{erw } \underline{\varepsilon}_M^{**} \;=\; \underline{0}$$

$$\text{var } \underline{\varepsilon}_M^{**} \;=\; (\boldsymbol{I} - \underline{\beta}_M\, \underline{x}_M' - (\underline{1} - \underline{\beta}_M)\, \underline{x}_z')\, \boldsymbol{\Sigma}\, (\boldsymbol{I} - \underline{x}_M\, \underline{\beta}_M' - \underline{x}_z(\underline{1} - \underline{\beta}_M)')$$

$$\text{cov } [\underline{\varepsilon}_M^{**}, R_z] \;=\; (\boldsymbol{I} - \underline{\beta}_M\, \underline{x}_M' - (\underline{1} - \underline{\beta}_M)\, \underline{x}_z')\, \boldsymbol{\Sigma}\, \underline{x}_z$$

$$\text{cov } [\underline{\varepsilon}_M^{**}, R_M] \;=\; (\boldsymbol{I} - \underline{\beta}_M\, \underline{x}_M' - (\underline{1} - \underline{\beta}_M)\, \underline{x}_z')\, \boldsymbol{\Sigma}\, \underline{x}_M \;.$$

Die Renditen können bis auf eine zufällige Abweichung als gewichtete Summe zweier Portefeuillerenditen dargestellt werden. Zusätzlich zu dieser auch in Arbitragemodellen geltenden Folgerung läßt sich sagen, daß die eine Rendite die Marktrendite ist, und daß die andere die Rendite eines Portefeuilles mit einem Risikomaß von Null (bezogen auf das Marktportefeuille) ist. Im Vergleich zu den

Gleichgewichtsmodellen mit HARA-Nutzenfunktionen können hier die Komponenten des Vektors $\boldsymbol{\beta}_M$ ohne Nutzenfunktion bestimmt werden.

4.2.3. Gleichgewichtsmodelle mit quadratischen Nutzenfunktionen: Das Zero-Beta-CAPM und das CAPM

Für die Anleger werden quadratische Nutzenfunktionen U_j $(j = 1, \ldots, J)$ unterstellt:

$$U_j^*(R_p) = a_j + b_j\ R_p \qquad j = 1, \ldots, J \quad .$$

Sie sind daher eine Teilmenge der Nutzenfunktionen der HARA-Klasse mit

$$c = 1 \quad .$$

Es wird hier gezeigt, daß für quadratische Nutzenfunktionen die Annahme einer risikolosen Anlagemöglichkeit nicht notwendig ist.

Das hier dargestellte Modell entspricht dem Zero-Beta-CAPM von BLACK (1972). Da das CAPM nach SHARPE (1964), LINTNER (1965) und MOSSIN (1966) dem Spezialfall mit der zusätzlichen Annahme einer risikolosen Anlage entspricht, verzichten wir auf eine Darstellung.

Das Entscheidungsproblem der Anleger, die den erwarteten Nutzen einer quadratischen Nutzenfunktion maximieren, läßt sich folgendermaßen darstellen:

$$\begin{aligned}
\max_{\boldsymbol{x}_p} \text{ erw } [U(\boldsymbol{x}_p' \boldsymbol{R})] &= \max \text{ erw } [U(R_p)] \\
&= \max \text{ erw } [a_j\ R_p + \frac{b_j}{2}\ R_p^2] \\
&= \max\ [a_j\ \mu_p + \frac{b_j}{2}\ (\sigma_p^2 + \mu_p^2)] \\
&= \max\ [\mu_p(a_j + \frac{b_j}{2}\ \mu_p) + \frac{b_j}{2}\ \sigma_p^2] \quad ,
\end{aligned}$$

unter der Nebenbedingung

$$\underline{\boldsymbol{x}}_p^{'} \, \underline{\mathbf{1}} \;=\; 1 \;.$$

Dieses Entscheidungsproblem führt dazu, daß risikoaverse Anleger, die sich aufgrund einer quadratischen Nutzenfunktion entscheiden, $(\mu - \sigma)$-effiziente Portefeuilles wählen [SÄLZLE, 1976, S. 44-46; INGERSOLL, 1987, S. 96]. Daher kann auf die in Punkt 3.3.2. abgeleiteten $(\mu-\sigma)$-effizienten Portefeuilles zurückgegriffen werden. Wie in (3.3.2.-4) beschrieben,gilt für das effiziente Portefeuille eines Anlegers $j \quad (j = 1, \ldots, J)$

$$\underline{\boldsymbol{y}}_{je} \;=\; \boldsymbol{\Sigma}_{11}^{-1} \, [\underline{\boldsymbol{\mu}}_1 \; \underline{\mathbf{1}}] \begin{bmatrix} a & b \\ b & c \end{bmatrix}^{-1} \begin{pmatrix} \mu_j \\ 1 \end{pmatrix}$$

mit

$$\mu_j \;\geq\; \frac{b}{c} \;.$$

Entsprechend den Parametern der quadratischen Nutzenfunktionen U_j wählt jeder Anleger j sein effizientes Portefeuille $\underline{\boldsymbol{y}}_{je}$. Die genaue Kenntnis der Nutzenfunktionen der einzelnen Anleger ist nicht notwendig, um Aussagen über die Struktur der Renditen im Gleichgewicht abzuleiten.

Im Gleichgewicht muß gelten

$$\sum_{j=1}^{J} w_{0j} \, \underline{\boldsymbol{x}}_{je} \;=\; w_{0M} \cdot \underline{\boldsymbol{x}}_M$$

und daher

$$\sum_{j=1}^{J} w_{0j} \, \underline{\boldsymbol{y}}_{je} \;=\; w_{0M} \cdot \underline{\boldsymbol{y}}_M \;.$$

Aus der Gleichheit der aggregierten Nachfrage und des Marktportefeuilles multipliziert mit dem Marktvermögen ergibt sich

$$\begin{aligned} w_{0M} \cdot \boldsymbol{y}_M &= \sum_{j=1}^{J} w_{0j}\, \boldsymbol{y}_{je} \\ &= \boldsymbol{\Sigma}_{11}^{-1} [\underline{\boldsymbol{\mu}}_1 \quad \underline{\mathbf{1}}]\, \boldsymbol{A}^{-1} \begin{pmatrix} \sum w_{0j}\, \mu_j \\ \sum w_{0j} \end{pmatrix} \end{aligned}$$

Aus der Abgeschlossenheit des Marktes folgt, daß die Summe der Anfangs- bzw. Endvermögen der Anleger gleich dem am Markt vorhandenen Anfangs- bzw. Endvermögen des Marktes ist:

$$\begin{aligned} \sum_{j=1}^{J} w_{0j} &= w_{0M} \\ \sum_{j=1}^{J} w_{0j}\mu_j &= w_{0M}\mu_M \quad . \end{aligned}$$

Daher gilt

$$w_{0M} \cdot \boldsymbol{y}_M = \boldsymbol{\Sigma}_{11}^{-1} [\underline{\boldsymbol{\mu}}_1 \quad \underline{\mathbf{1}}]\, \boldsymbol{A}^{-1} \begin{pmatrix} w_{0M}\ \mu_M \\ w_{0M} \end{pmatrix}$$

Deshalb gilt für das Marktportefeuille

$$\boldsymbol{y}_M = \boldsymbol{\Sigma}_{11}^{-1} [\underline{\boldsymbol{\mu}}_1 \quad \underline{\mathbf{1}}]\, \boldsymbol{A}^{-1} \begin{pmatrix} \mu_M \\ 1 \end{pmatrix} \quad .$$

Das Marktportefeuille $\boldsymbol{y}_M$ ist daher ein $(\mu - \sigma)$-effizientes Portefeuille. Für jedes $(\mu - \sigma)$-effiziente Portefeuille - ausgenommen das globale varianzminimale Portefeuille - läßt sich ein orthogonales Portefeuille $\boldsymbol{y}_z$ finden. Ist das Marktportefeuille verschieden vom globalen varianzminimalen Portefeuille, dann läßt sich der Erwartungsvektor $\underline{\boldsymbol{\mu}}$ nach (3.3.2.-6) schreiben als

$$\underline{\boldsymbol{\mu}} = \mu_z\, \underline{\mathbf{1}} + (\mu_M - \mu_z)\, \underline{\boldsymbol{\beta}}_M \quad .$$

mit

$$\underline{\boldsymbol{\beta}}_M = \frac{\text{cov}\ (\underline{\boldsymbol{R}}, R_M)}{\text{var}\ R_M} \quad .$$

Für den Renditevektor gilt nach (3.3.2.-7)

$$\underline{\boldsymbol{R}} = R_z(\underline{1} - \underline{\boldsymbol{\beta}}_M) + R_M\, \underline{\boldsymbol{\beta}}_M + \underline{\boldsymbol{\varepsilon}}_M^{**}$$

wobei

$$\boldsymbol{F}_M := \boldsymbol{I} - \underline{\boldsymbol{\beta}}_M\, \underline{\boldsymbol{x}}_M' - (\underline{1} - \underline{\boldsymbol{\beta}}_M)\, \underline{\boldsymbol{x}}_z'$$

$$\underline{\boldsymbol{\varepsilon}}_M^{**} := \boldsymbol{F}_M \cdot \underline{\boldsymbol{\varepsilon}}$$

mit

$$\text{erw } \underline{\boldsymbol{\varepsilon}}_M^{**} = \underline{0}$$

$$\text{var } \underline{\boldsymbol{\varepsilon}}_M^{**} = \boldsymbol{F}_M \boldsymbol{\Sigma}\, \boldsymbol{F}_M' \ .$$

Abweichend von den Ergebnissen der Gleichgewichtsmodelle mit KRRA-Nutzenfunktionen ergibt sich für die Kovarianzen:

$$\text{cov } (\underline{\boldsymbol{\varepsilon}}_M^{**}, R_z) = \underline{0}$$

$$\text{cov } (\underline{\boldsymbol{\varepsilon}}_M^{**}, R_M) = \underline{0} \ .$$

Aus dem CAPM ergibt sich zusätzlich zu den Aussagen der entsprechenden Arbitragemodelle, daß die Renditen in Abhängigkeit von der Marktrendite und der Rendite des zum Marktportefeuille orthogonalen Portefeuilles dargestellt werden können. Die Risikomaße ergeben sich durch die Kovarianzen zwischen den Renditen und der Marktrendite dividiert durch die Varianz der Marktrendite.

4.3. Gleichgewichtsmodelle für Renditen mit Faktormodellannahme

Die von uns formulierten Gleichgewichtsmodelle stellen einerseits Spezialfälle der von ROSS (1976, 1977) untersuchten Arbitragemodelle dar. Sie ergeben sich, wenn die Arbitragefreiheitsannahme der in Abschnitt 3.4. dargestellten Arbitragemodelle zur Gleichgewichtsannahme verschärft und die dann notwendigen Anlegerannahmen eingeführt werden. Andererseits lassen sich die Gleichgewichtsmodelle mit Faktormodellannahme auch als Spezialisierung der Gleichgewichtsmodelle des Abschnitts 4.2. betrachten. Zusätzlich zu den in Abschnitt 4.2. getroffenen Annahmen unterstellen wir die Faktormodellannahme. Aus dem CAPM in Punkt 4.2.3. ergibt sich so das Multi-Beta-CAPM.

Bei der Analyse der Gleichgewichtsmodelle mit Faktormodellannahme gehen wir von den in Abschnitt 4.2. hergeleiteten Resultaten aus. In Punkt 4.3.1. wird untersucht, welche Folgerungen aus der neu hinzugekommenen Faktormodellannahme gezogen werden können. Da die Resultate für einelne Klassen von Nutzenfunktionen für den Erwartungsvektor $\underline{\mu}$ zusammengefaßt werden können zu

$$\underline{\mu} \quad = \quad r_0 \, \underline{1} + (\mu_M - r_0) \, \underline{\beta}_M$$

bzw. falls keine risikolose Anlage existiert zu

$$\underline{\mu} \quad = \quad \mu_z \, \underline{1} + (\mu_M - \mu_z) \, \underline{\beta}_M \quad ,$$

ist keine getrennte Untersuchung für die unterschiedlichen Klassen von Nutzenfunktionen notwendig. Wegen seiner Bedeutung wird in Beispiel 4.3.1.-B1 das Multi-Beta-CAPM vorgestellt.
Wie in den entsprechenden Arbitragemodellen des Punktes 3.4.1. ergibt sich für die Gleichgewichtsmodelle in 4.3.1., daß sich die erwarteten Überschußrenditen aus den systematischen und unsystematischen Risikoprämien ergeben. Daher formulieren wir in dem anschließenden Punkt 4.3.2. Bedingungen für die ausschließliche Bewertung der erwarteten Überschußrenditen durch systematische Risikoprämien.

4.3.1. Allgemeines Resultat

In Punkt 4.2.1. haben wir gezeigt, daß für die allgemeine Klasse der HARA-Nutzenfunktion bei Existenz einer risikolosen Anlage für den Erwartungsvektor gilt

$$\underline{\mu} = r_0 \, \underline{1} + (\mu_M - r_0) \, \underline{\beta}_M \quad .$$

In Punkt 4.2.2. wurde für KRRA-Nutzenfunktionen und in Punkt 4.2.3. für quadratische Nutzenfunktionen bei Existenz eines Portefeuilles $\underline{x}_z$ mit

$$\underline{x}_z' \, \underline{\beta}_M = 0$$

für den Erwartungsvektor $\underline{\mu}$ abgeleitet:

$$\underline{\mu} = \mu_z \, \underline{1} + (\mu_M - \mu_z) \, \underline{\beta}_M \quad .$$

Da gilt

$$\underline{\beta}_M = \frac{\text{cov } [\underline{R}, U_M^*(R_M)]}{\text{cov } [R_M, U_M^*(R_M)]}$$

läßt sich die Faktormodellannahme direkt einsetzen, so daß

$$\begin{aligned}
\underline{\beta}_M &= \frac{\text{cov } [\underline{\mu} + \boldsymbol{B} \, \underline{f} + \underline{e}, U_M^*(R_M)]}{\text{cov } [R_M, U_M^*(R_M)]} \\
&= \frac{\text{cov } [\boldsymbol{B} \, \underline{f} + \boldsymbol{T} \, \underline{f}_u, U_M^*(R_M)]}{\text{cov } [R_M, U_M^*(R_M)]} \\
&= \boldsymbol{B} \, \frac{\text{cov } [\underline{f}, U_M^*(R_M)]}{\text{cov } [R_M, U_M^*(R_M)]} + \boldsymbol{T} \, \frac{\text{cov } [\underline{f}_u, U_M^*(R_M)]}{\text{cov } [R_M, U_M^*(R_M)]} \quad .
\end{aligned}$$

(1) Eine risikolose Anlage existiert

Es gilt

$$\underline{\mu} = r_0 \, \underline{1} + (\mu_M - r_0) \, \underline{\beta}_M$$

mit

$$\underline{\beta}_M = \frac{\text{cov}\ [\underline{\boldsymbol{R}}, U_M^*(R_M)]}{\text{cov}\ [R_M, U_M^*(R_M)]} \quad .$$

Der Erwartungsvektor $\underline{\mu}$ läßt sich dann schreiben als

$$\underline{\mu} = r_0\ \underline{1} + (\mu_M - r_0)\ \boldsymbol{B}\ \frac{\text{cov}\ [\underline{\boldsymbol{f}}, U_M^*(R_M)]}{\text{cov}\ [R_M, U_M^*(R_M)]}$$

$$+ (\mu_M - r_0)\ \boldsymbol{T}\ \frac{\text{cov}\ [\underline{\boldsymbol{f}}_u, U_M^*(R_M)]}{\text{cov}\ [R_M, U_M^*(R_M)]} \quad .$$

Da gilt

$$r_0 = \frac{\text{erw}\ [R_M \cdot U_M^*(R_M)]}{\text{erw}\ U_M^*(R_M)} \quad ,$$

ergibt sich

$$\text{cov}\ [R_M, U_M^*(R_M)] = \text{erw}\ [R_M \cdot U_M^*(R_M)] - \mu_M \cdot \text{erw}\ U_M^*(R_M)$$

$$= -(\mu_M - r_0)\ \text{erw}\ U_M^*(R_M)$$

so daß der Erwartungsvektor geschrieben werden kann als

$$\underline{\mu} = r_0\ \underline{1} + \boldsymbol{B}\ \left(-\frac{\text{cov}\ [\underline{\boldsymbol{f}}, U_M^*(R_M)]}{\text{erw}\ U_M^*(R_M)}\right)$$

$$+ \boldsymbol{T}\ \left(-\frac{\text{cov}\ [\underline{\boldsymbol{f}}_u, U_M^*(R_M)]}{\text{erw}\ U_M^*(R_M)}\right) \quad . \qquad (4.3.1. - 1)$$

Der Erwartungsvektor $\underline{\mu}$ ist eine Linearkombination der systematischen und unsystematischen Risikoprämien. Die systematischen Risikoprämien sind das Produkt aus den Risikomaßen, die sich aus der Faktorladungsmatrix $\boldsymbol{B}$ ergeben, und den Risikopreisen, die den negativen Kovarianzen zwischen den Faktoren und dem Grenznutzen der Marktrendite dividiert durch den erwarteten Grenznutzen der Marktrendite entsprechen. Für die unsystematischen Risikoprämien ergibt sich eine ähnliche Beziehung, allerdings müssen die Störvariablen zuerst als Linearkombination eines standardisierten Zufallsvektors $\underline{\boldsymbol{f}}_u$ dargestellt werden. Die unsystematischen Risikomaße ergeben sich durch die Koeffizienten der Matrix $\boldsymbol{T}$ einer FOS-Darstellung des Störvektors:

$$\underline{e} \quad = \quad \boldsymbol{T}\,\underline{\boldsymbol{f}}_u \quad .$$

Die unsystematischen Risikopreise sind die negativen Kovarianzen zwischen den Elementen des Vektors $\underline{\boldsymbol{f}}_u$ und dem Grenznutzen der Marktrendite dividiert durch den erwarteten Grenznutzen der Marktrendite.

Die Darstellung des Renditevektors $\underline{\boldsymbol{R}}$ ergibt sich durch Einsetzen von (4.3.1.-1) in die Faktormodelldarstellung

$$\begin{aligned}
\underline{\boldsymbol{R}} &= \underline{\boldsymbol{\mu}} + \boldsymbol{B}\,\underline{\boldsymbol{f}} + \underline{e} \\
&= r_0\,\underline{1} + \boldsymbol{B}\left(-\frac{\text{cov}\;[\underline{\boldsymbol{f}}, U_M^*(R_M)]}{\text{erw}\;\;U_M^*(R_M)}\right) \\
&\quad + \boldsymbol{T}\left(-\frac{\text{cov}\;[\underline{\boldsymbol{f}}_u, U_M^*(R_M)]}{\text{erw}\;\;U_M^*(R_M)}\right) + \boldsymbol{B}\,\underline{\boldsymbol{f}} + \boldsymbol{T}\,\underline{\boldsymbol{f}}_u \qquad (4.3.1.-2) \\
&= r_0\,\underline{1} + \boldsymbol{B}\left(-\frac{\text{cov}\;[\underline{\boldsymbol{f}}, U_M^*(R_M)]}{\text{erw}\;\;U_M^*(R_M)} + \underline{\boldsymbol{f}}\right) \\
&\quad + \boldsymbol{T}\left(-\frac{\text{cov}\;[\underline{\boldsymbol{f}}_u, U_M^*(R_M)]}{\text{erw}\;\;U_M^*(R_M)} + \underline{\boldsymbol{f}}_u\right) \quad .
\end{aligned}$$

Für den Renditevektor $\underline{\boldsymbol{R}}$ gilt somit ein ähnlicher Zusammenhang wie für den Erwartungsvektor $\underline{\boldsymbol{\mu}}$. Während die Risikomaße bei der Darstellung des Renditevektors $\underline{\boldsymbol{R}}$ und des Erwartungsvektors $\underline{\boldsymbol{\mu}}$ identisch sind, ergeben sich bei den Risikopreisen Unterschiede. Die Riskopreise der Darstellung (4.3.1.-1) des Erwartungsvektors sind deterministisch, bei der Darstellung (4.3.1.-2) des Renditevektors liegen stochastische Risikopreise vor.

(2) Eine risikolose Anlage existiert nicht

Es gilt

$$\underline{\boldsymbol{\mu}} = \mu_z \, \underline{\mathbf{1}} + (\mu_M - \mu_z) \, \underline{\boldsymbol{\beta}}_M$$

mit

$$\mu_z = \frac{\text{erw} \ [R_M \cdot U_M^*(R_M)]}{\text{erw} \ U_M^*(R_M)} \quad .$$

Nach der Aufspaltung des Vektors $\underline{\boldsymbol{\beta}}_M$ ergibt sich für den Erwartungsvektor

$$\begin{aligned} \underline{\boldsymbol{\mu}} &= \mu_z \, \underline{\mathbf{1}} + \boldsymbol{B} \left(- \frac{\text{cov} \ [\underline{\boldsymbol{f}}, U_M^*(R_M)]}{\text{erw} \ U_M^*(R_M)} \right) \\ &\quad + \boldsymbol{T} \left(- \frac{\text{cov} \ [\underline{\boldsymbol{f}}_u, U_M^*(R_M)]}{\text{erw} \ U_M^*(R_M)} \right) \end{aligned} \qquad (4.3.1. - 3)$$

und für den Renditevektor

$$\begin{aligned} \underline{\boldsymbol{R}} &= \mu_z \, \underline{\mathbf{1}} + \boldsymbol{B} \left(- \frac{\text{cov} \ [\underline{\boldsymbol{f}}, U_M^*(R_M)]}{\text{erw} \ U_M^*(R_M)} + \underline{\boldsymbol{f}} \right) \\ &\quad + \boldsymbol{T} \left(- \frac{\text{cov} \ [\underline{\boldsymbol{f}}_u, U_M^*(R_M)]}{\text{erw} \ U_M^*(R_M)} + \underline{\boldsymbol{f}}_u \right) \quad . \end{aligned} \qquad (4.3.1. - 4)$$

Ohne risikolose Rendite ergibt sich für die Darstellung des Erwartungsvektors $\underline{\boldsymbol{\mu}}$ und des Renditevektors $\underline{\boldsymbol{R}}$ dieselben systematischen und unsystematischen Risikoprämien wie bei Existenz einer risikolosen Rendite. An die Stelle der risikolosen Anlage tritt die Anlage in ein Portefeuille $\underline{\boldsymbol{x}}_z$, das ein Risikomaß von Null bezüglich des Marktportefeuilles aufweist.

Ein Vergleich der Resultate der Gleichgewichtsmodelle mit denen der Arbitragemodelle zeigt, daß durch die zusätzlichen Annahmen weitere Aussagen über die Risikopreise möglich sind. Während in den Arbitragemodellen die Rendite eines beliebigen effizienten Portefeuilles der Maßstab für die Risikopreise ist, übernimmt in den Gleichgewichtsmodellen die Marktrendite diese Stelle. Werden die Gleichgewichtsmodelle mit Faktormodellannahme den allgemeineren Gleichgewichtmodellen für beliebige Renditen gegenübergestellt, dann erkennt man die Bedeutung der Faktormodellannahme. Diese Annahme liefert eine Grundlage für die Aufteilung der Risikoprämie der allgemeinen Gleichgewichtsmodelle in K Risikoprämien.

Beispiel 4.3.1.-B1

In diesem Beispiel wird das klassische CAPM um eine Faktormodellannahme erweitert. Eine ähnliche Untersuchung führte SHARPE (1977) durch, wobei er das Resultat mit "MULTI-BETA-CAPM" bezeichnete. Im Unterschied zu der hier eingeführten Faktormodellannahme verwendete SHARPE die Annahme, daß die Marktrendite eine Linearkombination von K Faktoren und einer Störgröße ist. Aus dem klassischen CAPM ergibt sich (vgl. 4.2.3.)

$$\underline{\boldsymbol{\mu}} = r_0\,\underline{\mathbf{1}} + (\mu_M - r_0)\,\underline{\boldsymbol{\beta}}_M$$

mit

$$\underline{\boldsymbol{\beta}}_M = \frac{\text{cov}\ [\underline{\boldsymbol{R}}, R_M]}{\text{var}\ R_M}$$

$$= \frac{\boldsymbol{\Sigma}\,\underline{\boldsymbol{x}}_M}{\underline{\boldsymbol{x}}_M'\,\boldsymbol{\Sigma}\,\underline{\boldsymbol{x}}_M} \quad .$$

Unter Verwendung der Faktormodellannahme läßt sich der Vektor $\underline{\boldsymbol{\beta}}_M$ der Risikomaße schreiben als

$$\underline{\boldsymbol{\beta}}_M = \boldsymbol{B}\,\frac{\text{cov}\ [\underline{\boldsymbol{f}}, R_M]}{\text{var}\ R_M} + \boldsymbol{T}\,\frac{\text{cov}\ [\underline{\boldsymbol{f}}_u, R_M]}{\text{var}\ R_M}$$

und der Erwartungsvektor als

$$\underline{\boldsymbol{\mu}} = r_0\,\underline{\mathbf{1}} + \boldsymbol{B}\,\frac{(\mu_M - r_0)\text{cov}\ [\underline{\boldsymbol{f}}, R_M]}{\text{var}\ R_M} + \boldsymbol{T}\,\frac{(\mu_M - r_0)\text{cov}\ [\underline{\boldsymbol{f}}_u, R_M]}{\text{var}\ R_M} \quad .$$

Unter Berücksichtigung von

$$R_M = \underline{x}_M' \, \underline{R}$$

läßt sich eine andere Darstellung für den Erwartungsvektor finden:

$$\underline{\mu} = r_0 \, \underline{1} + \boldsymbol{B} \, \frac{\mu_M - r_0}{\sigma_M^2} \cdot \boldsymbol{B}' \, \underline{x}_M + \boldsymbol{T} \, \frac{\mu_M - r_0}{\sigma_M^2} \, \boldsymbol{T}' \, \underline{x}_M \quad .$$

Da die Matrizen $\boldsymbol{B}$ und $\boldsymbol{T}$ die Risikomaße enthalten, ergibt sich für die Risikopreisvektoren

$$\underline{r}_1 = \frac{\mu_M - r_0}{\sigma_M^2} \, \boldsymbol{B}' \, \underline{x}_M$$

$$\underline{r}_2 = \frac{\mu_M - r_0}{\sigma_M^2} \, \boldsymbol{T}' \, \underline{x}_M \quad .$$

Die Risikoprämie des klassischen CAPM kann unter Einbeziehung eines Faktormodells aufgeteilt werden in mehrere Risikoprämien. Das steht der Behautpung entgegen, daß die APT-Modelle zur Bewertung der Renditen mittels K Risikoprämien führen, und das CAPM nur als Spezialfall mit $K = 1$ zu sehen ist.

Das klassische CAPM ist ein Gleichgewichtsmodell ohne Faktormodellannahme. Es ist ein Spezialfall der bisher in der Literatur vernachlässigten Arbitragemodelle ohne Faktormodellannahme. Daher erscheint es nicht sinnvoll, das klassische CAPM einem Arbitragemodell mit Faktormodellannahme gegenüberzustellen. Um die Bedeutung der Gleichgewichtsannahme aufzuzeigen, muß entweder ein Vergleich des CAPM mit den Arbitragemodellen ohne Faktormodellannahme oder ein Vergleich des MULTI-BETA-CAPM mit Arbitragemodellen, die eine Faktormodellannahme zugrundelegen, durchgeführt werden.
Ein Vergleich der ersten beiden Modelle zeigt, daß die Gleichgewichtsannahme und die damit zusammenhängenden Annahmen dazu führt, daß der Risikopreis

$(\mu_M - r_0)$ und der Vektor $\underline{\beta}_M$ der Risikomaße in Abhängigkeit von dem Marktportefeuille spezifiziert werden können, während in Arbitragemodellen ohne Faktormodellannahme statt des Marktportefeuilles irgendein effizientes Portefeuille verwendet wurde.

Das CAPM mit Faktormodellannahme ist ein Spezialfall der Arbitragemodelle mit Faktormodellannahme. Während bei den Arbitragemodellen die Risikopreisvektoren nicht näher spezifiziert sind bzw. in Abhängigkeit von der erwarteten Überschußrendite eines effizienten Portefeuilles spezifiziert sind, können die Risikopreisvektoren in dem CAPM mit Faktormodellannahme in Abhängigkeit von dem Marktportefeuille dargestellt werden. Neben diesen Resultaten gelten für die Gleichgewichtsmodelle die in Abschnitt 4.2. gemachten Aussagen über das Marktportefeuille und das Anlegerverhalten. Diese Aussagen gehen über die Resultate der Arbitragemodelle hinaus.

4.3.2. Bedingungen für die ausschließliche Bewertung durch systematische Risikoprämien

Wenn ein Portefeuille $\underline{x}_z$ mit

$$\underline{x}_z' \, \underline{\beta}_M = 0$$

existiert, dann läßt sich in einem Gleichgewichtsmodell mit Faktormodellannahme nach (4.3.1.-3) für den Erwartungsvektor

$$\underline{\mu} = \mu_z \, \underline{1} + \boldsymbol{B}\left(-\frac{\text{cov}\ [\underline{f}, U_M^*(R_M)]}{\text{erw}\ U_M^*(R_M)}\right) + \boldsymbol{T}\left(-\frac{\text{cov}\ [\underline{f}_u, U_M^*(R_M)]}{\text{erw}\ U_M^*(R_M)}\right)$$

und nach (4.3.1.-4) für den Renditevektor

$$\underline{R} = \mu_z \, \underline{1} + \boldsymbol{B}\left(-\frac{\text{cov}\ [\underline{f}, U_M^*(R_M)]}{\text{erw}\ U_M^*(R_M)} + \underline{f}\right) + \boldsymbol{T}\left(-\frac{\text{cov}\ [\underline{f}_u, U_M^*(R_M)]}{\text{erw}\ U_M^*(R_M)} + \underline{f}_u\right)$$

schreiben.

Existiert eine risikolose Rendite r_0, dann wird die erwartete Rendite des Portefeuilles $\underline{x}_z$ in (4.3.1.-3) bzw. (4.3.1.-4) ersetzt durch die risikolose Rendite r_0.

Wie für die Arbitragemodelle in Punkt 4.3.2. gezeigt, muß für die ausschließliche Bewertung durch systematische Risikoprämien gelten, daß die Risikopreise $\underline{r}_2$ für die unsystematischen Risiken gleich Null sind. Da gilt

$$\underline{r}_2 \quad = \quad -\frac{\text{cov} \ [\underline{f}_u, U_M^*(R_M)]}{\text{erw} \ U_M^*(R_M)} \quad ,$$

muß die Kovarianz zwischen den aus den Störvariablen abgeleiteten Faktoren $\underline{f}_u$ und dem Grenznutzen der Marktrendite gleich null sein:

$$\text{cov} \ [\underline{f}_u, U_M^*(R_M)] \quad = \quad \underline{0} \quad .$$

Allerdings ist dadurch eine Beeinflussung der systematischen Risikopreise $\underline{r}_1$ durch die unsystematischen Risiken nicht ausgeschlossen, da gilt

$$\underline{r}_1 \quad = \quad -\frac{\text{cov} \ [\underline{f}, U_M^*(R_M)]}{\text{erw} \ U_M^*(R_M)} \quad .$$

Solange daß die Marktrendite unsystematische Risiken enthält, können diese auf die systematischen Risikopreise einen Einfluß haben. Daher muß gelten

$$\underline{x}_M' \, \underline{e} \quad = \quad 0 \quad .$$

Das bedeutet, daß die Marktrendite nur systematisches Risiko enthält. Somit dürfen nur die gemeinsamen Faktoren, nicht jedoch die wertpapierspezifischen Störvariablen die Marktrendite bestimmen.

Im Abschnitt 4.2. wurde gezeigt, daß die effizienten Portefeuilles der Anleger hinsichtlich der Wertpapiere mit stochastisch linear unabhängigen Renditen diesselbe Struktur aufweisen wie das Marktportefeuille. Daher ist es ausreichend, wie in den Arbitragemodellen zu fordern, daß ein effizientes Portefeuille ohne unsystematisches Risiko existiert, dessen Grenznutzen keine Korrelation mit den Störvariablen aufweist. Im Unterschied zu den Arbitragemodellen kann nicht jede beliebige Nutzenfunktion verwendet werden, sondern nur die in Abschnitt 4.2. beschriebenen.

5. Analyse der empirischen Überprüfbarkeit der Modelle im Rahmen von Regressionsmodellen

Die empirische Überprüfbarkeit der Modelle stellt ein wesentliches Kriterium für ihre Beurteilung dar. Viele Autoren [ROLL/ROSS 1980, S. 1074; REINGANUM, 1981, S. 313; HUBERMAN, 1982, S. 184; BEENSTOCK/CHAN, 1986, S. 123] teilen die Ansicht von LEHMAN/MODEST (1985, S.2): "The Arbitrage Pricing Theory (APT) developed by Ross (1976, 1977) represents one of the major attempts to overcome the problems with testability and the anamalous empirical that have plagued other theories."

In diesem Kapitel soll die Frage geklärt werden, ob die Arbitragemodelle die in sie gesetzten Erwartungen erfüllen. Dazu werden die Möglichkeiten einer empirischen Untersuchung der Resultate von Arbitrage- und Gleichgewichtsmodellen im Rahmen spezieller Regressionsmodelle diskutiert. Die Verwendung von Regressionsmodellen entspricht dem in der Literatur üblichen Vorgehen. Dieses Vorgehen bietet sich an, da die Resultate der Arbitrage- und Gleichgewichtsmodelle lineare Beziehungen zwischen Renditen und Risikoprämien (Produkte aus Risikomaßen und -preisen) implizieren.
Abschnitt 5.1. umfaßt eine allgemeine Diskussion der empirischen Überprüfung der Arbitrage- und Gleichgewichtsmodelle im Rahmen von Regressionsmodellen. Die zwei möglichen Ansätze werden diskutiert ohne auf die besonderen Probleme von Arbitrage- und Gleichgewichtsmodellen einzugehen. Diese Ansätze werden in dem Abschnitt 5.2. exemplarisch auf ein spezielles Arbitragemodell und in 5.3. auf ein spezielles Gleichgewichtsmodell angewendet sowie auf ihre Tauglichkeit geprüft. Für die übrigen Modelle ist ein weitgehend analoges Vorgehen möglich. Um unnötige Wiederholungen zu vermeiden, wird auf eine Darstellung für die restlichen Modelle verzichtet.
In Abschnitt 5.2. wird ein Arbitragemodell mit Faktormodellannahme untersucht,

das zu exakter Arbitragebewertung — der Bewertung der Renditen mittels systematischer Risikoprämien — führt. Die in der Literatur diskutierten Arbitragemodelle — die APT-Modelle — legen immer die Faktormodellannahme zugrunde. Außerdem gilt für die dazu durchgeführten empirischen Untersuchungen die von HUBERMAN (1986, S. 17) getroffene Feststellung: "Empirical work inspired by the APT typically ignores (1.2) [$\underline{\mu} = r_0 \, \underline{1} + \boldsymbol{B} \, \underline{r}_1 + \boldsymbol{T} \, \underline{r}_2$] and studies instead exact arbitrage pricing (1.2.') [$\underline{\mu} = r_0 \, \underline{1} + \boldsymbol{B} \, \underline{r}_1$]". [1] Daher können die bisher zu den Arbitragemodellen durchgeführten Untersuchungen mit einbezogen werden. Abschnitt 5.3. beschäftigt sich mit der empirischen Überprüfbarkeit des klassischen CAPM von SHARPE (1964), LINTNER (1965) und MOSSIN (1966). Damit ist ein Großteil der empirischen Untersuchungen zu den Gleichgewichtsmodellen erfaßt.

Die Abschnitte 5.2. und 5.3. zeigen, daß alle in der Literatur durchgeführten empirischen Untersuchungen der Arbitrage- und Gleichgewichtsmodelle, die sich der Methode der Regressionsanalyse bedienen, Spezialfälle der in 5.1. beschriebenen Ansätze darstellen. Weiterhin zeigen die Abschnitte 5.2. und 5.3., daß viele dieser empirischen Untersuchungen aufgrund der fehlenden systematischen Vorgehensweise der Autoren Widersprüche aufweisen, und daher keine Aussagen über die Gültigkeit der untersuchten Modelle erlauben.

5.1. Ansätze zur empirischen Untersuchung der Arbitrage- und Gleichgewichtsmodelle

Sowohl Arbitrage- als auch Gleichgewichtsmodelle erlauben Aussagen über die Struktur der erwarteten Renditen in Abhängigkeit von Risikoprämien.

Das Arbitragemodell mit Faktormodellannahme führt unter der Bedingung, daß

---

[1] Die Gleichungen in Klammern wurden eingefügt.

ein effizientes Portefeuille ohne unsystematisches Risiko existiert, zu einer exakten Arbitragebewertung. Exakte Arbitragebewertung bedeutet, daß eine Bewertung der erwarteten Renditen mittels systematischer Risikoprämien möglich ist:

$$\underline{\boldsymbol{\mu}} \quad = \quad r_0 \, \underline{\mathbf{1}} + \boldsymbol{B} \, \underline{\boldsymbol{r}}_1 \quad .$$

Das CAPM ergibt

$$\underline{\boldsymbol{\mu}} \quad = \quad r_0 \, \underline{\mathbf{1}} + \underline{\boldsymbol{\beta}}_M(\mu_M - r_0) \quad .$$ [1)]

Im Resultat des hier betrachteten Arbitragemodells erscheinen K Risikoprämien, im Resultat des CAPM nur eine Risikoprämie. Gemeinsam ist beiden Modellen, daß der Erwartungsvektor $\underline{\boldsymbol{\mu}}$ in Abhängigkeit von Risikoprämien dargestellt wird. Unterschiedlich ist bei den beiden Modellen sowohl die Anzahl als auch die Art der Risikoprämien. Dieser Abschnitt behandelt die möglichen Ansätze zur empirischen Überprüfung, ohne auf die speziellen Probleme einzelner Modelle einzugehen. Die empirische Überprüfung der Modelle geschieht auf der Basis ihrer Konsequenzen und damit auf der Basis der Modellresultate. Die beiden Ansätze, die bei der Verwendung von Regressionsmodellen möglich sind, und ihre Probleme werden anhand des CAPM-Resultates erläutert. Da es nur eine Risikoprämie enthält, läßt sich eine einfache Darstellung erreichen.
Wären die in den Modellresultaten vorkommenden Größen bekannt, so wären zwei Ansätze zur empirischen Überprüfung der Modelle denkbar.

---

1) Dieses Resultat für die erwarteten Renditen ergibt sich auch in dem Arbitragemodell des Beispiels 3.4.2.-B1. Eine empirische Untersuchung dieser Gleichung erlaubt keine Entscheidung, welches der beiden Modelle gültig ist.

Ansatz 1

Es wird das Gleichungssystem

$$\underline{\boldsymbol{\mu}} = \gamma_0 \, \underline{\mathbf{1}} + \gamma_1 \, \underline{\boldsymbol{\beta}}_M \qquad (5.1.-1)$$

mit den zwei Unbekannten γ_0 und γ_1 betrachtet. Bei Gültigkeit des CAPM ist das Gleichungssystem lösbar und für die Lösung gilt

$$\begin{aligned} \gamma_0 &= r_0 \\ \gamma_1 &= \mu_M - r_0 \quad . \end{aligned}$$

Ansatz 2

Es wird das Gleichungssystem

$$\underline{\boldsymbol{\mu}} = \delta_0 \, \underline{\mathbf{1}} + (\mu_M - r_0) \, \underline{\boldsymbol{\delta}}_1 \qquad (5.1.-2)$$

mit den $N + 1$ Unbekannten δ_0 und $\underline{\boldsymbol{\delta}}_1 = (\delta_{11}, \ldots, \delta_{1N})'$ betrachtet. Da das Gleichungssystem N Gleichungen und $N + 1$ Unbekannte besitzt, existiert keine eindeutige Lösung [SEARLE, 1982, S. 240]. Bei Gültigkeit des Modells ist aber

$$\begin{aligned} \delta_0 &= r_0 \\ \underline{\boldsymbol{\delta}}_1 &= \underline{\boldsymbol{\beta}}_M \end{aligned}$$

eine Lösung des Gleichungssystems.

Die beschriebenen Ansätze sind allerdings praktisch nicht durchführbar. Denn obwohl Arbitrage- und Gleichgewichtsmodelle unterschiedliche Risikoprämien verwenden, ist beiden gemeinsam, daß die in den Resultaten vorkommenden Größen nicht beobachtbar sind. Weder die erwarteten Renditen noch die Risikomaße

noch die Risikopreise sind am Kapitalmarkt beobachtbar. Für eine empirische Überprüfung der Modelle ist es daher notwendig, die in den Gleichungssystemen als bekannt vorausgesetzten Größen durch am Kapitalmarkt beobachtbare Variablen zu ersetzen. Für die Modellgrößen, die in den Gleichungssystemen als Unbekannte verwendet wurden, müssen aus den Arbitrage- und Gleichgewichtsmodellen Restriktionen abgeleitet werden. Mit Hilfe dieser Restriktionen läßt sich die Gültigkeit der Modelle überprüfen.
Im Gegensatz zu den veröffentlichten empirischen Arbeiten erfolgt in der vorliegenden Arbeit die Verwendung von Ersatzvariablen nicht ad hoc, sondern es wird von funktionalen Verknüpfungen zwischen den Modellgrößen und den Ersatzvariablen ausgegangen. Über diese Beziehungen ist es dann möglich, die Modellgrößen durch beobachtbare Variablen zu ersetzen und so zu Gleichungen für beobachtbare Variablen zu gelangen. Nur in wenigen Fällen können deterministische Ersatzvariablen verwendet werden, ansonsten muß auf beobachtbare Zufallsvariablen zurückgegriffen werden.

Das Ersetzen der Modellgrößen durch beobachtbare Zufallsvariablen führt zu einem "Fehler-in-den-Variablen-Ansatz" [SCHNEEWEISS/MITTAG, 1987, S. 7-10 und S. 13-14]. Auf die bei einem derartigen Ansatz auftretenden statistischen Probleme wird bei der Diskussion der veröffentlichten Arbeiten in den Abschnitten 5.2. und 5.3. eingegangen. Die folgenden Ausführungen beschreiben ausgehend von den zwei möglichen Ansätzen, wie und unter welchen Bedingungen die Arbitrage- und Gleichgewichtsmodelle empirisch überprüft werden können.

Beide Ansätze erfordern das Ersetzen der erwarteten Renditen durch beobachtbare Variablen. Der Erwartungsvektor $\underline{\mu}$ wird daher ersetzt durch den am Kapitalmarkt beobachtbaren Zufallsvektor $\underline{\tilde{\mu}}$. Setzt man

$$\underline{\zeta} \quad := \quad \underline{\tilde{\mu}} - \underline{\mu} \quad ,$$

dann gilt für den Zufallsvektor $\underline{\zeta}$,

$$\text{erw } \underline{\zeta} = \text{erw } \underline{\tilde{\mu}} - \underline{\mu}$$

$$\text{var } \underline{\zeta} = \text{var } \underline{\tilde{\mu}} \ .$$

Für den Vektor $\underline{\tilde{\mu}}$ läßt sich dann die Gleichung bilden:

$$\underline{\tilde{\mu}} = r_0 \, \underline{1} + (\mu_M - r_0) \, \underline{\beta}_M + \underline{\zeta} \ . \qquad (5.1.-3)$$

Für den Vektor $\underline{\tilde{\mu}}$ wurde in früheren Arbeiten [BEENSTOCK/CHAN, 1986, S. 123-126; CHEN, 1983, S. 1398; ROLL/ROSS, 1980, S. 1089-1090; MILLER/ SCHOLES, 1972, S. 53] ein erwartungstreuer Schätzvektor verwendet. Eine andere, bisher ungenügend berücksichtigte Möglichkeit ist die Verwendung des Renditevektors $\underline{R}$. In den Kapiteln 3 und 4 wurde bereits gezeigt, daß nicht nur für den Erwartungsvektor $\underline{\mu}$, sondern auch für den Renditevektor $\underline{R}$ Beziehungen formuliert werden können.

Wenn

$$\underline{\varepsilon} := \underline{R} - \underline{\mu} \ ,$$

dann gilt für den Zufallsvektor $\underline{\varepsilon}$:

$$\text{erw } \underline{\varepsilon} = \underline{0}$$

$$\text{var } \underline{\varepsilon} = \boldsymbol{\Sigma} \ ,$$

und für den Renditevektor $\underline{R}$ gilt:

$$\underline{R} = r_0 \, \underline{1} + (\mu_M - r_0) \, \underline{\beta}_M + \underline{\varepsilon} \ . \qquad (5.1.-4)$$

Die Verwendung der Renditen als Ersatzgrößen für die erwarteten Renditen hat den Vorteil, daß sich aus den Arbitrage- und Gleichgewichtsmodellen direkt Aussagen über den Renditevektor ableiten lassen. Daher sind keine zusätzlichen Annahmen über die Beziehung zwischen Ersatzgrößen und Modellgrößen erforderlich.

Außerdem ergibt sich bei der Verwendung der Renditen für den Vektor $\underline{\varepsilon}$ als Erwartungsvektor der Nullvektor und über die Kovarianzmatrix können bereits aus den Arbitrage- und Gleichgewichtsmodellen bereits Aussagen gemacht werden.

Da jedoch weder die Risikomaße noch die Risikopreise beobachtbar sind, kann mit den Gleichungen (5.1.-3) bzw. (5.1.-4) keine empirische Untersuchung durchgeführt werden. Dazu müssen entweder die Risikomaße oder Risikopreise ersetzt werden. In Abhängigkeit von der Wahl der zu ersetzenden Größen ergibt sich der Ansatz. Bei jedem Ansatz existieren unterschiedliche Varianten, da durch die Wahl des Ansatzes zwar die zu ersetzenden Größen, nicht jedoch die Ersatzvariablen festgelegt sind.

Ansatz 1

Man verwendet den Vektor $\tilde{\underline{\beta}}_M$ mit beobachtbaren Größen als Ersatz für den Vektor $\underline{\beta}_M$ der Risikomaße. Setzt man

$$\underline{\zeta}_B \quad := \quad \tilde{\underline{\beta}}_M - \underline{\beta}_M \quad ,$$

dann ergibt sich

$$\begin{aligned} \tilde{\underline{\mu}} &= r_0 \, \underline{1} + (\mu_M - r_0)(\tilde{\underline{\beta}}_M - \underline{\zeta}_B) + \underline{\zeta} \\ &= r_0 \, \underline{1} + (\mu_M - r_0)\tilde{\underline{\beta}}_M + \underline{\zeta}_B^* \end{aligned}$$

mit

$$\underline{\zeta}_B^* \quad := \quad \underline{\zeta} - (\mu_M - r_0)\underline{\zeta}_B \quad .$$

Ansatz 2

Man verwendet für den Risikopreis $(\mu_M - r_0)$ die Ersatzgröße $\tilde{r}_1$. Setzt man

$$\zeta_r \quad := \quad \tilde{r}_1 - (\mu_M - r_0) \quad ,$$

dann ergibt sich

$$\begin{aligned} \tilde{\boldsymbol{\mu}} &= r_0\,\underline{\mathbf{1}} + (\tilde{r}_1 - \zeta_r)\boldsymbol{\beta}_M + \boldsymbol{\zeta} \\ &= r_0\,\underline{\mathbf{1}} + \tilde{r}_1\,\boldsymbol{\beta}_M + \boldsymbol{\zeta}_r^* \end{aligned}$$

mit

$$\boldsymbol{\zeta}_r^* \quad := \quad \boldsymbol{\zeta} - \zeta_r\,\boldsymbol{\beta}_M \quad .$$

Für die beiden Ansätze ergeben sich somit unterschiedliche Gleichungen für den Vektor $\tilde{\boldsymbol{\mu}}$. Aus den Modellen folgt zwar keine Kausalität für die Variablen [ROSS, 1977, S. 194]; unterstellt man jedoch diese Kausalität, dann kann man die Gleichungen als Regressionsgleichungen interpretieren.

Ansatz 1 führt zu einer Querschnittsregression:

$$\tilde{\boldsymbol{\mu}} \quad = \quad \gamma_0\,\underline{\mathbf{1}} + \gamma_1\,\tilde{\boldsymbol{\beta}}_M + \boldsymbol{\zeta}_B^* \quad .$$

Der Vektor $\tilde{\boldsymbol{\beta}}_M$ der empirischen Risikomaße und eine Scheinvariable stellen die erklärenden Variablen dar, die Regressionskoeffizienten sind die risikolose Rendite und der Risikopreis.
Ansatz 2 führt zu Regressionsgleichungen für jedes einzelne Wertpapier i $(i = 1,\ldots,N)$:

$$\tilde{\mu}_i \quad = \quad \delta_0\,\underline{\mathbf{1}} + \delta_{1i}\,\tilde{r}_1 + \zeta_{ri}^* \quad .$$

Neben einer Scheinvariablen ist die Ersatzgröße $\tilde{r}_1$ erklärende Variable; die risikolose Rendite und das Risikomaß sind die Regressionskoeffizienten. Die N Regressionsgleichungen können als Spezialfall des "seemingly unrelated regression model

(SURM)" [ZELLNER, 1962; 1963] aufgefaßt werden:

$$\tilde{\underline{\mu}} \quad = \quad \delta_0 \, \underline{1} + \underline{\delta}_1 \, \tilde{r}_1 + \underline{\zeta}^* \quad .$$

Statt $2N$ sind nur $N + 1$ Regressionskoeffizienten zu schätzen, da die risikolose Rendite für alle Wertpapiere identisch ist.

Die Anzahl der zu einem Zeitpunkt möglichen Beobachtungen erweist sich allerdings für beide Ansätze als zu gering. Zu jedem Zeitpunkt kann jeweils nur eine Realisierung der Renditen und der anderen im Modell vorkommenden Zufallsvariablen beobachtet werden.
Für Ansatz 1 bedeutet dies, daß für die Risikomaße, die normierte Kovarianzen darstellen, keine empirischen Äquivalente bestimmt werden können.
Für die bei Ansatz 2 zu ersetzenden Risikomaße ist es zwar möglich, Ersatzgrößen zu einem Zeitpunkt zu finden - wie beispielsweise bestimmte Wertpapier- oder Portefeuillerenditen - , aber die Anzahl der erklärenden Variablen beträgt $N + 1$, die maximale Anzahl der möglichen Beobachtungen zu einem Zeitpunkt jedoch nur N. Der hier untersuchte Fall des CAPM mit einer Risikoprämie führt zu der für Ansatz 2 minimalen Anzahl zu schätzender Koeffizienten. Wird ein Resultat mit K Risikoprämien untersucht, so ergeben sich $NK + 1$ zu schätzende Koeffizienten bei N möglichen Beobachtungen. Die Anzahl der Beobachtungen ist daher immer geringer als die Anzahl der erklärenden Variablen.

Eine naheliegende Möglichkeit, um mehr Beobachtungen zu erhalten, ist die Verwendung von Zeitreihen [WINKELMANN, 1984, S. 17]. Da die Arbitrage- und Gleichgewichtsmodelle nur Aussagen zu einem festen Zeitpunkt erlauben, ergibt sich für jeden in die Betrachtung einbezogenen Zeitpunkt eine neue Gleichung:

$$\underline{\mu}_t \quad = \quad r_{0t} \, \underline{1} + (\mu_{Mt} - r_{0t}) \underline{\beta}_{Mt} \quad .$$

Bei Durchführung des Ansatz 1 müssen für jeden Zeitpunkt t Ersatzgrößen $\tilde{\underline{\mu}}_t$ und $\tilde{\underline{\beta}}_{Mt}$ gefunden werden. Da zu jedem Zeitpunkt t nur eine Beobachtung möglich ist, können wiederum keine empirischen Äquivalente für die Risikomaße $\underline{\beta}_{Mt}$ gefunden werden.

Die für den Ansatz 2 benötigten Ersatzgrößen $\tilde{\underline{\mu}}_t$ für die erwarteten Renditen und $\tilde{r}_{1t}$ für den Risikopreis lassen sich zu jedem Zeitpunkt t $(t = 1, \ldots, T)$ bestimmen. Für jedes Wertpapier ergeben sich T Beobachtungen und $2T$ zu schätzende Koeffizienten. Das gemeinsame Regressionsmodell für alle Wertpapiere ergibt wieder ein SURM mit NT Beobachtungen und $(N+1)T$ zu schätzenden Koeffizienten.

Bei beiden Ansätzen bleibt das Problem der zu geringen Anzahl der Beobachtungen bestehen. Da weder die Arbitrage- noch die Gleichgewichtsmodelle Aussagen über den Zusammenhang der Größen zu verschiedenen Zeitpunkten erlauben, kommt ein weiteres Problem hinzu. Um die Modelle einer empirischen Überprüfung zugänglich zu machen, sind Annahmen über die Zusammenhänge der Variablen zu verschiedenen Zeitpunkten notwendig [1]:

(i) Die in den Modellen vorkommenden Zufallsvariablen sind streng stationär [DHRYMES, 1970, S. 385, Definition 3].

(ii) Die Zufallsvariablen verschiedener Zeitpunkte sind unabhängig.

Die Stationaritätsannahme besagt, daß sich die gemeinsamen Verteilungen der Zufallsvariablen im Beobachtungszeitraum nicht verändern. Dies impliziert, daß die Momente der Zufallsvariablen über die Zeit hinweg konstant sind:

$$\begin{aligned} \underline{\mu}_t &= \underline{\mu} \\ \underline{\beta}_{Mt} &= \underline{\beta}_M \qquad t = 1, \ldots, T \quad . \end{aligned}$$

[1] Neben den hier eingeführten Annahmen sind noch andere möglich [BRENNER/ SMIDT, 1977]. Allerdings verwenden beinahe alle empirischen Arbeiten - zumeist implizit - die hier vorgestellten Annahmen.

Daraus folgt für die risikolose Rendite und den Risikopreis

$$\begin{aligned} r_{0t} &= r_0 \\ \mu_{Mt} - r_{0t} &= \mu_M - r_0 \qquad t = 1, \ldots, T \quad . \end{aligned}$$

Die Stationaritätsannahme bedeutet, daß der Beobachtungszeitraum nicht zu groß gewählt werden darf. Für den deutschen Kapitalmarkt wurde die Stationaritätsannahme für die Renditen von HECKER (1974) untersucht und für einen 4-Jahres-Zeitraum nicht verworfen. Aus der Annahme der strengen Stationarität ergibt die Konstanz der Momente der Zufallsvariablen und damit auch die Konstanz der Risikomaße. In der zu dem CAPM gehörenden Literatur wurde die Stationarität der Risikomaße vielfach empirisch geprüft [BLUME, 1971; GONEDES, 1973; BLUME, 1975] und als Rechtfertigung für die Verwendung von Zeitreihendaten angeführt. Da aber aus stationären Risikomaßen nicht auf stationäre Erwartungswerte und Risikopreise geschlossen werden kann, ist die Stationarität der Risikomaße keine ausreichende Rechtfertigung für die Verwendung von Zeitreihendaten.

Die Unabhängigkeitsannahme verlangt, daß sich die Ausprägung der Renditen zu verschiedenen Zeitpunkten nicht beeinflussen. Diese Annahme wurde für den deutschen Kapitalmarkt - insbesondere im Zusammenhang mit dem Random-Walk-Modell - empirisch untersucht [CONRAD/JÜTTNER; 1973; HECKER, 1974; REISS , 1974; RONNING, 1974; HANSSEN/REISS , 1976; HANSMANN, 1980]. Ohne detailliert auf die Ergebnisse der Untersuchungen einzugehen, läßt sich zusammenfassend sagen, daß bei Monatsdaten die Unabhängigkeitsannahme nicht verworfen werden kann.

Je länger der Zeitraum zwischen zwei Beobachtungen ist, desto unproblematischer ist die Unabhängigkeitsannahme. Aufgrund der Stationaritätsannahme darf der Beobachtungszeitraum jedoch nicht zu groß gewählt werden. Diese beiden Anforderungen an die Beobachtungszeitpunkte können dazu führen, daß die Anzahl der verfügbaren Zeitpunkte gering ist.

Aufgrund der Stationaritäts- und Unabhängigkeitsannahme können die Zeitreihendaten als Realisierung einer Stichprobe betrachtet werden. Für jede Zufallsvariable liegen T Beobachtungen vor.
Bei Durchführung des Ansatzes 1 können mittels dieser Stichprobe der Vektor $\tilde{\boldsymbol{\mu}}$ für die erwarteten Renditen und der Vektor $\tilde{\boldsymbol{\beta}}_M$ für die Risikomaße bestimmt werden. Mit diesen Ersatzgrößen kann man dann das Gleichungssystem

$$\tilde{\boldsymbol{\mu}} \quad = \quad r_0 \, \mathbf{1} + (\mu_M - r_0)\tilde{\boldsymbol{\beta}}_M + \boldsymbol{\zeta}^*_B$$

untersuchen. Die Längsschnittdaten dienen der Bestimmung der Ersatzgrößen, mit denen dann eine Querschnittsanalyse durchgeführt wird. Aus diesem Grund bezeichnet man Ansatz 1 als zweistufiges Verfahren.
Im Gegensatz dazu ist Ansatz 2 ein einstufiges Verfahren. Für die erwarteten Renditen $\boldsymbol{\mu}_t$ und die erwartete Marktrendite werden zu jedem Zeitpunkt t beobachtbare Ersatzvariablen $\tilde{\boldsymbol{\mu}}_t$ und $\tilde{\mu}_{Mt}$ $\quad (t = 1, \ldots, T)$ festgelegt. Sowohl Längs- als auch Querschnittsdaten werden dann zur Untersuchung von

$$\tilde{\boldsymbol{\mu}}_t \quad = \quad r_{0t} \, \mathbf{1} + (\tilde{\mu}_{Mt} - r_{0t})\boldsymbol{\beta}_M + \boldsymbol{\zeta}^*_t \qquad\qquad t = 1, \ldots, T$$

verwendet. Daher ergeben sich NT Beobachtungen und $N + 1$ zu schätzende Koeffizienten. Im Falle eines Arbitragemodells ergeben sich NT Beobachtungen und $NK + 1$ zu schätzende Koeffizienten. Wenn $T > K$ gilt, dann ist die Anzahl der Beobachtungen größer als die Anzahl der zu schätzenden Koeffizienten.

Die empirische Überprüfung der sich für die beobachtbaren Variablen ergebenden Gleichungen geschieht, indem man die Gleichungen als Spezialfälle einer allgemeinen Klasse von Regressionsmodellen auffaßt. Bei Gültigkeit eines Arbitrage- bzw. Gleichgewichtsmodelles müssen für die Koeffizienten der allgemeinen Regressionsmodelle bestimmte Restriktionen gelten. Diese Restriktionen können als Hypothesen formuliert und getestet werden. Diese Hypothesen stellen insofern gemeinsame Hypothesen dar, als sie sowohl die Gültigkeit der Modelle als auch die Gültigkeit der Stationaritäts- und Unabhängigkeitsannahme beinhalten. Die Ablehnung der Hypothese bedeutet daher, daß das Modell oder die Annahmen über die Zufallsvariablen im Zeitablauf nicht gültig sind.

5.2. Empirische Untersuchungen der Arbitragemodelle

In diesem Abschnitt wird die empirische Überprüfbarkeit der Arbitragemodelle dargestellt. Dazu werden die in Abschnitt 5.1. beschriebenen Ansätze auf ein Arbitragemodell mit Faktormodellannahme angewendet, das zu einer exakten Arbitragebewertung führt:

$$\underline{\mu} = r_0 \, \underline{1} + \boldsymbol{B} \, \underline{r}_1$$

Im Punkt 5.2.1. verwenden wir Ersatzgrößen für die Risikomaße. Zunächst erfolgt eine Diskussion, die sich mit der Bestimmung der empirischen Risikomaße beschäftigt. Anschließend werden die möglichen Regressionsmodelle und die sich aus den Arbitragemodellen ergebenden Restriktionen dargestellt.
Punkt 5.2.2. hat den Ansatz, der die empirischen Risikopreise verwendet, zum Inhalt. Im Unterschied zum Ansatz des Punktes 5.2.1. erfordern die einzelnen Regressionsmodelle unterschiedliche Ersatzgrößen für die Risikopreise. Daher wird auf die empirischen Risikopreise bei der Diskussion der möglichen Regressionsmodelle eingegangen.

5.2.1. Empirische Risikomaße als erklärende Variablen

Der hier zu untersuchende Ansatz verwendet für den Erwartungsvketor $\underline{\mu}$ den am Kapitalmarkt beobachtbaren Vektor $\tilde{\underline{\mu}}$ und für die Matrix $\boldsymbol{B}$ der Risikomaße die Matrix $\tilde{\boldsymbol{B}}$ der empirischen Risikomaße. Es gelte

$$\underline{\zeta} \;:=\; \tilde{\underline{\mu}} - \underline{\mu} \qquad \text{und} \qquad \boldsymbol{Z}_B \;:=\; \tilde{\boldsymbol{B}} - \boldsymbol{B} \quad .$$

Dann ergibt sich das Gleichungssystem

$$\tilde{\underline{\mu}} \;=\; r_0\,\underline{1} + \tilde{\boldsymbol{B}}\,\underline{r}_1 + \underline{\zeta}_B^*$$

mit

$$\underline{\zeta}_B^* \;:=\; \underline{\zeta} - \boldsymbol{Z}_B\,\underline{r}_1 \quad .$$

Während für den Vektor $\tilde{\underline{\mu}}$ ein erwartungstreuer Schätzvektor oder der Renditevektor gewählt werden kann, erweist sich die Wahl der Matrix $\tilde{\boldsymbol{B}}$ als problematischer. Die Riskomaße sind Kovarianzen zwischen den Renditen und den Faktoren. Die Faktormodellannahme erlaubt jedoch weder über die Faktoren noch über die Anzahl der Faktoren empirisch verwertbare Aussagen. Daher müssen bei einer empirischen Untersuchung neben der Stationaritäts- und Unabhängigkeitsannahme die Faktoren festgelegt werden. Das bedeutet, daß die zu überprüfende Hypothese eingeschränkt wird. Deshalb wird nicht überprüft, ob exakte Arbitragebewertung möglich ist, sondern es wird überprüft, ob im Rahmen eines Arbitragemodells mit den speziellen Faktoren exakte Arbitragebewertung vorliegt. Führt die empirische Untersuchung zu einer Ablehnung, dann kann nur die exakte Arbitragebewertung für das Arbitragemodell mit den betrachteten Faktoren verworfen werden, nicht jedoch die exakte Arbitragebewertung im allgemeinen. Denn es ist möglich, daß für andere Faktoren die exakte Arbitragebewertung nicht zu verwerfen ist. Die im folgenden dargestellten Verfahren untersuchen daher immer die exakte Arbitragebewertung für ein Arbitragemodell mit speziellen Faktoren.

Wenn die Faktoren nach Art und Anzahl festgelegt sind, dann können die zu den Faktoren gehörenden Risikomaße bestimmt werden. Viele Autoren [ROLL/ROSS, 1980; CHEN, 1983; WINKELMANN, 1984; DHRYMES/FRIEND/GULTEKIN/ GULTEKIN, 1985; BEENSTOCK/CHAN, 1986; CHO/EUN/SENBET, 1986] verwenden Methoden der Faktoranalyse [OST, 1984, S. 575-662] [1)], da "Factor analytic methods are, in effect, suggested by the formulation in (1) [$\underline{\boldsymbol{R}} = \underline{\boldsymbol{\mu}} + \boldsymbol{B}\,\underline{\boldsymbol{f}} + \underline{\boldsymbol{\varepsilon}}$] and the composition of the covariance matrix in (6) [$\boldsymbol{\Sigma} = \boldsymbol{B}\boldsymbol{B}' + \boldsymbol{\Omega}$]" [DHRYMES/FRIEND/GULTEKIN, 1984, S. 326] [2)]. Auch wenn dies von den Autoren nicht explizit als zusätzliche Annahme betrachtet wird, so wird doch ein Faktormodell eingeführt, dessen Faktoren Linearkombinationen der Renditen sind [vgl. Punkt 2.2.1.]. Über die Eignung der Faktoranalyse zur Bestimmung von empirischen Risikomaßen bestehen kontroverse Ansichten [ROLL/ROSS, 1980; DHRYMES/FRIEND/GULTEKIN, 1984; BROWN/WEINSTEIN, 1985]. Insbesondere wird kritisiert, daß diese Methode keine eindeutige Aussage über die Anzahl der Faktoren erlaubt. Dies kann aber auch nicht erwartet werden. Denn wie in Punkt 2.2.1. gezeigt wurde, existieren für einen Renditevektor unterschiedliche Faktormodelle, wobei die mögliche Anzahl der Faktoren von Null bis zu der Anzahl M der stochastisch linear unabhängigen Renditen geht.

Eine bisher wenig beachtete Möglichkeit liegt in der Verwendung von standardisierten ökonomischen Variablen [CHEN/ROLL/ROSS, 1986; KEIM/STAMBAUGH, 1986]. Die empirischen Risikomaße ergeben sich durch eine Regressionsanalyse, die die Zeitreihen der Renditen und der standardisierten ökonomischen Variablen verwendet. Die Festlegung der Faktoren erfolgt in diesem Fall auf der Grundlage ökonomischer Überlegungen; die Faktoren sind Linearkombinationen exogen festgelegter ökonomischer Variablen. Gegenüber der Faktoranalyse hat die Verwen-

---

[1)] LUEDECKE (1984) und CONNOR/KORAJCZYK (1986) verwenden eine ähnliche Methode, da die Eigenvektoren der empirischen Kovarianzmatrix als empirische Risikomaße eingesetzt werden.

[2)] Die Gleichungen in Klammern sind eingefügt

dung ökonomischer Variablen den Vorteil, daß ein ökonomisch interpretierbares Modell überprüft wird.

Nach Bestimmung der empirischen Risikomaße kann das Gleichungssystem

$$\underline{\tilde{\mu}} = r_0 \, \underline{1} + \tilde{\boldsymbol{B}} \, \underline{r}_1 + \boldsymbol{\zeta}_B^*$$

betrachtet werden. Wenn die Schätzer für die erwarteten Renditen und die Risikomaße erwartungstreu sind, dann gilt wegen

$$\underline{\tilde{\mu}} = \underline{\mu} + \boldsymbol{\zeta} \quad \text{und} \quad \tilde{\boldsymbol{B}} = \boldsymbol{B} + \boldsymbol{Z}_B$$

für den Störvektor $\boldsymbol{\zeta}_B^*$

$$\text{erw } \boldsymbol{\zeta}_B^* = \text{erw } (\boldsymbol{\zeta} - \boldsymbol{Z}_B \, \underline{r}_1) = \underline{0} \ .$$

Der Störvektor besitzt daher keinen systematischen Einfluß. Allerdings besteht über die zufälligen Abweichungen der empirischen von den wahren Risikomaßen, die in der Matrix $\boldsymbol{Z}_B$ enthalten sind, Korrelation zwischen den erklärenden Variablen $\tilde{\boldsymbol{B}}$ und den Störvariablen $\boldsymbol{\zeta}_B^*$. Dieses für den "Fehler-in-den-Variablen-Ansatz" typische Phänomen verletzt eine wesentliche Voraussetzung von Regressionsmodellen und führt zu erheblichen methodischen Problemen [SCHNEEWEISS /MITTAG, 1987]. Zwar wurde das Problem der Korrelation teilweise erkannt [ROLL/ROSS, 1980, S. 1085], bei der Durchführung der empirischen Arbeiten jedoch vernachlässigt. Daher sind die bisher getroffenen Aussagen auch für die exakte Arbitragebewertung in Arbitragemodellen mit speziellen Faktoren nicht belegt. Eine Erweiterung der zu überprüfenden Hypothese ermöglicht es, diese Arbeiten neu zu interpretieren. Wenn angenommen wird, daß die empirischen Risikomaße mit den wahren Risikomaßen übereinstimmen, dann bedeutet dies

$$\tilde{\boldsymbol{B}} = \boldsymbol{B}$$

und damit

$$\boldsymbol{Z}_B = 0 \ .$$

Die Korrelation zwischen erklärenden Variablen und Störvariablen entfällt. Im Vergleich zu der obigen Hypothese, die die exakte Arbitragebewertung in einem Arbitragemodell mit im voraus spezifizierten Faktoren beinhaltet, wird nun zusätzlich die Faktorladungsmatrix in der Hypothese festgelegt. Eine Ablehnung dieser Hypothese kann daher auch durch die falsche Spezifikation der Risikomaße zustande kommen. Die folgenden Ausführungen unterstellen, daß die empirischen Risikomaße mit den wahren übereinstimmen. Es werden Klassen von Regressionsmodellen beschrieben, welche die stochastischen Gleichungen

$$\underline{\tilde{\boldsymbol{\mu}}} = r_0 \, \underline{\mathbf{1}} + \boldsymbol{B} \, \underline{\boldsymbol{r}}_1 + \underline{\boldsymbol{\zeta}}$$

als Spezialfall enthalten.
Eine mögliche Klasse ist:

$$\underline{\tilde{\boldsymbol{\mu}}} = \gamma_0 \, \underline{\mathbf{1}} + \boldsymbol{B} \, \underline{\boldsymbol{\gamma}}_1 + \underline{\boldsymbol{\zeta}} \ .$$

mit

$$\begin{aligned} \text{rg } [\underline{\mathbf{1}} \ \boldsymbol{B}] &= K + 1 < N \\ \text{erw } \underline{\boldsymbol{\zeta}} &= \underline{\mathbf{0}} \\ \text{var } \underline{\boldsymbol{\zeta}} &= \text{var } \underline{\tilde{\boldsymbol{\mu}}} \ . \end{aligned}$$

Um zu überprüfen, ob exakte Arbitragebewertung vorliegt, formulieren ROLL/ ROSS (1980) und CHEN (1983) die Nullhypothese:

$$\underline{\boldsymbol{\gamma}}_1 = \underline{\mathbf{0}} \ .$$

ROLL/ROSS (1980, S. 1084) begründen dies mit: "The theory will not be rejected if the joint hypothesis that $\lambda_1 = \ldots = \lambda_K = 0$, is rejected. This is the usual state of statistical testing; we cannot 'prove' that a theory is true against an unspecified alternative. We can only fail to reject it." [1] Sie übersehen dabei, daß durch einen Signifikanztest die Nullhypothese zwar abgelehnt, nicht jedoch "bewiesen" werden kann [FISZ, 1973, S. 496]. Das bedeutet jedoch, daß der von ROLL/ROSS (1980) und CHEN (1983) durchgeführte Test nicht zur Ablehnung der exakten Arbitragebewertung führen kann. Nach eigenen Aussagen können sie die exakte Arbitragebewertung jedoch nicht beweisen. Daher ist der durchgeführte Test nicht geeignet, um zu einer Aussage über die exakte Arbitragebewertung für ein spezielles Arbitragemodell zu gelangen [DHRYMES/FRIEND/GULTEKIN, 1984, S. 323].

Wenn die Rendite r_f der sicheren Anlage beobachtet werden kann, ist es möglich, die exakte Arbitragebewertung für ein spezielles Arbitragemodell durch die Nullhypothese:

$$\gamma_0 = r_0$$

zu überprüfen. Ist die risikolose Rendite nicht beobachtbar, muß eine andere Klasse von Regressionsmodellen zur Überprüfung der exakten Arbitragebewertung gewählt werden.

Eine andere Möglichkeit zur Falsifizierung der exakten Arbitragebewertung für ein zugrundegelegtes Arbitragemodell ergibt sich, wenn man renditespezifische Risiken in die Betrachtung mit einbezieht. So haben DHRYMES/FRIEND/GULTEKIN/GULTEKIN (1985) beispielsweise die Standardabweichung der Renditen oder der Residualvariablen im Faktormodell betrachtet. Faßt man in der $(N \times K^*)$-dimensionalen Matrix $\boldsymbol{D}$ die Risikomaße von renditespezifischen Risiken zusammen, dann kann man das Regressionsmodell

$$\tilde{\boldsymbol{\mu}} = \gamma_0 \, \underline{\mathbf{1}} + \boldsymbol{B} \, \boldsymbol{\gamma}_1 + \boldsymbol{D} \, \boldsymbol{\gamma}_2 + \boldsymbol{\zeta}$$

---

[1] Die Elemente $\lambda_1, \ldots, \lambda_K$ entsprechen den Elementen des K-dimensionalen Vektors $\boldsymbol{\gamma}_1$.

mit

$$\begin{aligned} \text{rg}\ [\underline{1}\ \boldsymbol{B}\ \boldsymbol{D}] &= 1 + K + K^* \\ \text{erw}\ \boldsymbol{\zeta} &= \underline{0} \\ \text{var}\ \boldsymbol{\zeta} &= \text{var}\ \tilde{\boldsymbol{\mu}} \end{aligned}$$

bilden [1].

Die exakte Arbitragebewertung fordert, daß die Renditen ausschließlich mittels systematischer Risikoprämien bewertet werden. Daher muß bei exakter Arbitragebewertung für die Koeffizienten der betrachteten Regressionsmodelle die Nullhypothese:

$$\boldsymbol{\Upsilon}_2 = \underline{0}$$

gelten. Wird diese Hypothese verworfen, dann kann ein von Null verschiedener Einfluß der renditespezifischen Risikomaße behauptet werden. Die exakte Arbitragebewertung für das betrachtete Arbitragemodell kann nicht gelten.

Abschließend wird eine weitere Klasse von Regressionsmodellen betrachtet, die eine Überprüfung der exakten Arbitragebewertung für a-priori spezifizierte Arbitragemodelle erlaubt. Um den von BROWN/WEINSTEIN (1985) vorgeschlagenen und von CHO/EUN/SENBET (1986) verwendeten Test durchführen zu können, wird für den Störvektor $\boldsymbol{\zeta}$ Normalverteilung angenommen. Die Wertpapiere werden in zwei Gruppen aufgeteilt. Es wird das Regressionsmodell

$$\begin{aligned} \tilde{\boldsymbol{\mu}}_1 &= \gamma_0\ \underline{1} + \boldsymbol{B}_1\ \boldsymbol{\Upsilon}_1 + \boldsymbol{\zeta}_1 \\ \tilde{\boldsymbol{\mu}}_2 &= \gamma_0^*\ \underline{1} + \boldsymbol{B}_2\ \boldsymbol{\gamma}_1^* + \boldsymbol{\zeta}_2 \end{aligned}$$

[1] Wiederum wird angenommen, daß die renditespezifischen empirischen Risikomaße mit den wahren Risikomaßen übereinstimmen, um das Problem der Korrelation zu umgehen. Die in der Literatur in dieser Weise durchgeführten Arbeiten [ROLL/ROSS, 1980; CHEN, 1983; DHRYMES/FRIEND/GULTEKIN/GULTEKIN, 1985; BEENSTOCK/CHAN, 1986] beachten das Problem der Korrelation nicht.

betrachtet, wobei $\tilde{\boldsymbol{\mu}}_i$ $(i = 1, 2)$ mindestens $K + 2$ Elemente enthält. Für den Vektor der Störvariablen gilt

$$\text{erw} \begin{bmatrix} \boldsymbol{\zeta}_1 \\ \boldsymbol{\zeta}_2 \end{bmatrix} = \underline{0}$$

und

$$\text{var} \begin{bmatrix} \boldsymbol{\zeta}_1 \\ \boldsymbol{\zeta}_2 \end{bmatrix} = \text{var } \tilde{\boldsymbol{\mu}} \ .$$

Für die Faktorladungsmatrix gilt

$$\text{rg } [\underline{1} \ \ \boldsymbol{B}_1] = \text{rg } [\underline{1} \ \ \boldsymbol{B}_2] = K + 1 < N \ .$$

Da die risikolose Rendite und die Risikopreise bei Gültigkeit der exakten Arbitragebewertung in beiden Gruppen identisch sein müssen, kann die Nullhypothese:

$$\begin{bmatrix} \gamma_0 \\ \boldsymbol{\Upsilon}_1 \end{bmatrix} = \begin{bmatrix} \gamma_0^* \\ \boldsymbol{\Upsilon}_1^* \end{bmatrix}$$

formuliert werden. Um diese Hypothese zu testen kann der Wald-, Lagrange-Multiplier-oder der Likelihood-Ratio-Test verwendet werden [ENGLE, 1984].

5.2.2. Empirische Risikopreise als erklärende Variablen

Der in diesem Punkt verwendete Ansatz ersetzt die Risikopreise $\underline{\boldsymbol{r}}_1$ durch beobachtbare Größen $\tilde{\underline{\boldsymbol{r}}}_1$. Für ein einzelnes Wertpapier i $(i = 1, \ldots, N)$ ergibt sich der folgende Ansatz

$$\tilde{\mu}_{it} = r_0 \ \underline{1} + \sum_{k=1}^{K} b_{ik} \ \tilde{r}_{1kt} + \zeta_{rit}^* \qquad t = 1, \ldots, T \ .$$

Wird jedes Wertpapier einzeln untersucht, so sind dafür mehr als $K + 1$ Beobachtungen notwendig. Es kann aber auch für alle Wertpapiere ein gemeinsamer Ansatz

$$\tilde{\boldsymbol{\mu}}_t = r_0 \ \underline{1} + \boldsymbol{B} \ \tilde{\underline{\boldsymbol{r}}}_{1t} + \boldsymbol{\zeta}_{rt}^* \qquad t = 1, \ldots, T$$

untersucht werden. Dann sind mehr als $N \cdot K + 1$ Beobachtungen notwendig. Es ist zwar grundsätzlich möglich, daß für die erwarteten Renditen wiederum erwartungstreue Schätzer verwendet werden; aufgrund der großen Anzahl von notwendigen Beobachtungen bietet sich die gemeinsame Verwendung von Längs- und Querschnittsdaten an. Können die empirischen Risikopreise für jeden Zeitpunkt beobachtet werden, dann können die Renditen als Ersatzgrößen für die erwarteten Renditen verwendet werden.

Die Faktormodellannahme ergibt im Zusammenhang mit der Stationaritäts- und Unabhängigkeitsannahme

$$\underline{\boldsymbol{R}}_t = \underline{\boldsymbol{\mu}} + \boldsymbol{B}\, \underline{\boldsymbol{f}}_t + \underline{\boldsymbol{e}}_t \qquad t = 1, \ldots, T$$

mit

$$\begin{aligned}
\text{erw}\ \underline{\boldsymbol{e}}_t &= \underline{\mathbf{0}} & t &= 1,\ldots,T \\
\text{cov}\ (\underline{\boldsymbol{e}}_t, \underline{\boldsymbol{e}}_{t'}) &= \begin{cases} \boldsymbol{\Omega} & t = t' \\ \mathbf{0} & t \neq t' \end{cases} & t,t' &= 1,\ldots,T \\
\text{cov}\ (\underline{\boldsymbol{e}}_t, \underline{\boldsymbol{f}}_{t'}) &= \mathbf{0} & t,t' &= 1,\ldots,T \\
\text{erw}\ \underline{\boldsymbol{f}}_t &= \underline{\mathbf{0}} & t &= 1,\ldots,T \\
\text{cov}\ (\underline{\boldsymbol{f}}_t, \underline{\boldsymbol{f}}_{t'}) &= \begin{cases} \boldsymbol{I} & t = t' \\ \mathbf{0} & t \neq t' \end{cases} & t,t' &= 1,\ldots,T \quad .
\end{aligned}$$

Da gilt

$$\underline{\boldsymbol{\mu}} = r_0\, \underline{\mathbf{1}} + \boldsymbol{B}\, \underline{\boldsymbol{r}}_1 \quad ,$$

läßt sich für den Renditevektor schreiben

$$\underline{\boldsymbol{R}}_t = r_0\, \underline{\mathbf{1}} + \boldsymbol{B}(\underline{\boldsymbol{r}}_1 + \underline{\boldsymbol{f}}_t) + \underline{\boldsymbol{e}}_t \quad . \qquad (5.2.2.-1)$$

Diese Gleichung kann nicht empirisch überprüft werden, da weder der Vektor $\underline{\boldsymbol{r}}_1$ der Risikopreise noch der Faktorvektor $\underline{\boldsymbol{f}}_t$ beobachtet werden kann.

JOBSON (1982) schlägt vor, die Summe aus Risikopreis- und Faktorvektor zu ersetzen. Für den K-dimensionalen Teilvektor $\underline{\boldsymbol{R}}_{1t}$ gilt

$$\underline{\boldsymbol{R}}_{1t} \quad = \quad r_0\ \underline{\mathbf{1}} + \boldsymbol{B}_1(\underline{\boldsymbol{r}}_1 + \underline{\boldsymbol{f}}_t) + \underline{\boldsymbol{e}}_{1t} \quad .$$

Ist $\boldsymbol{B}_1$ eine nichtsinguläre $(K \times K)$-dimensionale Matrix, dann läßt sich die Summe $(\underline{\boldsymbol{r}}_1 + \underline{\boldsymbol{f}}_t)$ schreiben als

$$\underline{\boldsymbol{r}}_1 + \underline{\boldsymbol{f}}_t \quad = \quad \boldsymbol{B}_1^{-1}(\underline{\boldsymbol{R}}_{1t} - r_0\ \underline{\mathbf{1}} - \underline{\boldsymbol{e}}_{1t}) \quad .$$

Wird dies in (5.2.2.-1) eingesetzt, dann ergibt sich für den Renditevektor

$$\underline{\boldsymbol{R}}_t \quad = \quad r_0(\underline{\mathbf{1}} - \boldsymbol{B}\ \boldsymbol{B}_1^{-1}\ \underline{\mathbf{1}}) + \boldsymbol{B}\ \boldsymbol{B}_1^{-1}\ \underline{\boldsymbol{R}}_{1t} + \underline{\boldsymbol{e}}_t^* \qquad (5.2.2. - 2)$$

mit

$$\underline{\boldsymbol{e}}_t^* \quad := \quad \underline{\boldsymbol{e}}_t - \boldsymbol{B}\ \boldsymbol{B}_1^{-1}\underline{\boldsymbol{e}}_{1t} \quad .$$

Wird die Anzahl der Faktoren a-priori spezifiziert und angenommen, daß ein Teilvektor $\underline{\boldsymbol{R}}_{1t}$ mit einer nichtsingulären Faktorladungsmatrix $\boldsymbol{B}_1$ existiert, dann läßt sich die aus der exakten Arbitragebewertung resultierende Beziehung in eine Gleichung mit beobachtbaren erklärenden Variablen transformieren.

Bei der Verwendung von (5.2.2.-2) ergibt sich allerdings ein methodisches Problem, da

$$\begin{aligned} \text{cov}\ (\underline{\boldsymbol{R}}_{1t}, \underline{\boldsymbol{e}}_t^*) \quad &= \quad \text{cov}\ (\underline{\boldsymbol{\mu}}_1 + \boldsymbol{B}_1\ \underline{\boldsymbol{f}}_t + \underline{\boldsymbol{e}}_{1t}, \underline{\boldsymbol{e}}_t^*) \\ &= \quad \text{cov}\ (\underline{\boldsymbol{e}}_{1t}, \underline{\boldsymbol{e}}_t - \boldsymbol{B}\ \boldsymbol{B}_1^{-1}\ \underline{\boldsymbol{e}}_{1t}) \\ &= \quad \text{cov}\ (\underline{\boldsymbol{e}}_{1t}, \underline{\boldsymbol{e}}_t) - \text{var}\ \ \underline{\boldsymbol{e}}_{1t}(\boldsymbol{B}\ \boldsymbol{B}_1^{-1})^{-1} \end{aligned}$$

gilt. Zwischen den erklärenden und den Störvariablen liegt im allgemeinen Korrelation vor.

Um das Problem der Korrelation zwischen den erklärenden Variablen und den Störvariablen zu umgehen, verwendet JOBSON (1982) Portefeuillerenditen, deren unsystematisches Risiko vernachlässigt werden kann. Spätere Arbeiten von LEHMANN/MODEST (1985) und HUBERMAN/KANDEL/STAMBAUGH (1987) greifen diese Idee auf. Während LEHMANN/MODEST (1985) verschiedene Verfahren zur Bestimmung von solchen Ersatzportefeuilles diskutieren, beschäftigen sich HUBERMAN/KANDEL/STAMBAUGH (1987) mit der Existenz solcher Portefeuilles. Existiert ein K-dimensionaler Vektor $\underline{\boldsymbol{R}}_{pt}$ $(t = 1, \ldots, T)$ mit stochastisch linear unabhängigen Portefeuillerenditen ohne unsystematisches Risiko, dann gilt

$$\underline{\boldsymbol{R}}_{pt} = \underline{\boldsymbol{\mu}}_p + \boldsymbol{B}_p \, \underline{\boldsymbol{f}}_t$$

und damit bei exakter Arbitragebewertung

$$\underline{\boldsymbol{R}}_t = r_0(\underline{\mathbf{1}} - \boldsymbol{B} \, \boldsymbol{B}_p^{-1} \, \underline{\mathbf{1}}) + \boldsymbol{B} \, \boldsymbol{B}_p^{-1} \, \underline{\boldsymbol{R}}_{pt} + \underline{\boldsymbol{e}}_t \quad .$$

Dieser Ansatz läßt sich als Spezialfall der Regressionsmodelle

$$\underline{\boldsymbol{R}}_t = \underline{\boldsymbol{\delta}} + \underline{\boldsymbol{\Delta}} \, \underline{\boldsymbol{R}}_{pt} + \underline{\boldsymbol{e}}_t$$

mit

$$\begin{aligned}
\text{erw } \underline{\boldsymbol{e}}_t &= \underline{\mathbf{0}} & t &= 1, \ldots, T \\
\text{cov } (\underline{\boldsymbol{e}}_t, \underline{\boldsymbol{e}}_{t'}) &= \begin{cases} \boldsymbol{\Omega} & t = t' \\ \mathbf{0} & t \neq t' \end{cases} & t, t' &= 1, \ldots, T \\
\text{cov } (\underline{\boldsymbol{e}}_t, \underline{\boldsymbol{R}}_{pt'}) &= \mathbf{0} & t, t' &= 1, \ldots, T
\end{aligned}$$

betrachten. Aus den Arbitragemodellen ergibt sich die Nullhypothese:

$$\underline{\boldsymbol{\delta}} = r_0(\underline{\mathbf{1}} - \underline{\boldsymbol{\Delta}} \, \underline{\mathbf{1}}) \quad .$$

Das beschriebene Regressionsmodell kann zur Prüfung der exakten Arbitragebewertung verwendet werden, wobei a-priori nur die Anzahl der Faktoren festzulegen ist. Allerdings wird in Regressionsmodellen mit stochastischen Regressoren die Annahme der Unabhängigkeit zwischen erklärenden Variablen und Störvariablen benötigt, um die für Hypothesentests notwendigen Verteilungsaussagen problemlos zu erhalten [FOMBY/HILL/JOHNSON, 1984, S. 70-79]. Aus der Unkorreliertheit der erklärenden Variablen und der Störvariablen folgt Unabhängigkeit, wenn für den Faktorvektor und den Störvektor eine gemeinsame Normalverteilung unterstellt wird.

Statt der Portefeuillerenditen können auch ökonomische Variablen festgelegt werden. Es wird angenommen, daß die Faktoren Linearkombinationen des Variablenvektors $\underline{\boldsymbol{R}}_{It}$ $(t = 1, \ldots, T)$ sind, so daß gilt

$$\underline{\boldsymbol{f}}_t = \boldsymbol{B}_I^{-1}(\underline{\boldsymbol{R}}_{It} - \underline{\boldsymbol{\mu}}_I) \quad .$$

Der Vektor $\underline{\boldsymbol{R}}_{It}$ läßt sich dann schreiben als

$$\underline{\boldsymbol{R}}_{It} = \underline{\boldsymbol{\mu}}_I + \boldsymbol{B}_I \, \underline{\boldsymbol{f}}_t \quad .$$

Da bei exakter Arbitragebewertung

$$\underline{\boldsymbol{\mu}}_I = r_0 \, \underline{\mathbf{1}} + \boldsymbol{B}_I \, \underline{\boldsymbol{r}}_1$$

gilt, läßt sich für die Summe aus Risikopreisvektor und Faktorvektor schreiben als

$$(\underline{\boldsymbol{r}}_1 + \underline{\boldsymbol{f}}_t) = \boldsymbol{B}_I^{-1}(\underline{\boldsymbol{R}}_{It} - r_0 \, \underline{\mathbf{1}}) \quad . \qquad (5.2.2. - 3)$$

Wird (5.2.2.-3) in

$$\underline{\boldsymbol{R}}_t = r_0 \, \underline{\mathbf{1}} + \boldsymbol{B}(\underline{\boldsymbol{r}}_1 + \underline{\boldsymbol{f}}_t) + \underline{\boldsymbol{e}}_t$$

eingesetzt, dann gilt

$$\underline{\boldsymbol{R}}_t = r_0(\underline{\mathbf{1}} - \boldsymbol{B} \, \boldsymbol{B}_I^{-1} \, \underline{\mathbf{1}}) + \boldsymbol{B} \, \boldsymbol{B}_I^{-1} \underline{\boldsymbol{R}}_{It} + \underline{\boldsymbol{e}}_t \quad .$$

Daher kann als allgemeine Klasse von Regressionsmodellen

$$\underline{\boldsymbol{R}}_t = \underline{\boldsymbol{\delta}} + \underline{\boldsymbol{\Delta}} \, \underline{\boldsymbol{R}}_{It} + \underline{\boldsymbol{e}}_t \qquad t = 1, \ldots, T$$

mit

$$\begin{aligned} \text{erw } \underline{e}_t &= \underline{0} & t &= 1,\ldots,T \\ \text{cov } (\underline{e}_t, \underline{e}_{t'}) &= \begin{cases} \boldsymbol{\Omega} & t = t' \\ 0 & t \neq t' \end{cases} & t,t' &= 1,\ldots,T \\ \text{cov } (\underline{\boldsymbol{R}}_{It}, \underline{e}_{t'}) &= 0 & t,t' &= 1,\ldots,T \end{aligned}$$

betrachtet werden. Es ergibt sich als Nullhypothese:

$$\underline{\delta} = r_0(\underline{1} - \underline{\boldsymbol{\Delta}}\,\underline{1}) \ .$$

Damit ergibt sich ein Regressionsmodell, das zur Prüfung der exakten Arbitragebewertung für ein festgelegtes Arbitragemodell eingesetzt werden kann. Die Faktoren sind nach Art und Anzahl in der Hypothese festgelegt. Im Gegensatz zu den in Punkt 5.2.1. besprochenen Verfahren ist jedoch nicht die Identität von Ersatz- und Modellgrößen notwendig, sondern es ist ausreichend, wenn zwischen den Größen eine lineare Funktion besteht. Um Tests durchführen zu können, ist wie bei dem obigen Modell die Unabhängigkeit zwischen erklärenden und Störvariablen erforderlich.

5.3. Empirische Untersuchungen des CAPM

Dieser Abschnitt beschäftigt sich mit der empirischen Überprüfbarkeit der Beziehung

$$\underline{\boldsymbol{\mu}} = r_0\,\underline{1} + (\mu_M - r_0)\underline{\boldsymbol{\beta}}_M \quad ,$$

die sich auch aus dem klassischen CAPM ergibt. Es werden die möglichen Varianten der beiden, in Abschnitt 5.1. besprochenen Ansätze diskutiert. Die Darstellung ist im wesentlichen analog zu der Abhandlung bei den Arbitragemodellen.

Damit erleichtern wir auf jeder Diskussionsstufe einen Vergleich der Schwierigkeiten, die bei der empirischen Überprüfung der beiden Modelle auftreten können.

In Punkt 5.3.1. untersuchen wir den Ansatz, der die Risikomaße ersetzt. In Punkt 5.3.2. verwenden wir empirische Risikopreise als Ersatzgrößen.

5.3.1. Empirische Risikomaße als erklärende Variablen

In diesem Punkt wird auf die CAPM-Gleichung

$$\underline{\mu} \quad = \quad r_0 \, \underline{1} + \underline{\beta}_M(\mu_M - r_0)$$

der Ansatz angewendet, der die erwarteten Renditen und die Risikomaße ersetzt. In den ersten Arbeiten [LINTNER, 1965; MILLER/SCHOLES, 1972; BLACK/JENSEN/SCHOLES, 1972; FAMA/MACBETH, 1973] wurden aus den Längsschnittdaten der Renditen die Vektoren $\tilde{\underline{\mu}}$ und $\tilde{\underline{\beta}}_M$ bestimmt. Setzt man

$$\underline{\zeta} \quad := \quad \tilde{\underline{\mu}} - \underline{\mu} \qquad \text{und} \qquad \underline{\zeta}_B \quad := \quad \tilde{\underline{\beta}}_M - \underline{\beta}_M \quad ,$$

dann gilt, wenn für die Vektoren $\tilde{\underline{\mu}}$ und $\tilde{\underline{\beta}}_M$ erwartungstreue Schätzfunktionen verwendet werden:

$$\text{erw } \underline{\zeta} \quad = \quad \underline{0} \qquad \text{und} \qquad \text{erw } \underline{\zeta}_B \quad = \quad \underline{0} \quad .$$

Im Gegensatz zu den Risikomaßen der Arbitragemodelle sind die Risikomaße des CAPM benannt. Aus dem Modell geht hervor, daß die Risikomaße den Kovarianzen zwischen den Renditen und der Marktrendite dividiert durch die Varianz der Marktrendite entsprechen. Allerdings kann die Marktrendite, die aus den gewichteten Renditen aller möglichen Wertpapiere gebildet werden, in der Realität nicht beobachtet werden. Dieses Problem ist insofern weniger schwerwiegend als im Falle der Arbitragemodelle, da bekannt ist, daß die vorliegende

Risikoprämie von der Marktrendite abhängt. Daher können für die Marktrendite Ersatzgrößen verwendet werden. Dabei werden für die Marktrendite und die sie ersetzenden Größen Annahmen getroffen, die dann in die gemeinsame Hypothese eingehen. In den Arbeiten von LINTNER (1965), MILLER/SCHOLES (1972), BLACK/JENSEN/SCHOLES (1972) und FAMA/MACBETH (1973) wurden die empirischen Riskomaße durch eine Regression der Renditen auf einen Index bestimmt. In diesem Fall tritt wieder das für den Fall des "Fehler-in-den-Variablen"-Ansatz typische Phänomen der Korrelation zwischen den erklärenden und den Störvariablen auf, das zu verzerrten Schätzfunktionen für die Risikomaße führt. Jedoch selbst bei erwartungstreuen Schätzfunktionen entsteht das Problem der Korrelation in der zweiten Stufe, bei der Untersuchung der Gleichung

$$\tilde{\boldsymbol{\mu}} = r_0 \, \mathbf{1} + \tilde{\boldsymbol{\beta}}_M(\mu_M - r_0) + \boldsymbol{\zeta}_B^*$$

wegen

$$\tilde{\boldsymbol{\beta}}_M = \boldsymbol{\beta}_M + \boldsymbol{\zeta}_B$$

und

$$\boldsymbol{\zeta}_B^* = \boldsymbol{\zeta} - \boldsymbol{\zeta}_B(\mu_M - r_0) \quad .$$

BLACK/JENSEN/SCHOLES (1972) versuchten dieses Problem zu umgehen, indem sie statt einzelner Wertpapiere Portefeuilles betrachteten. Dadurch ist es zwar möglich, die Korrelation zu vermindern, nicht jedoch sie zu beseitigen.

Das Problem der Korrelation zwischen den empirischen Risikomaßen und den Störvariablen ist zu umgehen, wenn analog wie in den empirischen Untersuchungen der Arbitragemodelle die restriktive Annahme

$$\tilde{\boldsymbol{\beta}}_M = \boldsymbol{\beta}_M$$

getroffen wird. Dann gilt

$$\tilde{\boldsymbol{\mu}} = r_0 \, \mathbf{1} + \boldsymbol{\beta}_M(\mu_M - r_0) + \boldsymbol{\zeta} \quad .$$

Diese Gleichung ist ein Spezialfall von

$$\underline{\tilde{\mu}} = \gamma_0 \, \underline{1} + \gamma_1 \, \underline{\beta}_M + \underline{\zeta} \ ,$$

mit

$$\begin{aligned} \text{rg} \ [\underline{1} \quad \underline{\beta}_M] &= 2 \\ \text{erw} \ \underline{\zeta} &= \underline{0} \\ \text{var} \ \underline{\zeta} &= \text{var} \ \underline{\tilde{\mu}} \end{aligned}$$

wobei die Nullhypothese

$$\gamma_0 = r_f$$

gelten muß. Ist r_f nicht beobachtbar, so kann kein Test durchgeführt werden.

Dann kann die für das CAPM von FAMA/MACBETH (1973) beschriebene Variante überprüft werden. FAMA/MACBETH verwendeten neben den Risikomaßen die Standardabweichung der Renditen und die quadrierten Risikomaße als erklärende Variablen. Werden die zusätzlichen als bekannt vorausgesetzten Variablen in der $(N \times K^*)$-dimensionalen Matrix $\boldsymbol{D}$ zusammengefaßt, dann kann das Regressionsmodell

$$\underline{\tilde{\mu}} = \gamma_0 \, \underline{1} + \gamma_1 \, \underline{\beta}_M + \boldsymbol{D} \, \underline{\gamma}_2 + \underline{\zeta}$$

mit

$$\begin{aligned} \text{rg} \ [\underline{1} \ \underline{\beta}_M \ \boldsymbol{D}] &= K^* + 2 \\ \text{erw} \ \underline{\zeta} &= \underline{0} \\ \text{var} \ \underline{\zeta} &= \text{var} \ \underline{\tilde{\mu}} \end{aligned}$$

betrachtet werden. Aus dem CAPM-Resultat folgt die Nullhypothese:

$$\underline{\gamma}_2 = \underline{0} \ .$$

Das Verwerfen der Hypothese kann auch deshalb erfolgen, weil die restriktive Annahme

$$\underline{\tilde{\beta}}_M = \underline{\beta}_M$$

verletzt ist. Ein Verwerfen der Hypothese ist daher nicht gleichbedeutend mit dem Verwerfen des CAPM. Daher ist den Aussagen, daß die empirischen Untersuchungen gegen das CAPM sprechen, nicht zuzustimmen. Mit den hier dargestellten Tests wird nur eine kleine Anzahl der möglichen Situationen überprüft, in denen das CAPM gelten kann.

Eine bisher nicht beachtete Möglichkeit der empirischen Überprüfung des CAPM-Resultates besteht bei Annahme der Normalverteilung für den Vektor $\underline{\zeta}$. Wie bei der Arbitragebewertung beschrieben, können die Wertpapiere in Gruppen unterteilt werden. Mittels eines Wald-, Lagrange-Multiplier-oder eines Likelihood-Ratio-Tests kann geprüft werden, ob die Koeffizienten der beiden Gruppen identisch sind.

5.3.2. Empirische Risikopreise als erklärende Variablen

In diesem Punkt werden der Erwartungsvektor $\underline{\boldsymbol{\mu}}$ und die erwartete Marktrendite μ_M der Wertpapiermarktlinie

$$\underline{\boldsymbol{\mu}} \quad = \quad r_0 \, \underline{\mathbf{1}} + (\mu_M - r_0)\underline{\boldsymbol{\beta}}_M$$

ersetzt durch beobachtbare Variablen. Die risikolose Rendite und die Risikomaße sind die zu schätzenden Koeffizienten. Aufgrund der großen Anzahl der zu schätzenden Koeffizienten ist eine große Anzahl von Beobachtungen notwendig. Daher werden die Quer- und Längsschnittdaten der Renditen verwendet. Für den Renditevektor $\underline{\boldsymbol{R}}_t$ und die Marktrendite R_{Mt} $(t = 1, \ldots, T)$ gilt

$$\underline{\boldsymbol{R}}_t \quad = \quad \underline{\boldsymbol{\mu}} + \underline{\boldsymbol{\varepsilon}}_t \qquad \text{und} \qquad R_{Mt} \quad = \quad \mu_M + \underline{\boldsymbol{x}}_M' \, \underline{\boldsymbol{\varepsilon}}_t \quad ,$$

so daß für den Renditevektor $\underline{\boldsymbol{R}}_t$ geschrieben werden kann

$$\underline{\boldsymbol{R}}_t \quad = \quad r_0 \, \underline{\mathbf{1}} + (R_{Mt} - r_0)\underline{\boldsymbol{\beta}}_M + \underline{\boldsymbol{\varepsilon}}^*_{Mt}$$

mit

$$\underline{\varepsilon}^*_{Mt} \quad = \quad (I - \underline{\beta}_M \, \underline{x}'_M)\underline{\varepsilon}_t \quad .$$

Aus der Wertpapiermarktlinie des CAPM läßt sich für die Regressionsmodelle

$$\underline{R}_t \quad = \quad \underline{\delta}_0 + \underline{\delta}_1 \, R_{Mt} + \underline{\varepsilon}^*_{Mt}$$

mit

$$\begin{aligned}
\text{erw } \underline{\varepsilon}^*_{Mt} &= \underline{0} & t &= 1,\dots,T \\
\text{cov } (\underline{\varepsilon}^*_{Mt}, \underline{\varepsilon}^*_{Mt'}) &= \begin{cases} (\boldsymbol{I} - \underline{\beta}_M \, \underline{x}'_M)\boldsymbol{\Sigma} & t = t' \\ \boldsymbol{0} & t \neq t' \end{cases} & t,t' &= 1,\dots,T \\
\text{cov } (\underline{\varepsilon}^*_{Mt}, R_{Mt'}) &= \boldsymbol{0} & t,t' &= 1,\dots,T
\end{aligned}$$

die Nullhypothese

$$\underline{\delta}_0 \quad = \quad r_0(\underline{1} - \underline{\delta}_1)$$

formulieren. GIBBONS (1982) wählte diesen Ansatz. Die von GIBBONS durchgeführte Untersuchung erlaubt allerdings keine Aussagen, da er für den Störvektor $\underline{\varepsilon}^*_{Mt}$ eine nichtsinguläre Kovarianzmatrix unterstellt. Dies stellt jedoch einen Widerspruch zu dem aus der Wertpapiermarktlinie abgeleiteten Regressionsmodell dar. Wenn die Marktrendite neben einer Scheinvariablen als erklärende Variable angenommen wird, ist die Kovarianzmatrix des Störvektors $\underline{\varepsilon}^*_{Mt}$ singulär [FAMA, 1973, S. 1184]. Dieses Problem stellt sich nicht bei der von BLACK/JENSEN/SCHOLES (1972) durchgeführten Untersuchung. Sie betrachteten P Wertpapiergruppen. Aus den Renditen einer Gruppe wurde das arithmetische Mittel R_{pt} $(p = 1,\dots,P)$ gebildet und für die P Regressionsmodelle

$$R_{pt} \quad = \quad \delta_{0p} + R_{Mt} \, \delta_{1p} + \varepsilon_{pt} \qquad t = 1,\dots,T$$

mit

$$\begin{aligned} \text{erw } \varepsilon_{pt} &= 0 & t &= 1,\dots,T \\ \text{cov } (\varepsilon_{pt}, \varepsilon_{pt'}) &= \begin{cases} \sigma_p^2 & t = t' \\ 0 & t \neq t' \end{cases} & t,t' &= 1,\dots,T \\ \text{cov } (\varepsilon_{pt}, R_{Mt'}) &= 0 & t,t' &= 1,\dots,T \end{aligned}$$

die Nullhypothese

$$\delta_{0p} = r_0(1 - \delta_{1p})$$

getestet. Die Gültigkeit der Wertpapierlinie wurde abgelehnt, wenn eine der Nullhypothesen der P Untersuchungen verworfen werden konnte. Die von BLACK/ JENSEN/SCHOLES durchgeführte Untersuchung unterliegt der vernichtenden Kritik von ROLL (1977). ROLL behauptet, wegen der Nichtbeobachtbarkeit der Marktrendite, daß die Wertpapiermarktlinie des CAPM nicht empirisch überprüft werden kann. Hinsichtlich der dargestellten Untersuchungen ist der Kritik von ROLL zuzustimmen. Da die Autoren nicht die Marktrendite bei den empirischen Auswertungen verwendeten, sind ihre Aussagen über die Gültigkeit des CAPM unzulässig. Allerdings können wir der Meinung von ROLL bezüglich der empirischen Überprüfbarkeit der CAPM-Aussage nicht zustimmen. Denn die bei den Arbitragemodellen angewendeten Strategien zur Ersetzung der nichtbeobachtbaren Risikopreise sind auch für das CAPM möglich.

Um die Marktrendite als erklärende Variable zu umgehen, kann analog zu dem Verfahren bei den Arbitragemodellen eine Wertpapierrendite R_{1t} mit

$$\beta_{M1} \neq 0$$

gewählt werden [GIBBONS/FERSON, 1985]. Da

$$R_{1t} = r_0 + \beta_{M1}(R_{Mt} - r_0) + \varepsilon^*_{1Mt}$$

gilt, läßt sich die Überschußrendite des Marktes schreiben als

$$R_{Mt} - r_0 = \frac{1}{\beta_{M1}}(R_{1t} - r_0 - \varepsilon^*_{1Mt}) \quad .$$

Für den Renditevektor gilt

$$\underline{\boldsymbol{R}}_t = r_0(\underline{\mathbf{1}} - \frac{1}{\beta_{M1}} \underline{\boldsymbol{\beta}}_M) + \frac{1}{\beta_{M1}} \underline{\boldsymbol{\beta}}_M R_{1t} + \underline{\tilde{\boldsymbol{\varepsilon}}}_t$$

mit

$$\underline{\tilde{\boldsymbol{\varepsilon}}}_t := \underline{\boldsymbol{\varepsilon}}^*_{Mt} - \frac{1}{\beta_{M1}} \underline{\boldsymbol{\beta}}_M \varepsilon^*_{1Mt} \quad .$$

Wie bei den Arbitragemodellen tritt auch hier Korrelation zwischen der erklärenden Variable R_{1t} und dem Störvektor $\underline{\tilde{\boldsymbol{\varepsilon}}}_t$ auf.

Wird eine risikobehaftete Portefeuillerendite R_{pt} ohne unsystematisches Risiko gewählt, so daß

$$\begin{aligned} R_{pt} &= \underline{\boldsymbol{x}}_p' \underline{\boldsymbol{R}}_t \\ &= r_0 + \beta_{pM}(R_{Mt} - r_0) \end{aligned}$$

gilt, dann kann für die Überschußrendite des Marktes geschrieben werden:

$$R_{Mt} - r_0 = \frac{1}{\beta_{pM}} (R_{pt} - r_0) \quad .$$

Für den Renditevektor gilt dann

$$\underline{\boldsymbol{R}}_t = r_0(\underline{\mathbf{1}} - \frac{1}{\beta_{pM}} \underline{\boldsymbol{\beta}}_M) + \frac{1}{\beta_{pM}} \underline{\boldsymbol{\beta}}_M R_{pt} + \underline{\boldsymbol{\varepsilon}}^*_{Mt} \quad .$$

Daher läßt sich für den Renditevektor $\underline{\boldsymbol{R}}_t$ $(t = 1, \ldots, T)$ in dem Regressionsmodell

$$\underline{\boldsymbol{R}}_t = \underline{\boldsymbol{\delta}}_0 + \underline{\boldsymbol{\delta}}_1 R_{pt} + \underline{\boldsymbol{\varepsilon}}^*_{Mt}$$

mit

$$\begin{aligned} \text{erw } \underline{\boldsymbol{\varepsilon}}^*_{Mt} &= \underline{\mathbf{0}} & t &= 1, \ldots, T \\ \text{cov } (\underline{\boldsymbol{\varepsilon}}^*_{Mt}, \underline{\boldsymbol{\varepsilon}}^*_{Mt'}) &= \begin{cases} (\boldsymbol{I} - \underline{\boldsymbol{\beta}}_M \underline{\boldsymbol{x}}_M')\boldsymbol{\Sigma} & t = t' \\ \mathbf{0} & t \neq t' \end{cases} & t, t' &= 1, \ldots, T \\ \text{cov } (\underline{\boldsymbol{\varepsilon}}^*_{Mt}, R_{pt'}) &= \mathbf{0} & t, t' &= 1, \ldots, T \end{aligned}$$

die Nullhypothese

$$\underline{\boldsymbol{\delta}}_0 = r_0(\underline{\mathbf{1}} - \underline{\boldsymbol{\delta}}_1)$$

aufstellen [1]. Bei einer empirischen Untersuchung bleibt allerdings das Problem bestehen, wie ein solches Portefeuille gefunden werden kann.

Eine andere Möglichkeit besteht, wenn die Marktrendite bzw. die erwartete Marktrendite durch einen Index ersetzt wird, wobei über den Index Annahmen getroffen werden. STAMBAUGH (1982) untersuchte den Fall, in dem der Index mit der Marktrendite über die Konstante c verknüpft ist:

$$R_{It} = R_{Mt} + c \quad .$$

Für den Renditevektor $\underline{\boldsymbol{R}}_t$ gilt

$$\underline{\boldsymbol{R}}_t = r_0(\underline{\mathbf{1}} - \underline{\boldsymbol{\beta}}_M) - c\,\underline{\boldsymbol{\beta}}_M + \underline{\boldsymbol{\beta}}_M\, R_{It} + \underline{\boldsymbol{\varepsilon}}^*_{Mt} \quad .$$

Für die Regressionsgleichung

$$\underline{\boldsymbol{R}}_t = \underline{\boldsymbol{\delta}}_0 + \underline{\boldsymbol{\delta}}_1\, R_{It} + \underline{\boldsymbol{\varepsilon}}^*_{Mt}$$

ergibt sich die Restriktion

$$\underline{\boldsymbol{\delta}}_0 = r_0(\underline{\mathbf{1}} - \underline{\boldsymbol{\delta}}_1) - c\,\underline{\boldsymbol{\delta}}_1 \quad .$$

Diese Restriktion kann jedoch nicht als Nullhypothese verwendet werden, solange die Konstante c nicht bekannt ist. Ist aber die Konstante c bekannt, ist auch die Marktrendite bekannt.

---

[1] KANDEL/STAMBAUGH (1987) untersuchen die Auswirkungen auf Testentscheidungen, wenn Renditen nichteffizienter Portefeuilles als Maßstab herangezogen wurden.

Hier wird angenommen, daß der Index die Summe aus der erwarteten Marktrendite und einer Zufallsvariablen ε_{It} ist:

$$R_{It} = \mu_M + \varepsilon_{It} \quad ,$$

wobei

$$\sigma_I^2 := \operatorname{var} \varepsilon_{It}$$

gilt. Für den Renditevektor ergibt sich dann

$$\underline{\boldsymbol{R}}_t = r_0(\underline{\mathbf{1}} - \underline{\boldsymbol{\beta}}_M) + \underline{\boldsymbol{\beta}}_M \, R_{It} + \underline{\tilde{\boldsymbol{\varepsilon}}}_{It}$$

mit

$$\underline{\tilde{\boldsymbol{\varepsilon}}}_{It} := \underline{\boldsymbol{\varepsilon}}_t - \underline{\boldsymbol{\beta}}_M \, \varepsilon_{It} \quad .$$

Daher wird ein Regressionsmodell

$$\underline{\boldsymbol{R}}_t = \underline{\boldsymbol{\delta}}_0 + \underline{\boldsymbol{\delta}}_1 \, R_{It} + \underline{\tilde{\boldsymbol{\varepsilon}}}_{It}$$

mit

$$\operatorname{erw} \; \underline{\tilde{\boldsymbol{\varepsilon}}}_{It} = \underline{\mathbf{0}} \qquad t = 1, \ldots, T$$

$$\operatorname{cov} \; (\underline{\tilde{\boldsymbol{\varepsilon}}}_{It}, \underline{\tilde{\boldsymbol{\varepsilon}}}_{It'}) = \begin{cases} (\boldsymbol{I} - \frac{\sigma_I^2}{\sigma_M^2} \, \underline{\boldsymbol{\beta}}_M \, \underline{\boldsymbol{x}}_M') \, \boldsymbol{\Sigma} & t = t' \\ \mathbf{0} & t \neq t' \end{cases} \qquad t, t' = 1, \ldots, T$$

$$\operatorname{cov} \; (\underline{\tilde{\boldsymbol{\varepsilon}}}_{It}, R_{It'}) = \mathbf{0} \qquad t, t' = 1, \ldots, T$$

betrachtet, für das die Nullhypothese:

$$\underline{\boldsymbol{\delta}}_0 = r_0(\underline{\mathbf{1}} - \underline{\boldsymbol{\delta}}_1)$$

getestet wird. Damit dieses Regressionsmodell gilt, muß für den Index R_{It} gelten

$$\operatorname{erw} \; R_{It} = \mu_M$$

und

$$\text{cov}\ (\underline{\boldsymbol{R}}_t, R_{It}) \quad = \quad \sigma_I^2\, \underline{\boldsymbol{\beta}}_M \quad .$$

Daraus folgt für den Vektor $\underline{\boldsymbol{\beta}}_I$, der die Risikomaße der Renditen bezogen auf den Index enthält:

$$\underline{\boldsymbol{\beta}}_I \quad = \quad \underline{\boldsymbol{\beta}}_M \quad .$$

Der Index muß daher denselben Erwartungswert und denselben Vektor der Risikomaße wie die Marktrendite besitzen. Kann ein Index mit den geforderten Eigenschaften gefunden werden, so ist eine empirische Überprüfung des Resultates des CAPM möglich.

Die Problematik der empirischen Überprüfung ist somit bei beiden Modellen dieselbe. Ohne zusätzliche Annahmen können sowohl die Arbitrage- als auch die Gleichgewichtsmodelle nicht überprüft werden. Sind diese zusätzlichen Annahmen jedoch verletzt, so kann dies zur Ablehnung der Nullhypothese führen - selbst wenn die Modelle gültig sind.

6. Zusammenfassung der Resultate und Bewertung der Modelle

In den im Jahre 1985 erschienenen Diskussionsbeiträgen von DYBVIG/ROSS und SHANKEN werden die unterschiedlichen Standpunkte über die Eignung der CAPM- und APT-Modelle zur Bewertung der erwarteten Renditen skizziert. Die darin geäußerten, kontroversen Ansichten bilden den Ausgangspunkt der vorliegenden Arbeit.

Die Betrachtung der existierenden Modelle führt zu dem Ergebnis, daß Modelle mit sehr heterogenen Annahmen der APT zugerechnet werden. Da sich außerdem keine Kriterien finden lassen, die eine Differenzierung der Modelle in APT- und CAPM-Modelle ermöglichen, weicht die in dieser Arbeit verwendete Klassifizierung von der Literatur ab. Die hier gebrauchte Klassifizierung basiert auf zwei Kriterien, die Annahmen über den Markt und über die Renditen beinhalten. Das Marktkriterium differenziert nach der Arbitragefreiheits- und der Gleichgewichtsbedingung. Das Renditekriterium unterscheidet in beliebige Renditen, Renditen mit Faktormodell und Renditen mit Faktormodell, welche die Bildung eines effizienten Portefeuilles mit bestimmten Eigenschaften ermöglichen. Das Marktkriterium führt zu zwei Modellklassen, den Arbitrage- und Gleichgewichtsmodellen. Jede dieser Modellklassen setzt sich aufgrund des Renditekriteriums aus drei Modellgruppen zusammen: den Modellen für beliebige Renditen, den mit Faktormodellannahme und den Modellen, die neben der Faktormodellannahme die Existenz eines effizienten Portefeuilles mit bestimmten Eigenschaften voraussetzen.

In der vorliegenden Arbeit werden neben den Arbitrage- und Gleichgewichtsmodellen die Faktormodelle wegen ihrer Bedeutung für die Klassifizierung eingehend diskutiert. Die aus den Modellen abgeleiteten Resultate lassen sich wie folgt zusammenfassen:

1) Faktormodelle erlauben, ausgehend von einem durch Erwartungsvektor und Kovarianzmatrix beschriebenen Renditevektor, Aussagen über den linearen Zusammenhang zwischen dem Renditevektor und einem Faktorvektor.
In dieser Arbeit wird die Bedeutung der Faktormodelle im Kontext der Bewertung der Renditen erstmals untersucht. Wir haben gezeigt, daß für jeden Renditevektor eine Vielzahl von Faktormodellen existiert. Es lassen sich einerseits Faktormodelle ohne Störvariablen bilden, bei denen die Anzahl der Faktoren durch die Anzahl der stochastisch linear unabhängigen Renditen bestimmt wird. Andererseits gibt es für jeden Renditevektor Faktormodelle mit Störvariablen, wobei die Anzahl der Faktoren variabel, jedoch nicht größer als die Anzahl der stochastisch linear unabhängigen Renditen ist. Daraus folgt, daß bei beiden Typen von Faktormodellen die Faktoren bzw. die Faktorladungsmatrix nicht eindeutig bestimmt werden können.
Zudem kann nachgeweisen werden, daß der Renditevektor anstatt als Faktormodell auch als lineare Funktion einer maximalen Anzahl von stochastisch linear unabhängigen Renditen darstellbar ist.

2) Arbitragemodelle für beliebige Renditen liefern zusätzlich zu den Aussagen über die Renditen Resultate über die Struktur der erwarteten Renditen. Als Ergebnis dieser bisher nicht untersuchten Modelle ergab sich, daß die erwarteten Überschußrenditen immer als Summe von Risikoprämien darstellbar sind, wobei sich die Risikoprämien durch Gewichtung der marktüblichen Risikopreise mit den wertpapierspezifischen Risikomaßen ergeben.
Aus den hier betrachteten Arbitragemodellen läßt sich eine Vielzahl von Darstellungen der erwarteten Überschußrenditen mit unterschiedlichen Risikoprämien ableiten. Darunter befinden sich auch Risikoprämien, die sich auf stochastisch linear unabhängige Renditen bzw. auf die Rendite eines effizienten Portefeuilles beziehen. Die Charakterisierung der erwarteten Überschußrenditen durch Risikoprämien stochastisch linear unabhängiger Renditen beruht auf der bereits

bei den Faktormodellen hergeleiteten Folgerung, daß die stochastisch linear unabhängigen Renditen die Gesamtstreuung des Marktes und damit das gesamte Risiko erklären. Die Risikomaße entsprechen dabei den Koeffizienten, welche die Abhängigkeiten der Renditen von den ausgewählten stochastisch linear unabhängigen Renditen zeigen, und die Risikopreise den zugehörigen erwarteten Überschußrenditen. Wenn die erwarteten Überschußrenditen durch Risikoprämien effizienter Portefeuilles dargestellt werden, kann die Betrachtung auf eine Risikoprämie beschränkt werden. Die Risiken der Wertpapiere werden gemessen durch die, auf das effiziente Portefeuille bezogenen, Beta-Werte der Renditen. Die erwartete Überschußrendite des effizienten Portefeuilles bestimmt bei diesem Ansatz den Risikopreis.

3) Bei den Arbitragemodellen mit Faktormodellannahme wird im Gegensatz zu den vorhergehenden Modellen eine Unterscheidung in systematische und unsystematische Risikoprämien eingeführt.
Die erwarteten Überschußrenditen lassen sich bei diesen Modellen anhand dieser beiden Formen von Risikoprämien abbilden. Aufgrund der zuvor erfolgten statistischen Nachweise kann das vorgegebene Faktormodell in ein Faktormodell ohne Störvariablen transformiert werden. Dieses transformierte Faktormodell enthält die ursprünglichen Faktoren, welche die systematischen Risiken erzeugen, und die den Störvektor darstellenden Faktoren für die unsystematischen Risiken. Dadurch können wir im Gegensatz zu den bisher bekannten approximativen Resultaten eine exakte Beziehung zwischen erwarteten Überschußrenditen und Risikoprämien ableiten. Die Differenzierung in systematische und unsystematischen Risikoprämien ist möglich, da die abgeleiteten Risikoprämien den Faktoren des transformierten Faktormodells zugeordnet werden können. Die Risikomaße folgen aus der Faktorladungsmatrix, und die Risikopreise bestimmen sich durch die normierten Kovarianzen zwischen den Faktoren und dem Grenznutzen der Rendite eines effizienten Portefeuilles. Der Normierungsfaktor ergibt sich durch den negativen

erwarteten Grenznutzen der Portefeuillerendite. Die Komponenten der systematischen Risikoprämien sind durch die Faktormodellannahme eindeutig festgelegt, nicht jedoch die Komponenten der unsystematischen Risikoprämien. Diese Mehrdeutigkeit resultiert aus den Wahlmöglichkeiten bei der Faktormodelldarstellung für den Störvektor.

4) In Arbitragemodellen mit zusätzlichen Annahmen über ein effizientes Portefeuille verwenden wir aus den vorhergehenden Arbitragemodellen das Resultat, daß die Risikopreise in Abhängigkeit von der Rendite eines effizienten Portefeuilles ausgedrückt werden können. Existiert ein effizientes Portefeuille mit einer Rendite, die ausschließlich von systematischen Risiken bestimmt wird und deren Grenznutzen keine Korrelation mit dem Störvektor aufweist, dann können wir die exakte Arbitragebewertung ableiten. Exakte Arbitragebewertung bedeutet zum einen, daß die unsystematischen Risikopreise gleich Null sind, und zum anderen, daß die systematischen Risikopreise nicht von den unsystematischen Risiken beeinflußt werden. Für den Spezialfall, daß ein Marktmodell und die Existenz eines effizienten Portefeuilles mit den geforderten Eigenschaften vorgegeben ist, entspricht die Risikoprämie, der erwarteten Überschußrendite des Marktes. Dieser Zusammenhang ist identisch mit dem sich aus dem CAPM ergebenden Resultat für die erwarteten Überschußrenditen.

5) Gleichgewichtsmodelle für beliebige Renditen gestatten neben der Konkretisierung der Aussagen über die Renditen und die Struktur der erwarteten Renditen Folgerungen über das Nachfrageverhalten der Anleger.
Die Renditen lassen sich bis auf zufällige Abweichungen, die Erwartungswerte von Null besitzen, als lineare Funktion der risikolosen Rendite und der Marktrendite schreiben. Die Struktur der erwarteten Renditen kann somit durch die risikolose Rendite und die erwartete Überschußrendite des Marktes erklärt werden. Damit ergibt sich wie in den Arbitragemodellen für beliebige Renditen eine Darstellung

der erwarteten Renditen in Abhängigkeit von einer Risikoprämie, wobei sich in den Gleichgewichtsmodellen diese Prämie auf das Marktportefeuille bezieht. Die Risikomaße werden durch die Beta-Werte der Renditen bezogen auf das Marktportefeuille bestimmt. Die in den Beta-Werten verwendete Nutzenfunktion ist abhängig von den Nutzenfunktionen für die Anleger. Wird von quadratischen Nutzenfunktionen ausgegangen, dann liegt das CAPM vor, und die Beta-Werte entsprechen den mit der Varianz der Marktrendite normierten Kovarianzen zwischen den Renditen und der Marktrendite. Unabhängig von den zugrunde gelegten Nutzenfunktionen ist der Risikopreis gleich der erwarteten Überschußrendite des Marktes.

Neben diesen Ergebnissen über die Renditen erlauben die Gleichgewichtsmodelle Aussagen über die von den Anlegern gehaltenen Portefeuilles. Im Gegensatz zu den Resultaten aus bisher bekannten Modellen kann hier aufgrund der allgemeineren Annahmen nicht mehr zwingend die Schlußfolgerung gezogen werden, daß alle Anleger hinsichtlich der risikobehafteten Wertpapiere übereinstimmende Portefeuilles halten. Über die bei den Faktormodellen abgeleitete Beziehung lassen sich die von den Anlegern in ihren Portefeuilles gehaltenen Anteile der risikobehafteten Wertpapiere zurückführen auf Anteile der Wertpapiere mit stochastisch linear unabhängigen Renditen. Die so gefundenen Anteile der Wertpapiere mit stochastisch linear unabhängigen Renditen für den risikobehafteten Teil des Portefeuilles sind für alle Anleger identisch und stimmen mit den Anteilen des Marktportefeuilles überein. Damit hängt nicht nur die Aufteilung in die risikolose und die risikobehaftete Anlagemöglichkeit von der individuellen Risikoaversion eines Anlegers ab, sondern auch der risikobehaftete Teil des Portefeuilles wird von jedem Anleger individuell zusammengestellt. Nur wenn die risikobehaftete Anlagemöglichkeit auf ihre wesentlichen Komponenten - Wertpapiere mit stochastisch linear unabhängigen Renditen - transformiert wird, dann herrscht bei den Anlegern bezogen auf die Struktur des risikobehafteten Portefeuilles Übereinstimmung.

6) In Gleichgewichtsmodellen mit Faktormodellannahme wird die aus den Gleichgewichtsmodellen für beliebige Renditen bekannte einzelne Risikoprämie aufgespalten in systematische und unsystematische Risikoprämien. Wie in den entsprechenden Arbitragemodellen beruhen das von uns gezeigte präzise Resultat und die Differenzierung der Risikoprämien auf der Transformation des vorgegebenen Faktormodells in ein Faktormodell ohne Störvariablen. Wiederum ergeben sich die Risikomaße der systematischen Risiken dabei aus der vorgegebenen Faktorladungsmatrix, die der unsystematischen Risiken aus einer abgeleiteten Faktorladungsmatrix. Die Risikopreise entsprechen den normierten Kovarianzen zwischen dem Grenznutzen der Marktrendite und den Faktoren. Im Multi-Beta CAPM - ein Spezialfall des CAPM - ergeben sich die Risikopreise aus den Kovarianzen zwischen den Faktoren und der Marktrendite dividiert durch die Varianz der Marktrendite. Außer den Renditebeziehungen läßt sich zeigen, daß das Marktportefeuille im allgemeinen zusätzlich zu dem systematischen Risiko, das durch die gemeinsamen Faktoren entsteht, auch durch die Störvariablen erzeugtes unsystematisches Risiko enthält. Da die Portefeuilles der Anleger hinsichtlich der Anteile ihrer Wertpapiere mit stochastisch linear unabhängigen Renditen mit dem Marktportefeuille übereinstimmen, tragen die Anleger die systematischen und unsystematischen Risiken in demselben Ausmaß.

7) Für Gleichgewichtsmodelle mit zusätzlichen Annahmen über ein effizientes Portefeuille kann erstmals über die in den vorhergehenden Gleichgewichtsmodellen beschriebenen Beziehungen hinaus gezeigt werden, daß die unsystematischen Risiken die Bewertung der erwarteten Überschußrenditen nicht beeinflußen. Das bedeutet, daß exakte Arbitragebewertung vorliegt.

Die bisherigen Ausführungen fassen die gewonnenen Erkenntnisse aus der Analyse der Faktor-, Arbitrage- und Gleichgewichtsmodelle zusammen. Insgesamt konnte eine klare Trennung der Modellklassen sowohl hinsichtlich der Annahmen als auch der sich daraus abgeleiteten Ergebnisse herausgearbeitet werden. Tabelle 6-1 stellt die Annahmen und Resultate der Modellklassen einander gegenüber:

	Faktormodelle	Arbitragemodelle	Gleichgewichtsmodelle
Annahmen über	• Renditen	• Renditen • Markt	• Renditen • Markt • Anleger
Aussagen über	• Abhängigkeiten der Renditen	• Abhängigkeiten der Renditen • Struktur der erwarteten Renditen	• Abhängigkeiten der Renditen • Struktur der erwarteten Renditen • Nachfrageverhalten der Anleger

Tabelle 6-1: Annahmen und Aussagen der einzelnen Modellklassen

Die Annahmen und Resultate der Faktormodelle betreffen ausschließlich die Renditen. Arbitragemodelle gehen von Annahmen für die Renditen und den Markt aus, sie führen zu Aussagen über die Renditen und die Struktur der erwarteten Renditen. Gleichgewichtsmodelle, in die zusätzlich zu den in den Arbitragemodellen getroffenen Prämissen Annahmen über die Anleger einfließen, liefern außerdem Aussagen über das Nachfrageverhalten der Anleger.

Sowohl Arbitrage- als auch Gleichgewichtsmodelle beinhalten Schlußfolgerungen hinsichtlich der Renditen und der erwarteten Renditen, wobei im wesentlichen dieselben Zusammenhänge für die Zufallsvariablen und die Erwartungswerte beschrieben werden. Tabelle 6-2 listet die in den einzelnen Arbitrage- und Gleichgewichtsmodellen verwendeten Risioprämien sowie die zugehörigen Komponenten auf.

Arbitrage- und Gleichgewichtsmodelle führen zu Darstellungen der Renditen und ihrer Erwartungswerte in Abhängigkeit von Risikoprämien. Für alle Modellgruppen haben wir gezeigt, daß bei den Arbitrage- und Gleichgewichtsmodellen ähnliche Resultate für die Renditen gelten. Während sich in den Arbitragemodellen die Resultate lediglich auf effiziente Portefeuilles beziehen, wird in den entsprechenden Gleichgewichtsmodellen das effiziente Portefeuille durch das Marktportefeuille ersetzt.

<table>
<tr><th>Modellklassen
Modellgruppen</th><th>Arbitragemodelle</th><th>Gleichgewichtsmodelle</th></tr>
<tr><td colspan="3">Modelle für beliebige Renditen</td></tr>
<tr><td>• Die Risikoprämien beziehen sich auf</td><td>ein effizientes Portefeuille</td><td>das effiziente Marktportefeuille</td></tr>
<tr><td>• Die Risikomaße ergeben sich durch die Beta-Werte der Renditen bezogen auf</td><td>ein effizientes Portefeuille</td><td>das effiziente Marktportefeuille</td></tr>
<tr><td>• Die Risikopreise entsprechen der erwarteten Überschußrendite</td><td>eines effizienten Portefeuilles</td><td>des effizienten Marktportefeuilles</td></tr>
<tr><td colspan="3">Modelle mit Faktormodellannahme</td></tr>
<tr><td>• Die Risikoprämien beziehen sich auf</td><td colspan="2">die systematischen und unsystematischen Risiken des Faktormodells</td></tr>
<tr><td>• Die Riskomaße ergeben sich</td><td colspan="2">für die systematischen Risiken durch die Faktorladunsgmatrix des vorgegebenen Modells und für die unsystematischen Risiken durch die Faktorladungsmatrix einer Faktormodelldarstellung des Störvektors</td></tr>
<tr><td>• Die Risikopreise entsprechen den normierten Kovarianzen zwischen den Faktoren und dem Grenznutzen der Rendite</td><td>eines effizienten Portefeuilles</td><td>des Marktportefeuilles</td></tr>
<tr><td colspan="3">Modelle mit zusätzlichen Annahmen</td></tr>
<tr><td>• Die Risikoprämien beziehen sich</td><td colspan="2">ausschließlich auf die systematischen Risiken des Faktormodells</td></tr>
<tr><td>• Die Risikomaße für die systematischen Risiken ergeben sich durch</td><td colspan="2">die Faktorladungsmatrix des vorgegebenen Modells</td></tr>
<tr><td>• Die Risikopreise für die systematischen Risiken entsprechen den normierten Kovarianzen zwischen den Faktoren und dem Grenznutzen</td><td>eines effizienten Portefeuilles</td><td>des effizienten Marktportefeuilles</td></tr>
</table>

Tabelle 6-2: Risikoprämien und ihre Komponenten in den Aussagen der Arbitrage- und Gleichgewichtsmodelle

Die Diskussion der empirischen Überprüfbarkeit der Modelle basiert auf den in den bisherigen Ausführungen beschriebenen Resultaten. Die Gegenüberstellung der Resultate aus den Arbitrage- und Gleichgewichtsmodellen macht deutlich, daß in beiden Modellklassen die erwarteten Renditen als lineare Funktion von der risikolosen Rendite und von Risikoprämien dargestellt werden. Die Risikoprämien sind dabei Produkte aus Risikomaßen und - preisen. Aufgrund dieser Gemeinsamkeit der Resultate sind für alle Modelle zwei Ansätze zur empirischen Überprüfung denkbar. Beide Ansätze beruhen auf Gleichungssystemen, welche die erwarteten Renditen als Koeffizientenvektor verwenden. Unterschiede bestehen lediglich in den Koeffizienten der Gleichungssysteme. Während im ersten Fall eine Scheinvariable und die Risikomaße verwendet werden, gehen wir im zweiten Fall von einer Scheinvariable und den Risikopreisen aus. Bei Gültigkeit der Modelle müssen die Gleichungssysteme lösbar sein, und die Lösungen müssen der risikolosen Rendite und den Risikopreisen bzw. der risikolosen Rendite und den Risikomaßen entsprechen. Diese Ansätze können jedoch nicht unmittelbar zur empirischen Überprüfung herangezogen werden, da weder die erwarteten Renditen noch die Komponenten der Risikoprämien beobachtbar sind. Selbst wenn die in dieser Arbeit hergeleiteten stochastischen Beziehungen für die Renditen für die empirische Überprüfung benutzt werden, bleibt in beiden Modellklassen das Problem der nichtbeobachtbaren Risikoprämien bestehen. Zur Lösung dieses Problems werden die nichtbeobachtbaren Modellgrößen durch beobachtbare Variablen ersetzt. Unter Berücksichtigung der Beziehungen zwischen Modellgrößen und Ersatzvariablen lassen sich Regressionsmodelle herleiten. Aus den Modellresultaten ergeben sich Restriktionen über die Regressionskoeffizienten, die dann als Hypothesen formuliert und geprüft werden können. Da die Anzahl der zu einem Zeitpunkt möglichen Beobachtungen sich für beide Ansätze als zu gering erweist, geht man zur Verwendung von Zeitreihendaten über. Dazu sind Annahmen über die Zufallsvariablen im Zeitablauf notwendig.

Sämtliche empirischen Untersuchungen, die auf Regressionsmodellen beruhen, stellen Spezialfälle der von uns formulierten Ansätze dar. Diese Einordnung ist möglich, da die beiden Ansätze zwar die zu ersetzenden Modellgrößen festlegen, nicht aber die Ersatzvariablen. Ausgehend von der allgemeinen Betrachtungsweise können wir Mängel in bisher durchgeführten empirischen Arbeiten aufzeigen. Durch die Anwendung der beiden Ansätze auf die einzelnen Modelle werden die modellspezifischen Probleme erkennbar. Dies wurde exemplarisch für das Arbitragemodell, das zu einer exakten Arbitragebewertung führt, und für das CAPM durchgeführt.

Werden die Risikomaße ersetzt, dann ergibt sich sowohl bei dem speziellen Arbitragemodell als auch bei dem CAPM das für fehlerbehaftete Variablen typische Phänomen der Korrelation zwischen den erklärenden und den Störvariablen. Diese Korrelation kann durch die restriktive Annahme der Identität von Ersatz- und Modellgrößen ausgeschlossen werden. Eine empirische Überprüfung des CAPM, nicht jedoch des speziellen Arbitragemodells, ist dann möglich. Denn im Gegensatz zu dem CAPM benennt das spezielle Arbitragemodell weder die Anzahl noch die Art der Faktoren. Somit lassen sich auch nicht Ersatzgrößen für die zugehörigen Risikomaße ermitteln.

Werden hingegen die Risikopreise ersetzt, dann können unterschiedliche Ersatzgrößen gewählt werden. Aus der Diskussion verschiedener Ersatzgrößen geht hervor, daß für das spezielle Arbitragemdodell und für das CAPM die gleichen Probleme existieren. Wählt man einzelne Wertpapierrenditen als Ersatzgrößen, dann sind wiederum die erklärenden Variablen und die Störvariablen korreliert. Wählt man Indizes als Ersatzgrößen, dann sind für die Formulierung des Regressionsmodells Annahmen über den Zusammenhang zwischen den Modell- und Ersatzgrößen erforderlich. Diese Annahmen bedeuten letztlich eine a-priori Spezifikation der Risikopreise in dem CAPM und dem speziellen Arbitragemodell. Das Resultat des CAPM für die Renditen zeigt, daß der Risikopreis von der Marktrendite abhängt. Daher ist es möglich, statt der nichtbeobachtbaren Marktrendite einen repräsentativen Index zu wählen. Das spezielle Arbitragemodell erschwert eine solche Verknüpfung, da es die Risikopreise lediglich in Abhängigkeit eines effizienten Portefeuilles darstellt. Zusätzlich erschwerend erweist sich bei dem speziellen Arbitragemodell die Tatsache, daß die Anzahl der Faktoren unbekannt ist. Die empirische Untersuchung des betrachteten Arbitragemodells erfordert somit die Festlegung der Faktoren nach Art und Anzahl. Dies impliziert, daß zur empirischen Überprüfung des Arbitragemodells im Vergleich zum CAPM weitere Annahmen notwendig sind. Daher können immer nur Spezialfälle des Arbitragemodells empirisch überprüft werden. Das Verwerfen eines Spezialmodells führt jedoch nicht zur Ablehnung des allgemeinen Modells. Unter diesem Aspekt ist SHANKEN (1982, S. 1134) zuzustimmen, wenn er über die Resultate der Arbitragemodelle schreibt: "...cannot be considered an adequate formulation of the empirical content of a testable theory of asset pricing."

Abschließend ist festzuhalten, daß bei der Analyse der Modelle eindeutig gezeigt werden konnte, daß weder das CAPM als Spezialfall der in der Literatur untersuchten APT-Modelle noch umgekehrt die APT-Modelle als Sonderfälle des CAPM aufgefaßt werden können. Die Modelle stehen gleichberechtigt nebeneinander. Die APT-Modelle mit der Arbitragefreiheitsannahme führen zu Ergebnissen, die in den Gleichgewichtsmodellen aufgrund der restriktiveren Prämissen konkretisiert werden können. Der Spezialfall des Arbitragemodells mit Marktmodell und zusätzlichen Annahmen über ein effizientes Portefeuille führt zu denselben Ergebnissen für die erwarteten Renditen wie das CAPM, nicht jedoch zu den aus dem CAPM möglichen Schlußfolgerungen über das Anlegerverhalten.
Für eine empirische Untersuchung eignen sich die Arbitragemodelle im allgemeinen nicht in dem Maße wie die Gleichgewichtsmodelle, da die in ihren Resultaten vorkommenden Risikoprämien nicht näher spezifiziert sind. Der Vorteil, daß das nichtbeobachtbare Marktportefeuille keine Relevanz besitzt, wird aufgewogen durch die Nichtbeobachtbarkeit der Faktorstruktur.

ANHANG

Beweis zu (3.4.2.-8):

Für das Portefeuille $\boldsymbol{y}_e$ mit

$$(\boldsymbol{I} - \boldsymbol{y}_M \, \boldsymbol{\beta}_M^{(1)'})\boldsymbol{y}_e \quad = \quad \underline{0}$$

gilt

$$\boldsymbol{y}_e \quad = \quad \boldsymbol{y}_M \quad .$$

Es gilt

$$\text{rg} \;\; (-\boldsymbol{y}_M \, \boldsymbol{\beta}_M^{(1)'}) \quad = \quad 1$$

und

$$\text{sp} \;\; (-\boldsymbol{y}_M \, \boldsymbol{\beta}_M^{(1)'}) \quad = \quad -1 \quad .$$

Für die zugehörigen Eigenwerte l_i $(i = 1, \ldots, N)$ ergibt sich [SEARLE, 1982, S. 306]

$$l_1 \neq 0 \quad , \quad l_2 = \ldots = l_N \quad = \quad 0$$

und wegen

$$\sum_{i=1}^{N} l_i \quad = \quad -1$$

[SEARLE, 1982, S. 278] folgt $l_1 = -1$.

Das Portefeuille $\boldsymbol{y}_e$ entspricht dem zu dem Eigenwert l_1 gehörenden Eigenvektor. Da zu diesem Eigenwert genau eine linear unabhängige Lösung existiert [SEARLE,

1982, S. 280] und

$$(\boldsymbol{I} - \boldsymbol{y}_M \, \underline{\boldsymbol{\beta}}_M^{(1)'})\boldsymbol{y}_M = \underline{0}$$

gilt, ergibt sich für das Portefeuille

$$\boldsymbol{y}_e = \boldsymbol{y}_M \quad .$$

LITERATURVERZEICHNIS

ARROW, K.J. (1964): The Role of Securities in the Optimal Allocation of Risk Bearing. RoES, Vol 31, S. 91-96.

ARROW, K.J. (1965): Aspects in the Theory of Risk Bearing. Helsinki.

ARROW,K.J.; INTRILIGATOR, M.D. (eds.) (1982): Handbook of Mathematical Economics, Vol II, Amsterdam, New York, Oxford.

BABCOCK, G.C. (1972): A Note on Justifying Beta as a Measure of Risk. JoF, Vol 27, S. 699-702.

BAMBERG, G.; SPREMANN, K. (Hrgs.) (1984): Risk and Capital. Proceedings of the 2nd Workshop on Risk and Capital at the University of Ulm. Lecture Notes in Economics and Mathematical Systems. Berlin, Heidelberg, New York, Tokyo.

BEENSTOCK, M.; CHAN, K. (1986): Testing the Arbitrage Pricing Theory in the United Kingdom. The Oxford Bulletin of Economics and Statistics, Vol 48, S. 121-141.

BEJA, A. (1971): The Structure of the Cost of Capital under Uncertainty. RoES, Vol 38, S. 359-368.

BEJA, A. (1972): On Systematic and Unsystematic Components of Financial Risk. JoF, Vol 27, S. 37-45.

BELLMAN, R. (1970): Introduction to Matrix Analysis. 2nd edition, New York.

BERTSEKAS, D.P. (1974): Necessary and Sufficient Conditions for Existence of an Optimal Portfolio. JET, Vol 8, S. 235-247.

BHATTACHARYA, S.; CONSTANTINEDES, G. (eds) (1987): Frontiers in Finance, Vol 1.

BICKSLER, J.L. (1977): Capital Market Equilibrium and Efficiency. Lexington/Mass., Toronto.

BLACK, F. (1972): Capital Market Equilibrium with Restricted Borrowing. JoB, Vol 45, S. 444-455.

BLACK, F.; JENSEN, M.C.; SCHOLES, M. (1972): The Capital Asset Pricing Model: Some Empirical Tests. In: JENSEN, M.C. (ed.): Studies in the Theory of Capital Markets. New York, S. 79-121.

BLACK, F.; SCHOLES, M. (1973): The Pricing of Options and Corporate Liabilities. JoPE, Vol 81, S. 637-654.

BLUME, M.E. (1971): On the Assessment of Risk. JoF, Vol 26, S. 1-10.

BLUME, M.E. (1975): Betas and their Regression Tendencies. JoF, Vol. 30, S. 785-795.

BRENNER, M.; SMIDT, S. (1977): A Simple Model of Non-Stationarity of Systematic Risk. JoF, Vol 32, S. 1081-1092.

BROWN, S.J.; WEINSTEIN, M.I. (1983): A New Approach to Testing Asset Pricing Models: The Bilinear Paradigm. JoF, Vol. 38, S. 711-743.

BROWN, S.J.; WEINSTEIN, M.I. (1985): Derived Factors in Event Studies. JoFE, Vol 14, S. 491-495.

BUCHNER, R. (1981): Die Planung von Gesamtkapitalanlagen (Portefeuilles) und der Effekt der Markowitz-Diversifikation. Wirtschaftswissenschaftliches Studium, 10. Jg., S. 310-323.

BUSER, S.A. (1977): Mean-Variance Portfolio Selection with either a Singular or Nonsingular Variance-Covariance Matrix. JoFaQ, Vol 12, S. 347-361.

CASS, D.; STIGLITZ, J. (1970): The Structure of Investor Preferences and Asset Returns, and Separability in Portfolio Allocation: A Contribution to the Pure Theory of Mutual Funds. JET, Vol 2, S. 122-160.

CHAMBERLAIN, G.; ROTHSCHILD, M. (1983): Arbitrage, Factor Structure, and Mean-Variance Analysis on Large Asset Markets. Econometrica, Vol 51, S. 1281-1304.

CHEN, N. (1983): Some Empirical Tests of the Theory of Arbitrage Pricing. JoF, Vol 38, S. 1393-1414.

CHEN, N.; INGERSOLL, J. (1983): Exact Pricing in Linear Factor Models with Finitely Many Assets: A Note. JoF, Vol 38, S. 985-988.

CHEN, N.; ROLL, R.; ROSS, S.A. (1986): Economic Force and the Stock Market. JoB, Vol 59, S. 383-403.

CHO, D.C.; EUN, C.S.; SENBET, L.W. (1986): International Arbitrage Pricing Theory. An Empirical Investigation. JoF, Vol 41, S. 313-329.

CONNOR, G. (1987): Notes on the Arbitrage Pricing Theory. In: BHATTACHARYA, S.; CONSTANTINIDES, G. (eds.): Frontiers in Finance. Vol 1.

CONNOR, G. (1984): A Unified Beta Pricing Theory. JET, Vol 34, S. 13-31.

CONNOR, G.; KORAJCZYK, R.A. (1986): Performance Measurement with the Arbitrage Pricing Theory. A New Framework for Analysis. JoFE, Vol 15, S. 373-394.

CONRAD, K.; JÜTTNER, D.J. (1973): Recent Behaviour of Stock Market Prices in Germany and the Random Walk Hypothesis. Kyklos, Vol 26, S. 576-599.

DEBREU, G. (1959): Theory of Value. New York.

DHRYMES, P.J. (1970): Econometrics. Statistical Foundation and Application. London.

DHRYMES, P.J.; FRIEND, I.; GULTEKIN, N.B. (1984): A Critical Reexamination of the Empirical Evidence on the Arbitrage Pricing Theory. JoF, Vol 39, S. 323-346.

DHRYMES, P.J.; FRIEND, I.; GULTEKIN, M.N.; GULTEKIN, N.B. (1985): New Tests of the APT and their Implications. JoF, Vol 40, S. 659-675.

DYBVIG, P.H. (1983): An Explicit Bound on Individual Assets' Deviation from APT Pricing in a Finite Economy. JoFE, Vol 12, S. 483-496.

DYBVIG, P.H.; ROSS, S. (1985): Yes, the APT ist Testable. JoF, Vol 40, S. 1173-1188.

ENGLE, R.F. (1984): Wald, Likelihood Ratio, and Lagrange Multiplier Tests in Econometrics. In: GRILICHES, Z.; INTRILIGATOR, M.D. (eds.): Handbook of Econometrics. Vol 2, S. 775-826.

FAMA, E.F. (1968): Risk, Return and Equilibrium: Some Clarifying Comments. JoF, Vol 23, S. 29-40.

FAMA, E.F. (1973): A Note on the Market Model and the Two-Parameter-World. JoF, Vol 28, S. 1181-1185.

FAMA, E.F. (1976): Foundations of Finance. New York.

FAMA, E.F.; MACBETH, J.D. (1973): Risk, Return and Equilibrium. Empirical Tests. JoPE, Vol 81, S. 607-636.

FISZ, M. (1973): Wahrscheinlichkeitsrechnung und mathematische Statistik. 5. Auflage. Berlin.

FOMBY, T.B.; HILL, R.C.; JOHNSON, S.R. (1984): Advanced Econometric Methods. New York, Berlin, Heidelberg, Tokyo.

FRANKE, G. (1983): Kapitalmarkt und Separation. ZfB, 53. Jg., S. 239-260.

FRANKE, G. (1984): On Tests of the Arbitrage Pricing Theory. OR Spectrum, Band 6, S. 109-117.

FRIEND, I.; BICKSLER, J. (eds.) (1977): Risk and Return in Finance. Vol I, Cambridge (Mass.).

GERKE, W.; PHILIPP, F. (1985): Finanzierung. Stuttgart.

GIBBONS, M.R. (1982): Multivariate Tests of Financial Models. JoFE, Vol 10, S. 3-27.

GIBBONS, M.R.; FERSON, W. (1985): Testing Asset Pricing Models with Changing Expectations and an Unobservable Market Portfolio. JoFE, Vol 14, S. 217-236.

GONEDES, N.J. (1973): Evidence on the Information Content of Accounting Numbers: Accounting Based and Market Based Estimates of Systematic Risk. JoFaQ, Vol 8, S. 407-443.

GONEDES, N.J. (1976): Capital Market Equilibrium for a Class of Heterogeneous Expectations in a Two-Parameter-World. JoF, Vol 31, S. 1-15.

GRILICHES, Z.; INTRILIGATOR, M.D. (eds.) (1984): Handbook of Econometrics. Vol 2. Amsterdam, New York, Oxford.

GRINBLATT, M.; TITMAN, S. (1983): Factor Pricing in a Finite Economy. JoFE, Vol 12, S. 497-507.

GRINBLATT, M.; TITMAN, S. (1985): Approximate Factor Structures: Interpretations and Implications for Empirical Tests. JoF, Vol 40, S. 1367-1373.

HAEGERT, L. (1979): Zur neueren Entwicklung der Investitions- und Finanzierungstheorie. Proceedings in Operations Research 9, S. 161-171.

HANSMANN, K. (1980): Dynamische Aktienanlageplanung. Wiesbaden.

HANSSEN, R.A.; REISS, W. (1976): Autokorrelationsmalyse und das Problem der Datenfehler. Eine Überprüfung der Random-Walk-Hypothese für den deutschen Aktienmarkt. ZfN, Vol 36, S. 153-172.

HECKER, G. (1974): Aktienkursanalyse zur Portfolio Selektion. Eine empirische und theoretische Untersuchung über die Ermittlung der relevanten Entscheidungsparameter und über das Verhalten deutscher Aktienkurse. Meisenheim am Glan.

HUBERMAN, G. (1982): Arbitrage Pricing Theory: A Simple Approach. JET, Vol 28, S. 183-191.

HUBERMAN, G. (1986): A Review of the Arbitrage Pricing Theory. Working Paper. University of Chicago. Erscheint demnächst in: The New Palgrave: A Dictionary of Economic Theory and Doctrine.

HUBERMAN, G.; KANDEL, S.; STAMBAUGH, R. (1987): Mimicking Portfolios and Exact Arbitrage Pricing. JoF, Vol 42, S. 1-9.

INGERSOLL, J.E. (1984): Some Results in the Theory of Arbitrage Pricing. JOF, Vol 39, S. 1021-1039.

INGERSOLL, J.E. (1987): Theory of Financial Decision Making. Lecture Notes, Yale University.

JARROW, R. (1980): Heterogenous Expectations, Restrictions on Short Sales and Equilibrium Assets. JoF, Vol 35, S. 1105-1113.

JENSEN, M.C. (ed.) (1972): Studies in the Theory of Capital Markets. New York.

JENSEN, M.C. (1972): The Foundations and Current State of Capital Market Theory. In: JENSEN, M.C. (ed.): Studies in the Theory of Capital Markets. S. 3-43.

JENSEN, M.C. (1977): Capital Markets. Theory and Evidence. In: BICKSLER, J.L. (ed.): Capital Market Equilibrium and Efficiency. Lexington/Mass., S. 111-164.

JOBSON, J.D. (1982): A Multivariate Linear Regression Test for the Arbitrage Pricing Theory. JoF, Vol 37, S. 1037-1042.

KANDEL, S.; STAMBAUGH, R.F. (1987): On Correlations and Inferences About Mean-Variance Efficiency. JoFE, Vol 18, S. 61-90.

KEIM, D.B.; STAMBAUGH, R.F. (1986): Predicting Returns in the Stock and Bond Markets. JoFE, Vol 17, S. 357-390.

KING, B.F. (1966): Market and Industry Factors in Stock Price Behavior. JoB, Vol 39, S. 139-190.

KREPS, D.M. (1981): Arbitrage and Equilibrium in Economics with Infinitely Many Commodities. JoME, Vol 8, S. 15-35.

KWON, Y.K. (1985): Derivation of the CAPM without Normality or Quadratic Preferences: A Note. JoF, Vol 40, S. 1505-1509.

LAUX, H. (1969): Kapitalkosten und Ertrag. Köln.

LAUX, H. (1971): Graphische Analyse der Struktur optimaler Aktienportefeuilles. JfbF, 23. Jg., S. 631-648.

LEHMANN, B.N.; MODEST, D.M. (1985): The Empirical Foundations of the Arbitrage Pricing Theory I: The Empirical Tests. NBER Working Paper 1725.

LEHMANN, B.N.; MODEST, D:M: (1985): The Empirical Foundations of the Arbitrage Pricing Theory II: The Optimal Construction of Basis Portfolios. NBER Working Paper 1726.

LELAND, H. (1972): On the Existence of Optimal Policies under Uncertainty. JET, Vol 2, S. 35-44.

LEVY, H.; SARNAT, M. (eds.) (1977): Financial Decision Making under Uncertainty. New York.

LINTNER, J. (1965a): The Valuation of Risk Assets and the Selection of Risky Investments in Stock Portfolios and Capital Budgets. RES, Vol 47, S. 13-37.

LINTNER, J. (1965b): Security Prices, Risk and Maximal Gains from Diversification. JoF, Vol 20, S. 587-615.

LINTNER, J. (1969): The Aggregation of Investors' Diverse Judgements and Preferences in Purely Competitive Securities Markets. JoFaQ, Vol 4, S. 347-400.

LOISTL, O.; ROSENTHAL, H. (1980): Risikominimierung bei der Portfolioplanung unter besonderer Berücksichtigung singulärer Kovarianzmatrizen. ZOR, Vol 24, S. 107-124.

LUEDECKE, B.P. (1984): Arbitrage Pricing Theory: The Way Forward. Working Paper. Australian Graduate School of Management.

MANTEUFFEL, K.; SEIFFART, E.; VETTERS, K. (1978): Lineare Algebra. Thun.

MARKOWITZ, H.M. (1952): Portfolio Selection. JoF, Vol 7, S. 77-91.

MARKOWITZ, H.M. (1959): Portfolio Selection. Efficient Diversification of Investments. New York.

MAYERS, D.; RICE, E.M. (1979): Measuring Portfolio Performance and the Empirical Content of Asset Pricing Models. JoFE, Vol 7, S. 3-28.

MAYERS, D. (1972): Nonmarketable Assets and Capital Market Equilibrium Under Uncertainty. In: JENSEN, M.C. (ed.): Studies in the Theory of Capital Markets. S. 223-248.

MERTON, R.C. (1972): An Analytic Derivation of the Efficient Portfolio Frontier. JoFaQ, Vol 7, S. 1851-1872.

MERTON, R.C. (1982): On the Microeconomic Theory of Investment Under Uncertainty. In: ARROW, K.J.; INTRILIGATOR, M.D. (eds.): Handbook of Mathematical Economics, Vol II. S. 601-669.

MILLER, M.H.; SCHOLES, M. (1972): Rates of Return in Relation to Risk: A Re-Examination of Some Recent Findings. In: JENSEN, M.C. (ed.): Studies in the Theory of Capital Markets. S. 47-78.

MÖLLER, H.P. (1984): Stock Market Research in Germany: Some Empirical Results and Critical Remarks. In: BAMBERG, G./SPREMANN, K. (Hrsg): Risk and Capital. Lecture Notes in Economics and Mathematical Systems.

MÖLLER, H.P. (1985): Die Informationseffizienz des deutschen Aktienmarktes - eine Zusammenfassung und Analyse empirischer Untersuchungen. ZfbF, Vol 37, S. 500-518.

MOSSIN, J. (1966): Equilibrium in a Capital Asset Market. Econometrica, Vol 34, S. 768-783.

MÜLLER, S. (1981): Arbitrage Pricing of Contingent Claims. Lecture Notes in Economics and Mathematical Systems. Berlin, Heidelberg, New York, Tokyo.

VON NEUMANN, J.; MORGENSTERN, O. (1961): Spieltheorie und wirtschaftliches Verhalten. Würzburg.

OST, F. (1984): Faktorenanalyse. In: FAHRMEIR, L.; HAMERLE, A.: Multivariate statistische Verfahren.

PRATT, J.W. (1964): Risk Aversion in the Small and in the Large. Econometrica, Vol 32, S. 122-136.

RAO, C.R. (1973): Linear Statistical Inference and Its Applications. 2nd edition, New York, London, Sydney, Toronto.

REINGANUM, M.R. (1981): The Arbitrage Pricing Theory: Some Empirical Results. JoF, Vol 36, S. 313-321.

REISS, W. (1974): Random Walk Hypothese und deutscher Aktienmarkt. Eine empirische Untersuchung. Dissertation, Berlin.

RICHTER, H. (1966): Wahrscheinlichkeitstheorie. 2. Auflage, Berlin, Heidelberg, New York.

ROLL, R. (1977): A Critique of the Asset Pricing Theory's Test. JoFE, Vol 4, S. 129-176.

ROLL, R.; ROSS, S. (1980): An Empirical Investigaton of the Arbitrage Pricing Theory. JoF, Vol 35, S. 1073-1103.

RONNING, G. (1974): Das Verhalten von Aktienkursveränderungen. Eine Überprüfung von Unabhängigkeits- und Verteilungshypothesen anhand von nichtparametrischen Testverfahren. Allgemeines Statistisches Archiv, Vol 58, S. 272-302.

ROSS, S. (1976): The Arbitrage Theory of Capital Asset Pricing. JET, Vol 13, S. 341-360.

ROSS, S. (1977): Return, Risk and Arbitrage. In: FRIEND, I.; BICKSLER, J. (eds.): Risk and Return in Finance, Vol I, S. 189-218.

ROSS, S. (1978a): Mutual Fund Separation in Financial Theory - The Separating Distributions. JET, Vol 17, S. 254-286.

ROSS, S. (1978b): The Current Status of the Capital Asset Pricing Model (CAPM). JoF, Vol 33, S. 885-890.

RUBINSTEIN, M. (1974): An Aggregation Theorem for Securities Markets. JoFE, Vol 1, S. 225-244.

RUDOLPH, B. (1979a): Kapitalkosten bei unsicheren Erwartungen. Berlin, Heidelberg, New York.

RUDOLPH, B. (1979b): Zur Theorie des Kapitalmarktes. Grundlagen, Erweiterungen und Anwendungsbereiche des 'Capital Asset Pricing Model (CAPM)'. ZfB, 49. Jg., S. 1034-1067.

RUDOLPH, B. (1983): Zur Bedeutung der kapitaltheoretischen Separationstheoreme für die Investitionsplanung. ZfB, 53. Jg., S. 261-287.

SAELZLE, R. (1976): Investitionsentscheidungen und Kapitalmarkttheorie. Wiesbaden.

SCHMIDT, R.H. (1976): Empirische Kapitalmarktforschung und Anlageentscheidungen. In: Zeitschrift für die gesamte Staatswissenschaft, Bd. 132, S. 649-678.

SCHNEEWEISS, H. (1967): Entscheidungskriterien bei Risiko. Berlin, Heidelberg.

SCHNEEWEISS, H.; MITTAG, H.-J. (1986): Lineare Modelle mit fehlerbehafteten Daten. Heidelberg, Wien.

SCHNEIDER, D. (1980): Investition und Finanzierung. 5. Auflage. Wiesbaden.

SEARLE, S.R. (1982): Matrix Algebra Useful for Statistics. New York.

SHANKEN, J. (1982): The Arbitrage Pricing Theory: Is it Testable. JoF, Vol 37, S. 1129-1140.

SHANKEN, J. (1985): Multi-Beta CAPM or Equilibrium APT: A Reply. JoF, Vol 40, S. 1189-1196.

SHANKEN, J. (1985): Multivariate Tests of the Zero-Beta CAPM. JoFE, Vol 14, S. 327-348.

SHANKEN, J. (1986): On the Exclusion of Assets from Tests of the Mean Variance Efficiency of the Market Portfolio: An Extension. JoF, Vol 41, S. 331-337.

SHANKEN, J. (1987): Multivariate Proxies and Asset Pricing Relations. Living with the Roll Critique. JoFE, Vol 18, S. 91-110.

SHARPE, W.F. (1963): A Simplified Model for Portfolio Analysis. Management Science, Vol 9, S. 277-293.

SHARPE, W.F. (1964): Capital Asset Prices: A Theory of Market Equilibrium under Conditions of Risk. JoF, Vol 19, S. 425-442.

SHARPE, W.F. (1970): Portfolio Theory and Capital Markets. New York.

SHARPE, W.F. (1977): A Capital Asset Pricing Model: A 'Multi-Beta' Interpretation. In LEVY, H.; SARNAT, M. (eds.): Financial Decision Making under Uncertainty. S. 127-135.

SPREMANN, K. (1985): Finanzierung. München.

STAMBAUGH, R.F. (1982): On the Exclusions of Assets from Tests of the Two-Parameter Model: A Sensitivity Analysis. JoFE, Vol 10, S. 237-268.

STAPLETON, R.C.; SUBRAHMANYAM, M.G. (1980): Capital Market Equilibrium and Corporate Financial Decisions. Greenwich.

STAPLETON, R.C.; SUBRAHMANYAM, M.G. (1983): The Market Model and Capital Asset Pricing Theory. A Note. JoF, Vol 38, S. 1637-1642.

SÜCHTING, J. (1980): Finanzmanagement. Theorie und Politik der Unternehmensfinanzierung. 3. Auflage, Wiesbaden.

THEIL, H. (1971): Principles of Econometrics. Amsterdam, London, 1971.

TAKAYAMA, A. (1974): Mathematical Economics. Hinsdale, Illinois.

TOBIN, J. (1958): Liquidity Preference as Behavior towards Risk. RES, Vol 25, S. 65-86.

WILHELM, J.E. (1981): Zum Verhältnis von Capital Asset Pricing Model, Arbitrage Pricing Theorie und Bedingungen der Arbitragefreiheit von Finanzmärkten. ZfbF, 33. Jg., S. 891-905.

WILHELM, J.E. (1985): Arbitrage Theory. Introductory Lectures on Arbitrage-Based Financial Asset Pricing. Lecture Notes in Economics and Mathematical Systems. Berlin, Heidelberg, New York, Tokyo.

WINKELMANN, M. (1984): Aktienbewertung in Deutschland. Quantitative Methoden der Unternehmensplanung. Königstein/Ts.

ZELLNER, A. (1962): An Efficient Method of Estimating Seemingly Unrelated Regressions and Tests for Aggregation Bias. JASA, Vol 57, S. 348-368.

ZELLNER, A. (1963): Estimations for Seemingly Unrelated Regression Equations: Some Exact Finite Sample Results. JASA, Vol 58, S. 977-992.

Verzeichnis der wichtigsten Symbole

$\boldsymbol{A}$ ($\boldsymbol{A}_*$)	Matrix der Risikomaße der (stochastisch linear abhängigen) Renditen bezogen auf stochastisch linear unabhängige Renditen
$\boldsymbol{B}$	Faktorladungsmatrix mit den Risikomaßen der Renditen bezogen auf Faktoren
$\underline{\beta}_M$ ($\underline{\beta}_e$)	Vektor der Risikomaße der Renditen bezogen auf das Marktportefeuille (ein effizientes Portefeuille)
$\underline{\beta}_M^{(1)}$ ($\underline{\beta}_e^{(1)}$)	Vektor der Risikomaße stochastisch linear unabhängiger Renditen bezogen auf das Marktportefeuille (ein effizientes Portefeuille)
$\underline{e}$	Vektor der Störvariablen in einem Faktormodell
$\underline{\epsilon}$	Vektor der Abweichungen der Renditen von ihren Erwartungswerten
$\underline{f}$	Vektor der vorgegebenen Faktoren in einem Faktormodell
$\underline{f}_u$	Vektor der Faktoren einer FOS-Darstellung des Störvektors
$\underline{\zeta}_r$	Vektor der Abweichungen der empirischen Risikopreise von den wahren Risikopreisen
Z_B ($\underline{\zeta}_B$)	Matrix (Vektor) der Abweichungen der empirischen Risikomaße von den wahren Risikomaßen
$\boldsymbol{I}$ ($\boldsymbol{I}_M$)	Einheitsmatrix (von der Dimension M)
J	Anzahl der Anleger
K	Anzahl der Faktoren

M	Anzahl der stochastisch linear unabhängigen Renditen
N	Anzahl der Renditen
$\underline{\boldsymbol{\mu}}$ $(\underline{\boldsymbol{\mu}}_1)$	Vektor der erwarteten (stochastisch linear unabhängigen) Renditen
μ_M	erwartete Marktrendite
μ_e (μ_v)	erwartete Rendite eines effizienten (varianzminimalen) Portefeuilles
$\tilde{\underline{\boldsymbol{\mu}}}$	Vektor der Ersatzgrößen für die erwarteten Renditen
$\underline{\boldsymbol{R}}$ $(\underline{\boldsymbol{R}}_1)$	Vektor der (stochastisch linear unabhängigen) Renditen
R_M	Marktrendite
R_e (R_z)	Rendite eines effizienten (orthogonalen) Portefeuilles
r_f	Rendite der sicheren Anlage
r_0	Rendite der risikolosen Anlage
$\underline{\boldsymbol{r}}_1$	Vektor der Risikopreise für systematische Risiken
$\underline{\boldsymbol{r}}_2$	Vektor der Risikopreise für unsystematische Risiken
$\tilde{\underline{\boldsymbol{r}}}_1$	Vektor der empirischen Risikopreise für systematische Risiken
$\boldsymbol{\Sigma}$ $(\boldsymbol{\Sigma}_{11})$	Kovarianzmatrix der (stochastisch linear unabhängigen) Renditen
σ_M^2	Varianz der Marktrendite
σ_e^2 (σ_v^2)	Varianz der Rendite eines effizienten (varianzminimalen) Portefeuilles

$\boldsymbol{T}$	Faktorladungsmatrix in der FOS-Darstellung des Störvektors
$U_j(\cdot)$ $(U_M(\cdot))$	Nutzenfunktion des Anlegers j (Nutzenfunktion, für die das Marktportefeuille effizient ist)
$\underline{\boldsymbol{x}}$ $(\underline{\boldsymbol{y}})$	Portefeuillevektor bezogen auf alle Wertpapiere (Wertpapiere mit stochastisch linear unabhängiger Rendite)
$\underline{\boldsymbol{x}}_M$ $(\underline{\boldsymbol{y}}_M)$	Marktportefeuille
$\underline{\boldsymbol{x}}_e$ $(\underline{\boldsymbol{y}}_e)$	effizientes Portefeuille
$\underline{\boldsymbol{x}}_0$	risikoloses Portefeuille
$\boldsymbol{\Omega}$	Kovarianzmatrix der Störvariablen
$\mathbf{0}$ $(\underline{\mathbf{0}})$	Nullmatrix (Nullvektor)
$\underline{\mathbf{1}}$ $(\underline{\mathbf{1}}_N)$	Vektor mit Einsen (von der Dimension N)

Abkürzungsverzeichnis

APT	Arbitrage Pricing Theory
AFM	Approximatives Faktormodell
CAPM	Capital Asset Pricing Model
FAZ	Frankfurter Allgemeine Zeitung
FMS	Faktormodell mit Störvariablen
FOS	Faktormodell ohne Störvariablen
JASA	Journal of the American Statistical Association
JET	Journal of Economic Theory
JoB	The Journal of Business
JoF	The Journal of Finance
JoFaQ	Journal of Financial and Quantitative Analysis
JoFE	Journal of Financial Economics
JoME	Journal of Mathematical Economics
JoPE	Journal of Political Economy
RES	The Review of Economics and Statistics
RoES	The Review of Economic Studies
SFM	Standardfaktormodell
ZfB	Zeitschrift für Betriebswirtschaft
ZfBF	Schmalenbachs Zeitschrift für betriebswirtschaftliche Forschung
ZfN	Zeitschrift für Nationalökonomie